徐规（1920—2010）

浙大先生书系编委会

主　编：黄华新　楼含松

副主编：沈　玉　冯国栋

编委（按音序排列）：

何善蒙　胡可先　黄厚明　刘进宝

沈华清　陶　然　王　俊　吴铮强

项隆元　张　凯　张颖岚

徐 规 学 案

徐规 著

吴铮强 编

浙江大学出版社
ZHEJIANG UNIVERSITY PRESS

浙大先生书系前言

国有成均，在浙之滨。

浙江大学已经走过一百二十多个春秋。她诞生于维新图变的晚清，在近现代中国社会的风云变幻中顽强成长；她崛起在烽火连天的抗战时期，为民族续文脉，为华夏育英才，艰苦卓绝，可歌可泣；新中国成立后，她在时代大潮中分流异派，砥砺前行；20年前，同根同源的四所高校再次合聚一体，秉承"求是创新"的精神，以浩荡之势，实现了跨越式的发展。如今，浙大已绘就"双一流"的建设蓝图，正以奋发昂扬的志气，坚定笃实的步履，向着远大目标挺进。浙江大学的发展，与国家同命运共呼吸，她的未来，也必将随着中华民族的伟大复兴，以"东方剑桥"的雄姿屹立于世界。

浙江大学人文学院的前身是创办于1897年的求是书院和育英书院的相关学科。求是书院几经演变，到1928年发展为浙江大学，设立了文理学院，1939年文、理学院分设。育英书院1914年发展为之江大学，1940年设文学院。1952年全国院系调整，浙江大学的师范学院、文学院和理学院的一部分与之江大学文理学院合并组建为浙江师范学院。1958年浙江师范学院与新建的杭州大学合并，定名为杭州大学，设中文、历史、哲学等学科。1992年，杭州大学成立人文学院。1987年浙江大学复设中文系等人文学科，1995年成立人文学院。1998年9月，浙江大学、杭州大学、浙江农业大学和浙江医科大学合并组建为新的浙江大学。1999年7月，整合原四校人文学科的新浙江大学人文学院正式成立。

在百余年的发展历程中，众多著名学者、教育家先后在浙大任教，劳乃宣、邵裴子、宋恕、张相、马叙伦、梅光迪、钱穆、张其昀、贺昌群、张荫麟、钱基博、林汉达、夏承焘、姜亮夫、胡士莹、任铭善、王季思、严群、沈炼之、蒋礼鸿、沈文倬、徐规、徐朔方、吴熊和……这些闪光的名字如奎壁星光，照耀着历史的夜空。先生们的学术事业，薪火相传，深刻影响着浙大人文学科的研究领域和学术风格。先生们的人格魅力，潜移默化，积淀而为浙大文化的深厚底蕴，也是维系校友情感的重要纽带，彰显学校实力和声誉的耀眼标识。

在浙江大学建校 120 周年之际，为系统梳理我们的人文学术传统，深入挖掘宝贵的学术遗产，生动展示先生们的人生行迹和精神风貌，继承弘扬先辈的志业，人文学院决定编辑"浙大先生书系"。该书系由两个部分组成：一是"浙大人文先生印象"系列，围绕人物，蒐集友朋、同仁、学生等对先生们的回忆、纪念、评论文章，还有先生们的诗文作品，通过生动可感的文字，多角度多层次展示先生们的生平故事与性格情怀；二是"浙大人文先生学案"系列，借鉴中国传统学术史著作"学案"的体例，立足学术，通过绍述学统，概揽经典，以嘉惠学人。两个系列相辅相成，希望以此来立体呈现浙大人文学科的博大与厚重，表达我们对先辈的怀念与崇敬。

当这套丛书出版之时，正是浙江大学并校 20 周年之际。在这样一个继往开来的重要历史节点上，丛书的出版又具有特殊的意义。先生们的学术遗产和精神感召，将激励我们以更强的责任感和使命感投身于立德树人、繁荣学术的事业，为建设世界一流大学、建构人文"浙大学派"而努力！

目　录

徐规与宋史研究

一、生平与师承

徐规(1920—2010)先生是 20 世纪中国最重要的宋史专家之一。

徐规先生初名毓珠,字仲矩,又字絜民,1920 年 3 月 23 日出生于平阳县江南区半浦村(今属苍南县龙港镇新兰村)祖居。其父早年从温州著名学者刘绍宽先生问学,后中清光绪二十七年(1901)温州府学生员,旋补廪生,以善古文辞显名邑内,清季即在家乡设帐授徒。民国初年,其父创办鹤浦初级小学,任校长。徐规先生幼年入鹤浦初级小学,又在其父指导下熟读《千家诗》《唐诗三百首》《四书集注》《古文观止》等蒙书,点读《御批通鉴辑览》,并日写大字数纸,寒暑不辍,闲暇则浏览《水浒》《三国》《红楼》《西游》等通俗小说。

1931 年秋,徐规先生考入平阳县立江南中心小学,1933 年入读省立温州中学。1939 年秋,西迁的国立浙江大学在浙江省龙泉县坊下村新办一所分校,招收东南沿海地区的学生就读,徐规先生考入浙大龙泉分校文学院中国文学系。次年秋,经过长途跋涉,徐规先生赴贵州遵义浙大总校继续学习,并转入史地学系读历史。

当时浙大史地学系名师荟萃,史学组聘有张荫麟、谭其骧、李源澄、方豪、陈乐素、钱穆等教授,其中张荫麟先生(1905—1942)是徐规先生学术上最重要的导师。张荫麟先生是史学奇才,在清华大学求学时即为梁启超所激赏,后留学美国斯坦福大学攻读哲学和社会学,更被陈寅恪誉为"清华近年学生品学俱佳者中之第一人,弟尝谓庚子赔款之成绩,或即在此一人之身也"。抗日战争期间,张荫麟先生两度来浙大执教,开设"中国通史""中国上古史""唐宋史""历史研究法"等课程,讲课富有启发性,倡导哲理分析、史实考订与艺术描绘之结合。徐规先生转入史地系后,由于勤奋好学、品学兼优,深得张荫麟先生的赏识与器重。张荫麟曾向系主任张其昀称赞徐规先生"将来会成为名学者的"。在张荫麟先生的影响下,徐规先生治学强调义理、考据与文章的结合,并逐渐走上了宋史研究的道路。张荫麟先生曾指点徐规先生:李焘是宋代著名史家,其所撰《续资治通鉴长编》一书为研究北宋史事最重要的典籍,近代学人未尝注意探索;研究历史人物,须由作年谱入手,搞清该人物的时代背景、家庭情况、师友影响、一生经历及著作编年,才能做出正确的评论。张先生又授予徐规先生《周必大文集》(内有李焘神道碑),指导徐规先生撰写本科毕业论文《李焘年表》。可惜未及完成,张荫麟先生就因患肾脏炎于 1942 年 10 月 24 日英年早逝,临终前仍不忘向系主任张其昀教授举荐徐规先生,请他留意栽培。徐规先生不善辞令,但日后语及张荫麟先生,独多言,每以"才子"相誉相叹,两手比画自舞,不尽之意,溢于言表。

张荫麟先生逝世后,陈寅恪先生推荐的陈乐素先生(1902—1990)于 1942 年底来浙江大学史地系任教授兼史地学部史学组研究生导师。陈乐素先生是史学大师陈垣先生的哲嗣,幼秉庭训,早年留学日本,回国后专攻宋史,精目录学、史料学、校勘学,治学严谨、笃实,善于利用科学方法收集资料。在陈乐素先生的继续指导下,徐规先生完成了《李焘年表》的撰写,并于 1943 年获全国大学生毕业论文优等奖。由于成绩优异,徐规先生直接升为浙大文科研究所史地学部史学组研究生,并在陈乐素先生的精心指导下完成了硕士学位论文《宋代妇女的地位》的撰写。论文获得校外评阅

委员北京大学姚从吾、中央大学贺昌群两位先生的好评,其中姚从吾先生评论:

> 本论文取材广博,论断亦精,足证学有心得。文中所引史料,大都采自原书,实事求是,尤见功力。(阅者曾查对原书约四分之一,均皆符合。)唯择题稍嫌笼统,只能泛论宋代妇女在社会上的地位,而不易作专题深入之研究,微觉美中不足。(就题目而言,似为宋代通史、社会史或文化史之一部或一章。)准许及格,并给玖拾分,以示优异。

该评语在赞许徐规先生成绩的同时,也对徐规先生日后选择更加专深的研究课题产生了较深的影响。论文呈教育部复审通过后,由教育部于1946年4月颁发文学硕士学位证书,这是国民政府教育部在大陆最后一次授予学位。1947年,徐规先生在《浙江学报》创刊号上发表的《陈傅良之宽民力说》一文,也是经陈乐素先生指点而写成的。

徐规先生治学深受张荫麟先生与陈乐素先生之影响。谈起恩师,徐规先生感慨地说:"我之所以能在宋史研究得窥门径,多赖张、陈两师的谆谆教诲。"由是,徐规先生自选论文集名之"仰素",以纪念张荫麟先生(号素痴)、陈乐素先生两位恩师。

徐规先生获得学位后不久,西迁的浙江大学开始复员回杭州。徐规先生留校之后先后任史地系助教、讲师,并兼管《浙江学报》编辑工作,主持史地系图书室事宜,在这期间还编写过教材"大学入门丛书"之《史地公民》。徐规先生受竺可桢校长赏识,曾被拟定为台湾史地考察团成员及洛氏基金会赴英国留学人员,惜因故均未能成行。

1949年5月3日,杭州解放。同年浙江大学紧缩编制,史学组被撤销,徐规先生返回故乡,在温州中学担任历史教员。1952年,浙江师范学院成立,重建历史学系。经省教育厅三下调令,1954年夏徐规先生调任浙江师范学院讲师。1958年,浙江师范学院和新成立的杭州大学合并,定名为杭州大学,徐规先生继续在杭州大学历史学系任教。"文革"期间,教学、科研几陷停顿,徐规先生受尽艰难折磨,身心遭受严重摧残,但仍坚持读书研究不辍。

"文革"结束后,徐规先生受到极大鼓舞,在 1977 至 1980 年数年间,连续发表《朱仙镇之役与岳飞班师考辨》《陈亮永嘉之行及其与永嘉事功学派的关系》等十余篇重要论文,并参与编写《中国古代史》教材。1978 年,徐规先生晋升为教授,1979 年任杭州大学宋史研究室主任,1983 年任古籍研究所副所长,1986 年被批准为中国古代史专业博士生导师,1992 年起享受国务院特殊津贴,1997 年被国家人事部批准为暂缓退休的杰出高级专家,继续从事研究著述工作。徐规先生于 2001 年获浙江大学竺可桢奖,成为浙江大学第一位获此殊荣的文科学者。徐规先生的学术兼职有中国宋史研究会副会长、岳飞研究会会长、沈括研究会会长等,并曾连续多年担任浙江省高校教师职称评委兼历史学科组组长、浙江省文博专业高级职务评委会副主任、浙江省社会科学规划小组成员兼历史组组长等职。

2010 年 12 月 21 日下午 1 点 37 分,徐规先生因病在杭州逝世,享年 91 岁。

二、教学与育人

徐规先生长期坚持在教学第一线,曾为博士生开设"宋代史料书评介""宋史专题研究"等课程。在"宋代史料书评介"课上,他根据自己多年的治史经验,按照体例分类,向学生系统介绍宋代史书的编纂过程、主要内容、版本优劣、参考书目,等等。"宋史专题研究"课则包括"前人治史名言""略谈中国古代的史学遗产""宋代在中国历史上的地位""宋代政治史上的几个重大问题""南宋时的永嘉事功学派""宋代浙江海外贸易述略"等内容。徐规先生的讲授,内容丰富,条理分明,板书清晰,有理论分析,有史料考证,旁征博引,融知识性、趣味性于一体,使学生受益匪浅。

在教学中,徐规先生强调学生要阅读古代文献。他经常语重心长地对研究生说,读书做学问不能急,首先要把基础打好,把基本功练好,在中国古代文史哲领域就能触类旁通。为了提高研究生的古文阅读能力,徐规先生要求每人用半年时间逐字逐句地通读一遍《续资治通鉴长编》。1979年以前,点校本《长编》尚未问世,徐规先生为此亲自手抄了《长编》开头的十卷,计十余万字,并详加点校,供研究生作对比阅读之用。平时,他又常指定《长编》或宋人文集中的某一段文字,要学生当场标点并解释大意,以此检查大家通读和理解古文的能力。经过这样严格的训练,研究生不仅比较全面地掌握了北宋一代的史实,而且较快地提高了古文阅读水平,攻克了从事宋史研究的"语言文字关"。

同时,徐规先生鼓励研究生结合读书情况撰写读书报告、札记、习作论文。对研究生的每一篇习作,他都一字一句认真仔细地加以批阅。从文献内容的正确与否、论述考订的深浅粗精到遣词造句及标点、错别字,他都一一指出、订正。对文章中引用的材料,他也总是不厌其烦地一条一条核对原书。手头没有原书,他就亲自到资料室、图书馆查核。为了批阅一篇文章,徐规先生往往要通宵达旦地费上好几天时间,用力之勤如对待自己的著述一般。批阅完毕,徐规先生甚至不等学生登门,便亲自将文稿送到宿舍,又总是耐心地逐字逐句向作者分析讲评,一一指出不足,听取对方意见,并加以勉励。真可谓呕心沥血,满腔热情。

徐规先生待人宽厚,不尚虚辞,但在史德方面对学生的要求十分严格。他教导学生要扎扎实实地做学问,不急于发表文章,不要追名逐利,切忌趋时曲笔。他认为一个做学问的人应该具有诚恳谦虚的品质,并说,学术研究的领域十分宽广,个人的智慧和精力毕竟有限,只有互相磋商,取长补短,通力协作,才能多出成果,出好成果,否则只会两败俱伤。他对史学界的前辈十分推崇,常常如数家珍地介绍他们的治学经验和科研成就。

徐规先生平易近人，颇好饮酒，平日在家中晚两餐均须以烧酒二两相佐；出门在外，亦不改饮酒习惯。自谓无论酒种，每日必为之，且约尽一碗；烟以一包为限。每与朋友或弟子相聚，敬酒者自是频频不绝，而先生总是来者不拒，但先生自制力甚强，很少过量。酣畅之时，则镇定自若，任凭大家说笑，很少插话，然听到可笑处，亦会微笑。徐规先生年少习武，身体健硕，书桌上置橡胶握力圈。又自谓年少时练过气功，扎过马步，老年后读史阅文，持放大镜为助，未配眼镜。

徐规先生为历史学界培育了一批杰出的人才，其中硕士有何忠礼、周生春、王棣、方建新、曾小华、包伟民、黄山松、袁俐、季盛清、马伟和朱锡光；博士有安国楼、王云裳、刘伟文、李勇先、刘连开、祖慧、史继刚、曹家齐、范立舟、蔡罕、张伟、陈仰光、舒仁辉、康保苓、杨天保、鲍永军和张明华。徐规先生的这些学生都在各自领域（主要是宋史研究领域）做出了很大的成绩。徐规先生积极鼓励学生开辟自己的学术领域，大胆发表学术见解，因此，他的学生的研究领域和治学方法呈现出了多样化的特色。

三、治学精神

徐规先生虽以史事考评、文献订误独步宋史学界，但绝非满足于饾饤之文的学者。在《仰素集》的自序中，徐规先生以姚鼐"义理、考证、文章"之旧辞，阐发张荫麟先生将文史哲三家融会贯通的治学精神。他说：

> 学习和研究中国史必须练好三个方面的基本功。清代前期姚鼐说："余尝论学问之事有三端焉，曰义理也，考证也，文章也。"（《惜抱轩文集》卷四《述庵文钞序》）同时，章学诚也有类似的说法（见《章学诚遗书》卷九《答沈枫墀论学》）。我在多年的治史过程中，深感这一说法是颠扑不破的真理，行之有效

的指针。

徐规先生强调义理，是对张荫麟先生治史精神的直接传承。张荫麟先生早年留学美国时在《与张其昀书》(1933 年 3 月 7 日)的论述说明中说：

> 国史为弟志业，年来治哲学，治社会学，无非为此种工作之预备。从哲学冀得超放之博观与方法之自觉，从社会学冀明人事之理法。

徐规先生直言，"义理"类似今人所谓的理论，主要指的是哲学修养。哲学修养关系到是否具有正确的史观和科学的方法论问题，因此要运用正确的立场、观点和方法来观察并解决问题。治史要重视理论学习，理论既包括辩证唯物主义与历史唯物主义，也包括中国传统哲学和外国哲学的一般知识，学习理论又必须和中国历史实际相结合。

事实上，徐规先生对义理的重视，是强调对中国古代思想资源的发掘，而非对西方理论的迷信。徐规先生以人口理论为例，充分展现与精辟论证中国古代人口理论的博大精深与道义担当。徐规先生指出早在战国中期，商鞅就已经提出了人口与土地必须在数量上保持平衡的论点，即"民过地则国功寡而兵力少，地过民则山泽财物不为用"(《商君书·算地第六》)。战国末期，韩非又提出了人口增长与生活资料分配的关系问题，"古者，丈夫不耕，草木之实足食也；妇人不织，禽兽之皮足衣也。不事力而养足，人民少而财有余，故民不争。是以厚赏不行，重罚不用，而民自治。今人有五子不为多，子又有五子，大父未死而有二十五孙。是以人民众而货财寡，事力劳而供养薄，故民争。虽倍赏累罚而不免于乱。"(《韩非子》卷一九)明朝万历后期，徐光启(1562—1633)明确地提出"人口按照一定周期翻番"的观点，"生人之事，大抵三十年而加一倍，自非有大兵革则不得减。"(《农政全书》卷四《田制·玄扈先生井田考》)这个论点比英国马尔萨斯(1766—1834)关于"人口每二十五年增加一倍"的说法（1798年发表）早了将近二百年。清乾隆年间，又有洪亮吉针对当时人口大量增加的现实，明确地提出人口繁殖率超过生活资料增长率的看法，"言其户口，则视三十年以前增五倍焉，视六十年以前增十倍焉，视百年、百数十年以前不啻增二十倍焉"，致使"田与屋之数常处其不足，而户与口之数常处其有余"。（《意言·治平篇》）这一说法在清代并没有受到人们的关注。1926年1月，年方弱冠的张荫麟先生在《东方杂志》第23卷第2号上刊布了《洪亮吉及其人口论》一文，详细推荐和阐发了洪氏的人口论，指出洪氏1794年提出的观点与马尔萨斯的人口论相类似，只是解决问题的办法不同，而时间尚稍早四年。马尔萨斯人口论的主要错误在于，他鼓吹战争、瘟疫、繁重劳动、贫困和饥荒是减少人口以使之与生活资料相适应的决定性因素。就我国实际情况而言，人口增长过快，确实会给国家和社会带来许多困难问题。1959年6月，北京大学校长马寅初在全国人民代表大会上作了《新人口论》的发言。次年，《新人口论》遭到批判与围攻，马寅初被撤去北京大学校长的职务。徐规先生指出这是由于当时思想界没有运用辩证唯物主义的观点来研究和分析问题酿成的苦果，同时引用南宋永嘉事功学派的代表叶适之语"不深于古，无以见后；不监于后，无以明前"，感慨古人智慧的深厚。徐规先生这部分关于"义理"的论述，其实是以社会实践中的深刻教训阐释张荫麟先生发现洪亮吉人口理论的重要意义——如果能够打通中西方文化的隔阂，就能通过深入系统的学习与研究，在中国传统文化中发掘丰富光辉的"义理"为今天的社会建设服务。

徐规先生有关"考证"的论述，言辞极为平实朴素。他说：

> "考证"或称"考据"，就是要学会鉴别材料、考订史实的方法。治史必须求真，即要把事实搞清楚。历史资料浩如烟海，真伪杂陈，非下一番去伪存真由表及里的功夫不可。只有搞好这个工作，才有条件写出"信史"，才能经得起时间的考验；

虚假的历史(伪史)终会被时代所淘汰。

又说：

> 搞考证犹如老吏断狱,一定要有坚实、充分的证据,最好能取得反证。不能单用默证,说史书上没有记载这件事,就轻率断定必为虚假。这是很危险的做法。

这些论述似乎只是某些原则的声明或者形象的比喻,缺乏深刻、丰富的理论内涵。但是徐规先生通过精辟的例证,将考证的丰富内含阐释得极为丰满。

考证的意义并不一定局限于史事真伪的辨析,高明的史家总是在考证的过程中展现文本分析的旨趣,揭示"历史层累"的文化史意义。这种观念经顾颉刚先生"古史辨"的惊人成绩而发展成为重要的史学方法,今日史界流行的文本分析、文本批判与之通融而又有进一步发挥。徐规先生论"考证"虽无玄学式思辨,但所举太祖"杯酒释兵权"的案例充分展示"历史层累"之结构,颇具当今"新文化史"之旨趣。

"杯酒释兵权"的说法,从北宋中期开始流传,直到现代绝大多数史家都深信不疑。在中国通史课本里,在专门史学论文里皆加以叙述。据说宋太祖在即位的第二年就是建隆二年(961)七月初,某一天的晚上宴请禁军宿将,说服他们把兵权交出来。次日,这些宿将立刻奏请罢去军职,于是宋太祖得以顺利解决了"收兵权"问题。事实上,建隆二年中央政权尚未巩固,统一中国的军事行动还没有开始,应该不可能实行一次大规模的收兵权行动。尤其令人费解的是,这样一件大事,在北宋官修的《太祖实录》和《三朝国史》中,未见只字记载。元代末年,根据上述两部官修史书编写的《宋史·太祖纪》对此事也不着点墨。如果真有这件值得当代称颂的大事,即王曾所谓"前称光武能保全功臣,不是过也"云云,《太祖实录》《三朝国史》是不会不书的。徐规先生据此提出,千百年来沿袭至今的"杯酒释兵权"说因出处不明,疑点甚多,恐怕是传说,是一则富有戏剧性的故事而已,在未取得确证之前不宜引用,否则容易使宋初收兵权的措施简单化、戏剧化,背离历史事实。

但徐规先生的考察并没有就此中止,而是进一步还原"杯酒释兵权"文本层累的历史。徐规先生指出,从现存的书籍中检索,最早记载此事的是仁宗初年丁谓的女婿潘汝士编写的《丁晋公谈录》与王曾的《王文正笔录》。比他俩迟半个世纪的司马光从他的前辈庞籍那里听到"杯酒释兵权"故事,也把它记录在《涑水记闻》卷一中。到了南宋前期,比司马光晚了将近一百年的李焘认为"杯酒释兵权"是宋初最大的事件之一,深以史书未加记载为憾,因此在其所撰《续资治通鉴长编》太祖建隆二年七月条追述了这件事,内容主要根据《涑水记闻》,并参考了《丁谓公谈录》《王文正笔录》两书,更把时间定在建隆二年七月初。但其中仍有不少矛盾,如建隆二年六月初二日,宋太祖的母亲杜太后病逝,在国丧期间,朝廷不作乐、不宴饮,而李焘所考定"杯酒释兵权"事件恰恰发生于此时,恐难解释得通。通过检索资料,发觉时代愈后,记载愈详,而且这些记载中的年代、事情经过都有很多抵牾。徐规先生由此不动声色地勾勒出丁谓、王曾、司马光、李焘构建"杯酒释兵权"传说的层累过程,其实蕴含着宋代士大夫构建本朝史观的心态史。

同时,高明的考证绝不只是文献比对那么简单,而是取决于研究者对社会生活的深刻洞察。徐规先生在恩师张荫麟先生辨析《宋史·刘师道传》"旁户"相关记载的基础上再陈新义,可谓社会史视角下史学考证精彩绝伦的案例。

张荫麟先生于 1940 年在《浙大史地杂志》发表《宋代南北社会之差异》这篇早期宋代社会史的杰作,其中在探讨"农奴制度之存在于于南方"问题时,曾注意到《宋史》卷 304《刘师道传》有关"旁户"的相关记载:

> 川、峡豪民多旁户,以小民役属为佃客,使之如奴隶,家或数十户,凡租调庸敛,悉佃客承之。时有言李顺之乱,皆旁户

鸠集。请释旁户为三者长迭主之,畴岁劳则授以官。诏师道
使两川议其事。师道以为迭使主领则争忿滋多,署以名级又
重增扰害,廷奏非便,卒罢之。

而《宋会要·刑法二》以及《宋太宗实录》卷78记载此事更详:

> (至道二年八月丙寅)诏制置剑南、峡路诸州旁户。先是,
> 巴蜀民以财力相君,每富人家役属至数千户,小民岁输租庸,
> 亦甚以为便。上言者以为蜀川兆乱,职豪民啸聚旁户之由也。
> 遂下诏令州县检责,俾乡豪更相统驭,三年能肃静寇盗、民庶
> 安堵者,并以其豪署州县职以劝。遣职方员外郎时载、监察
> 御史刘师道乘传赍诏书谕旨。既而,载等复奏:"旁户素役属
> 豪家民,皆相承数世,一旦更以他帅领之,恐人心遂扰,因有他
> 变。"上然之,其事遂寝。

张荫麟先生当时同样关注王小波、李顺史事,因此他据这两条史
料,除了指出"从太宗改革旁户制之困难,可知此制之存在于四川,
范围盖甚广泛,其非三数州府之特殊情形可断言也",更考辨"时有
言李顺之乱皆旁户鸠集"一语:

> 李顺之乱为太宗初年一大变,余尝为文考之。当时未知其
> 与旁户之关系,及读《宋史·刘师道传》"李顺之乱皆旁户鸠集"
> 之语,初疑此为农奴反抗田主之起事,颇合于近时治社会史者
> 所喜谈之"农民暴动"。及读《会要》"两川兆乱,职豪民啸聚旁
> 户之由",乃知以前涉想之非。此"豪民"二字之增减,遂予读者
> 以完全不同之印象。乃知于史文言外推论之难而不容苟也。

在新中国成立后农民战争研究的热潮中,有研究者依据《刘师道
传》中有"请释旁户"字样,便不顾上下文的意思,断言经过王小波、
李顺起义,四川旁户获得了释放,"旁户这一称呼从此也永不出现
了"。徐规先生针对这种现象,对"请释旁户"之语再作辨析,首先
指出此语出自武英殿本《宋史》,百衲本《宋史》则作"请择旁户",又

依据《太宗实录》《宋会要》相关记载中根本没有释放旁户的记载，只是宋廷企图改变旁户世代役属于某一豪家的旧局面，以便政府对旁户加强控制而已，于是提出：

> 颇疑《刘师道传》中的"请择旁户为三耆长选主之"为"请择豪户为三耆长选主之"的误夺，盖"豪"与"旁"因字形近似而易误。

段玉裁曾言："校书之难，非照本改字不误不漏之难，定其是非之难。"校书以理校为难，史学考证也类似，编排、疏理、比对材料是基本功，而以经过综合分析之独断之功为高明。

徐规先生非常强调历史研究者的文字表达能力，即所谓的"文章"或称"词章"。在这方面，徐规先生极端推崇张荫麟先生。有学者指出，张荫麟先生"连写考证文章也讲究修辞炼句，有些篇章的文笔，如《甲午中国海军战迹考》更是灵动而富神形，决不类一般考据文字的烦琐枯燥"。他不但引用张荫麟先生"理想之历史须具二条件，(1)正确充备之资料；(2)忠实之艺术的表现"的论断，指出"要使自己的研究成果传播出去，影响深远，必须具备较好的文学修养"，对张荫麟先生之词章更是赞叹再三："荫麟著的《中国史纲》（上古篇），整个结构独具匠心，选择少数节目为主题，以说故事的方式来叙述；篇章之间，联系紧密，天衣无缝。文辞优美，锐思驰骤，使人一展卷不复能自休。"

徐规先生还总结词章修炼的几条经验。首先是多读多写。想写好文章，就要选读、熟读一些名家的力作，如《左传》《史记》《资治通鉴》《水浒》《红楼》《聊斋》，以及唐宋古文、唐宋诗词、宋明话本和五四新文学的优秀篇章。同时要多写短文，多同师友切磋，勤加修改。其次，强调文章语句务必要简练，用两个字就能表达清楚的绝不用三个字，以免拖沓、冗长，并且少用重复的词句。第三则是反复修改。徐规先生曾以宋代文豪欧阳修的故事说明简练与修改的重要性。第一个故事讲有人曾买到欧阳修的《醉翁亭记》这篇散文的草稿,其开端原是列叙滁州城外"四面皆山,凡数十字",后来统统删去,只剩下"环滁皆山也"五个字,朱熹曾赞叹这番修改是"修改到妙处"。第二个故事讲欧阳修晚年曾在一个寒冷的夜间修改平生所撰文稿,已过半夜,妻子薛夫人劝他道:"此已所作,安用再三阅?宁畏先生嗔邪?"欧阳修笑着回答:"不畏先生嗔,却怕后生笑!"

四、学术成就

徐规先生的学术研究以考据而著名,然仅以"考据家"目之则绝对有失偏颇。早在 20 世纪 20 年代,其师张荫麟先生就对"新汉学"提出了批评。中国史学界出现的所谓"新汉学",是指崇尚考据,标榜"以科学方法整理国故",对"言之无文,行而不远"的传统不加措意。张荫麟对此特著文给以批评,1928 年发表的《论历史学之过去与未来》一文开篇便说:"史学应为科学欤?抑艺术欤?曰,兼之。斯言也,多数绩学之专门史家闻之,必且嗤笑。然专门家之嗤笑,不尽足慑也。世人恒以文笔优雅,为述史之要技。专门家则否之……然仅有资料,虽极精确,亦不成史。即更经科学的综合,亦不成史。"当然张荫麟先生对资料极端重视,认为"资料必有待于科学的搜集与整理"。徐规先生创新"义量、考据、辞章"之旧说,正是传承了张荫麟先生的治史精神。张荫麟先生治史,无论其专攻之宋史专题研究,或其名著《中国史纲》,或其他旁涉种种,无不讲求穷尽史料基础之上,以"人"之创造性历史活动为叙述核心。此乃社会史研究之宏旨精义,徐规先生深得其传,故其学术成就以社会史论著《宋代妇女的地位》及年谱《王禹偁事迹著作编年》为最高。同时,徐规先生为推动相关研究工作或学术讨论开展了各种专题研究,并同样取得巨大成绩。

(一)《宋代妇女的地位》及其他

徐规先生的硕士学位论文《宋代妇女的地位》完成于 1945 年

6月,但直到半个多世纪后的 1999 年才收入《仰素集》得以第一次正式刊行。这部宋代妇女史的重要论著长期未能面世,既导致对徐规先生学术成就估量的严重不足,也造成此后宋代妇女史研究的明显缺憾。

徐规先生《宋代妇女的地位》的重要价值体现在三个方面。

首先,开创了"宋代妇女的地位"这个重要的学术议题并构建了完整的分析体系。李华瑞教授在《宋代妇女地位与宋代社会史研究》一文中提出,"对宋代妇女地位的评价,既是专治妇女史者研究的核心问题,也是非专治妇女史的传统史学所不能回避的问题。因为对妇女地位的评价,离不开对妇女婚姻自主权、财产继承权、家庭角色、经济活动、社会阶层身份等等变化的评判,而这恰恰又与宋代社会史研究中的婚姻制度、宗族制度、阶级结构、法权关系、社会教育等领域密不可分",并介绍了朱瑞熙《宋代社会研究》与张邦炜《辽宋西夏金社会生活史》中的相关章节以及宋代婚姻的相关论著。事实上,徐规先生不但在数十年前就开创性地提出了这个重要的社会史问题,而且构建了讨论这个问题的完整体系,囊括李华瑞教授列举的各个方面。李华瑞教授又总结长期以来学界对宋代妇女地位问题的基本共识:(1)妇女贞节观虽形成于宋代,但在南宋中叶以前并未形成规范妇女的行为准则,因而反对寡妇再嫁、讲求妇女守贞守节直到南宋后期才渐趋严厉。(2)宋代妇女仍具有一定的遗产继承权。(3)奴婢、女使的法律地位较唐代有较大的提高。这些共识表明宋代不是妇女地位下降急转而下的时代,宋代妇女在其地位下降的过程中仍拥有一定的权利。徐规先生的论著对这些问题都有充分的论述,特别是指出"南宋初期大部分人也没有视再嫁为违反礼教的。士大夫家妇女的再嫁还是相当容易的,细民更不用说了"。

其次,宋代妇女史的专著至今仍十分罕见。徐规先生的《宋代妇女的地位》篇幅有七万余字,基本构成一部短篇专著,而且规模之宏大,体系之完备,与美国学者伊佩霞的《内闱——宋代的婚姻和妇女生活》相比,或更胜一筹。徐规先生《宋代妇女的地位》的章节结构如下:

第一章 精神生活

第一节 士大夫的妇女观及其教育主张

(一)妇女观

(二)对于妇女教育的主张

(三)母后地位与士大夫对宫闱权力的影响

第二节 士大夫家妇女的文艺修养

(一)文艺的修养

(二)才女

(三)士大夫反对妇女学习女艺

第三节 宗教信仰的普遍

(一)佛道二教的流行

(二)士大夫家妇女多好佛老书

第二章 婚 姻

第一节 婚姻的成立

(一)婚义

(二)择偶

(三)嫁奁(附财产继承权)

(四)皇室婚姻

(五)违法婚姻及其他婚姻

(六)婚姻不自主

第二节 离弃再嫁与守节

(一)离与弃

(二)南宋中叶以前的再嫁

(三)再嫁原因及对嫁母的待遇

(四)再嫁的被反对

（五）守节的奖励

第三章　妾婢与妓

第一节　妾与婢

（一）姬妾

（二）婢女

第三节　妓

（一）妓女种类及其营业情况

（二）妓女之盛与士大夫的关系

而《内闱——宋代的婚姻和妇女生活》的各章题目如下：

第一章　男女之别

第二章　婚姻的意义

第三章　做媒

第四章　婚礼和婚庆

第五章　嫁妆

第六章　作为内助的上层阶级的妻子

第七章　女红

第八章　夫妻关系

第九章　为母之道

第十章　寡居生活

第十一章　再婚

第十二章　妾

第十三章　靠女人延续家庭

第十四章　通奸、乱伦和离婚

第十五章　对于妇女、婚姻和变化的思考

通过比较不难发现，除了性等少数议题，徐规先生的论著涉及伊佩霞试图探讨的所有内容，而"宗教信仰的普遍"这部分讨论之丰富与深刻，又是伊佩霞的论著所不能比拟的。

第三，可能也是最重要的一方面，徐规先生讨论的方向可能更符合历史演变本身的脉络。李华瑞教授曾指出,20 世纪 80 年代以来宋代妇女史研究的明显偏差在于"以理学代替宋学,把理学作为两宋占支配地位的官方哲学",甚至认为"研究妇女的离婚、再嫁问题时,大量的史实证明南宋中期以前,理学歧视妇女的贞节观并未产生多大影响,由此从一个侧面佐证理学在成为官方哲学之前对宋代社会影响甚小",其实仍将问题聚焦于理学而不及其他。而伊佩霞试图寻找宋代妇女地位的变化"与经济发展的联系,包括增长中的商业化和城市论,土地财产转移的方式,还有宋代地理环境的变化,比如北宋地区被非汉族游牧族群占领及人口的稳定南移,士人性质的变化,特别是入仕途径的变化,以及其他获得和保持社会地位的办法,儒学复兴和特别是程朱理学这个流派的成功",看似面面俱到,无所不及,却难免令人不得历史演化的要领。其实宋代的特殊性主要由社会因素而非经济基础决定,这一点徐规先生在《宋代妇女的地位》中已经开宗明义,直指要害:

> 从人类历史看来,妇女地位的下降,主要由于经济原因,这是周知的事实。但经济原因以外,使妇女地位下降的压力也有不少,这种史实在宋代特别明显,影响后世也特别大,是值得注意的。笔者不揣谫陋,草成斯篇,列举宋代妇女在各方面被士大夫歧视与限制的理论根据及其处此种环境下的动态,以明其社会地位逐降之迹……

社会史的研究,理应关注具体的"人"的主体性与能动性,务必防范抽象的经济或者文化决定论。比如徐规先生分析士大夫反对再嫁的原因,"士大夫对于忠臣不事二主的理想,以家族为本位的社会,到了宋代更趋严格与完备","士大夫为了自己,为了家族,不复不反对再嫁",社会行动的目标与手段疏析极为清楚,体现了社会史分析的精粹。徐规先生立论之高明,又在于将讨论范围限定于士大夫之歧视与限制,妇女对此之回应以及细民阶层妇女之状况尚需另当别论自是题中之意,唯此方能理解徐规先生为何专辟"宗教信仰的普遍"一节,讨论"士大夫家妇女多好佛老书"的问题。这部分其实是妇女对士大夫限制的某种消极回应,因此徐规先生仔细分析"因寡居无聊,借此消除杂念"等妇女好佛的动机。可以确定地说,徐规先生的《宋代妇女的地位》是以"人"为核心的社会史研究的典范之作。

此外,20世纪80年代初,徐规先生就撰写《试析陈亮的乡绅生活》,是"随着土地改革的完成,乡绅这一阶层跟着地主阶级的消灭而消灭"的背景下,中国大陆学者较早将乡绅"作为一种历史现象"重新予以讨论的重要论文。论文叙述了乡绅地主的交游、生活及占田情况,生动地勾勒出宋代乡绅的生活图景,并且指出陈亮的交游对象除了一批意气相投的学者外,还有更为重要的上下各级官员,这是乡绅干预政治的权力来源;乡绅作为地方社会的核心,起到维持地方秩序的作用,陈亮就曾参与组建"保社"、兴办教育并干涉地方赈灾等事务;同时论文也对陈亮及乡绅阶层的土地占有问题展开讨论。这是一篇"文革"结束后宋代社会史研究的重要论文,不但独得此后中国史界"国家与社会关系"研究潮流之先声,更因坚持马克思主义史学原理而显示了其卓越品质。

(二)宋人年谱

以人物为核心的历史叙述是中国传统史学的突出特点,尤其体现在纪传体史著与年谱两个方面。徐规先生大学时代受张荫麟先生指点,选择宋代著名史家李焘为对象撰作年谱。1979年,时年60岁的徐规先生发表的《王禹偁事迹著作编年》,实为其一生学术研究的巅峰之作。

《王禹偁事迹著作编年》征引1590种史料,对王禹偁的生平、仕履和著作活动,以及《小畜集》《小畜外集》的诸种版本,都做了详细考述,特别是将王禹偁的著作分别列入每一年的《编年文》和《编年诗》中,详细指明其出处,并反复做出考证。徐规先生还按年月编排了王禹偁的生平事迹及有关当代大事,纠正了史籍上的许多记载错误;考定了王禹偁几乎全部著作的写作年代,钩沉和著录了王禹偁的许多散佚诗文,并对《小畜外集》内误收的诗歌进行了考证,补正了文集内的脱漏及刊误字句,包括影印宋本及王禹偁本人的误引原文,评述了王禹偁在历史上的地位。但该书并非王禹偁个人的传记和著作编年,而是将王禹偁的事迹置于太宗朝到真宗朝初年的历史中进行全面考察,进而对北宋初年太宗绝对皇权及其基础科举制的扩大、官僚机构的确立、大量书籍的贮藏、类书的出版、古文的复兴,以及以国家权力为背景的流通机构中铜钱的大量铸造等,都予以深刻的揭示和论断。该书实际上是一部北宋初期政治文化史的研究力作,在学界享有盛誉。日本权威学者周藤吉之教授(1907—1990)曾在《东洋学报》发表长篇书评予以推荐,本书被列为东京大学研究生的必读书。

正如陈寅恪先生晚年作《柳如是别传》,在于特殊历史时空中发抒"幸得梅花同一笑"之心境,其意义绝非以烦琐考证检验一己之学力,徐规先生《王禹偁事迹著作编年》的价值也不止于考据之详赡。如果说李焘为宋代首屈一指的史家,那么王禹偁之事功、思想及气质,实代表宋代政治文化趋向的重要一端。《王禹偁事迹著作编年》开篇序言概述王禹偁生平(功、言、德):

(王禹偁)是北宋政治改革派的先驱,是关心民瘼、敢说敢为的好官,是诗文革新的旗手,是据实直书、不畏时忌的史家。在中国封建社会中,这样的士大夫真是凤毛麟角,少有其匹。

王禹偁具备了"少苦寒贱,又尝为州县官,人间利病亦粗知之"的条件,面临着阶级矛盾和民族矛盾日益激化的局势,他站在地主阶级改革派的立场上,提出了一系列的变法主张和具体措施,希望对国计民生有所裨补。可是他的主要建议与宋初实行"不抑兼并""不立田制"以及加强专制主义中央集权的政策相违背,当然不会被宋太宗、宋真宗所采纳。后来,宋仁宗时,范仲淹(989—1052)等人进行的"庆历变法"

(1043—1044),其基本内容还是王禹偁所提出的那些办法。王禹偁不愧为北宋政治改革家的先驱。

他首倡文以传道而明心之说,主张文句必须通俗易懂——"句易道,义易晓"。

王禹偁不但长于文学,而且史学造诣亦深……咸平元年,又以知制诰身份参预重修《太祖实录》,因据实直书,不畏时忌,被谪官黄州……特别是王禹偁在淳化三年写的一篇古调长诗《金吾》中,敢于揭露北宋初年大将曹翰攻下南唐江州实行屠城的暴行,并记述其平生做尽坏事,"所在肆贪残,乘时恃勋伐"的罪恶。禹偁身为宋臣,对其皇家大将的罪行直书不讳,殊属难能可贵!

这些论断不仅是对传主的精准评价,更将王禹偁推到了宋代历史核心人物的位置上,对于宋代政治史研究具有重要的开创之功。

学士学位论文《李焘年表》是徐规先生学术研究的处女作。该文详细考订了李焘所处之时代背景、家庭情况及师友交游等,对李焘生命中所有重大事件都做了详细缜密的叙述与回顾,并于每条后附上史料出处。该文最为重要之贡献是开创了对南宋著名史学家李焘及其名著《续资治通鉴长编》研究之先声。《李焘年表》经修订后,于20世纪60年代初在中华书局《文史》第2辑上正式发表。以后又进行了两次修订,题为《李焘年表补正》《李焘年表再补正》,分别在《文史》1964年第4辑、1982年第16辑上刊行,相隔近20年,重新订误13处。如原《李焘年表》中绍兴十四年条载:"四月,秦桧请禁野史,李焘尝以此重得罪。"此条记事根据丛书集成初编本之李心传《建炎以来朝野杂记》甲集六"嘉泰禁私史"条记事"顷秦丞相既主和议,始有私史之禁,时李文简焘以此重得罪"。金毓黻先生《中国史学史》及今人涉及此事的所有论著中都沿袭此条记事。后徐规先生详细地查阅、比勘了《建炎以来朝野杂记》的其他本子,发现光绪癸巳年(1893)井研萧氏刻本《建炎以来朝野杂记》

著录该条乃作"李忠简焘",适园丛书本作"李忠简光"而非"李文简焘",又《建炎以来朝野杂记》各本卷首《乙集·序》云:"近世李庄简(李光谥庄简)作《小史》,秦丞相闻之,为兴大狱,李公一家,尽就流窜。"徐规先生据此将此次文字狱的来龙去脉详加考证,得出绍兴十四年(1144)秦桧禁野史而获罪的是李光而非李焘,订正了因诸多典籍记载的歧异而造成长期以来以讹传讹的错误。

《李焘年表》是徐规先生经过半个多世纪的坚持不懈探索研究的成果,对李焘生平事迹、著作材料搜罗之完备,考订之精审,辨析之缜密,殆无可挑剔,是一篇名副其实的学术精品,集中反映了徐规先生"板凳甘坐十年冷,文章不写一句空"的治学精神。该文后被收入中华书局点校本《续资治通鉴长编》第1册,而年谱的副产品、应仓修良教授之请所撰的《〈续资治通鉴长编〉评介》,不仅总结了《续资治通鉴长编》的重大价值、纪念了李焘的伟大人格,更揭示出《续资治通鉴长编》编写的时代情境以及取舍材料的特殊技巧,为分析《续资治通鉴长编》所引文本的复杂结构提供了坚实的基础。

此外,徐规先生年谱作品又有《刘锜事迹编年》,该文乃是继承张荫麟先生《刘锜与顺昌之战自序》写就,可谓填补南宋初年抗金名将研究的空白。又有《沈括事迹编年》及《沈括前半生考略》,也当是承张荫麟先生对于中国科技史的关注,并补张文之《沈括编年事辑》之阙,为张荫麟先生断定的沈括生卒年代提供了一些新证。

(三)史事考订

对宋代史事的考证是徐规先生20世纪70年代末到80年代中期的研究重点,涉及的重要史事有"杯酒释兵权"、宋太祖的"先南后北"统一战略、宋太祖誓约、李顺之死和岳飞班师等,其中影响最大的是关于"杯酒释兵权"的考订。80年代初徐规先生发表《"杯酒释兵权"说献疑》后,在海内外宋史学界引起了很大反响,得到了包括邓广铭先生与美籍华人学者刘子健先生等在内的一些著名专家、学者的赞同,并被一些宋史新著所采用,又引发国内外学者的热议,其中柳立言先生撰文反驳此文的观点。为此徐规又于90年代中期撰写《再论"杯酒释兵权"》解答了柳立言先生提出的问题,进一步论述这一故事为后世虚构。《宋太祖誓约辨析》指出所谓藏于太庙的宋太祖誓约并不存在,这则传言是据曹勋所传徽宗寄语繁衍而成。《评宋太祖"先南后北"的统一战略》论证宋太祖采取"先南后北"的统一战略的合理性,认为宋太祖推行这一策略取得了显著成效,宋初统一战略进展神速,只用了15年的时间就完成了除吴越外的统一南方各国的大业,并使宋朝国力大增,从而具备与辽朝抗衡并对其征讨的能力,宋太宗伐辽及高梁河大败是由于宋太宗麻痹轻敌、急躁冒进,绝不能据以否定"先南后北"战略的正确性。

岳飞是徐规先生研究的另一重点。"文革"中及"文革"结束初期,由于受极左思想的影响,学术界出现了一种否定岳飞是民族英雄,认为岳飞班师是误国、愚忠的观点,同时在对岳飞抗金战功的评价问题上又出现了一些虚夸不实之词。针对对于岳飞的神化和贬低两种极端倾向,徐规先生有《朱仙镇之役与岳飞班师考辨》《南宋绍兴十年前后"内外大军"人数考》和《应该实事求是评价岳飞的抗金战功》等文,以求真实全面地还原岳飞在抗金中的功绩。针对20世纪初以来海内外一些著名学者否定朱仙镇之役的意见,徐规先生指出,认为岳飞绝无进军朱仙镇之役,或认为朱仙镇之役是出于岳珂凭空虚构,其主要理由是绍兴十年(1140)的宋高宗诏札和岳飞捷奏以及《三朝北盟会编》《建炎以来系年要录》《中兴十三处战功》三书中都没有提到朱仙镇之役,但这种论证方法需要斟酌,因为有关岳飞文件与记录岳飞事迹的书籍曾遭摧残和散落,凭不完备的资料并运用默证难以得出正确的结论。徐规先生引用岳珂《高宗皇帝宸翰跋》与宁宗时史官章颖撰《鄂王传》及其他材料证明,《鄂王行实编年》所收高宗赐给岳飞诏札并未全部收入,另岳飞的捷奏亦有"散佚不可考者"。又引用翔实的资料对当时岳飞行军作战的路线、行程进行了详细考析,并证以时人及其他文献的记载,认为断言朱仙镇之役是出于岳珂虚构尚缺乏有力的反证,肯定岳飞确有进军朱仙镇。此外,岳飞绍兴十年北伐班师,固然是由于宋高宗接连下诏不许深入,命令班师,但当时开封附近地区宋金双方兵力发生变化,岳家军处于不利局面,岳飞的撤退并非完全是岳飞的愚忠,而是当时南宋的实力无力灭亡金国以及战略形势的变化所迫。为加强对岳飞的研究,徐规先生还提议并成立岳飞研究会,积极组织研究岳飞的学术活动,编辑《岳飞研究》集刊等。

徐规先生对于南宋初期的其他抗金将领也有关注,特别是在《刘锜事迹编年》基础上撰有《论刘锜的风范品格及其在古代军事史上的地位》一文,指出刘锜善用计谋,能充分认识宋金双方军队优劣并形成一套较为科学的应对金国强大骑兵的办法,取得顺昌大捷等一系列胜利,为南宋的稳定做出了巨大的贡献。而且刘锜具备知书能文、廉洁恭慎以及顾全大局三大优点,有"儒将"之美誉,因此宋人皆盛赞刘锜。同时徐规先生也指出刘锜长于循分守节,缺少岳飞壮怀激烈的豪气,用人也有失当之处。

徐规先生的宋史研究作品中,有一部分与家乡温州以及长期学习、工作的杭州密切相关。温州相关研究以永嘉学派为重点,先后撰写《陈傅良之宽民力说》《陈亮永嘉之行与永嘉事功学派的关系》《陈傅良的著作及其事功思想略述》《略论叶适的学术和事功》等论文,全面评介陈傅良和叶适这两位永嘉学派的代表人物的时代背景与学术思想,对于陈亮和永嘉学派主要人物的交流作了细致的梳理。其中陈亮永嘉之行,有关陈亮研究的论著都认为只有一次,而徐规先生考证出前后至少有三次,并进而考察了陈亮与陈傅良、叶适等人的亲密交往以及陈亮思想与永嘉事功学派的密切联系,对推进永嘉学派的研究做出了重要贡献。杭州相关研究中,《杭州西湖非明圣湖考辨》对于一直以来存在的将明圣湖与西湖相混淆的看法做了订正,并叙述了"西湖"名称之沿革。《五代十国时期的杭州》重点叙述了吴越国时期杭州的发展,指出钱镠等统治者奉行保境安民之策是杭州在这个历史时期得到迅速发展的重要原因,但不应单归功于钱氏诸王。《宋代浙江海外贸易探索》则运用历史唯物主义的方法,论述宋代海外贸易大发展最为重要的原因是农业生产的发展和技术的进步,然后才是两宋政府的重视,并通过市舶司的废置讨论浙江在两宋海外贸易中的地位,指出杭、明、温三州的海外贸易状况最为兴盛。

(四)文献整理和订误

徐规先生视文献整理为治史基础,开展了大量宋史文献整理工作,其中以点校李心传《建炎以来朝野杂记》以及主持完成《宋史》诸志补正(其中《食货志》《职官志》《选举志》之补正具体由梁太济、包伟民、龚延明、何忠礼等先生完成)最为重要。此外,徐规先生还完成了《全宋诗》王禹偁诗、李焘诗的点校和辑佚,并对《建炎以来系年要录》《续资治通鉴长编纪事本末》《宋史·地理志》《梦溪笔谈》《旧闻证误》《石林燕语》《渑水燕谈录》《四朝闻见录》《挥麈录》《容斋随笔》《齐东野语》《铁围山丛谈》《湘山野录》《老学庵笔记》《朱子语类》和《全宋文》等文献进行研究,或校勘,或补正,或订误,其成果皆成为宋史研究的重要参考资料。其中《〈宋史·地理志〉补正》广征博引各种文献,补《宋志》之缺漏,正《宋志》之讹误,共得 108 处。《中国史研究动态》1999 年第 11 期上刊登的华林甫先生所撰《1998 年中国历史地理研究述评》一文赞誉此文"堪称传世佳作","诚为不刊之论"。《〈全宋文〉第一册读后》《〈全宋文·王禹偁文〉补正》两文分别为四川大学古籍研究所主持编辑的《全宋文》第一册与第四册收录的王禹偁文作了详细的订误、补正,前文指出、订正《全宋文》第一册中各种疏误 109 条,后文订误、补正《全宋文》所收王禹偁文 300 余条,条条有出处,字字有根据,其古代文史功力之深,学识之渊博,莫不令人肃然起敬,《全宋文》主编曾枣庄先生曾专门写信向徐规先生表示感谢。

（五）其他史学问题的讨论

在 20 世纪 80 年代之前，徐规先生在参与当时以"五朵金花"为主的史学热点问题讨论时，始终保持清醒头脑、坚持实事求是原则，体现了难能可贵的史家精神。农民战争方面，《陈硕真——中国第一个称帝的女农民领袖》歌颂了陈硕真反抗唐朝统治的功绩。而《张鲁是农民起义军的领袖吗？》一文指出，张鲁之所作所为虽然对农民让渡了一些利益，但归根结底是为了维持自己的割据统治，应该将其认定为军阀而非农民领袖。这是新中国成立以后第一篇对张鲁是农民起义军领袖的论点提出质疑与批评的论文，发表于1961 年 9 月 27 日《光明日报·史学版》，与当时一些权威观点截然不同，需要极大的勇气与胆识。民族问题方面，《畲族的名称、来源和迁徙》一文对于畲族的发展作了一番考证，是较早利用族谱等民间历史文书的史学论文。在历史分期的问题上，徐规先生曾撰写《浅论宋代政治史的分期问题》一文，避免以往将宋代划分为北宋与南宋，又将两宋简单划分为前、后两期或前、中、后三期的做法，而是根据各个阶段主要矛盾的转移，将宋代划分为四个时期：(1)宋太祖建国之初到太宗太平兴国四年灭北汉为止（960—979）的统一和集权时期。(2)自太平兴国四年灭北汉到宣和七年徽宗退位为止（979—1125）的变法与反变法斗争时期。(3)自徽宗宣和七年金兵第一次南侵到理宗端平元年蒙古灭金为止（1125—1234）的宋金和战时期。(4)自蒙古灭金到南宋灭亡（1234—1279）的抗（蒙）元斗争时期。这四期划分运用唯物史观的方法，突破了前人对两宋历史分期的僵硬认识，得出了让人信服的结论。

徐规先生之于宋史研究具有重要的开创与领军之功，他不仅是史学家，而且是教育家和毫无名利之心的纯粹学人。中国古代史学有才、学、识之说，清初计六奇说："落笔惊人，才也；博极群书，学也；论断千古，识也。"而章学诚在此基础上又提出"史德"论，强调修史的道德承担。徐规先生强调，作为一个史学工作者，最重要的也是最基本的一条,就是要继承和发扬我国史家刚正不阿、秉笔直书的优良传统,决不能图名利、赶浪头、凑热闹。那些仰人鼻息的文章,或许可以逞快于一时,但终将为天下人所耻笑,被时代所淘汰,也会使自己感到汗颜,遗憾终身。他教导学生做学问要坚持实事求是的原则,切不可趋炎附势,或故作惊人之笔,做人要看得透功名利禄,不可争名于朝、争利于市。这是徐规先生为史学界留下的珍贵的学术与精神遗产。

(吴铮强、史文韬撰)

参考文献

徐规:《仰素集》,杭州大学出版社1999年版。

徐规:《我的治学之路》,《浙江学刊》1995年第5期。

徐规:《徐规传略》,《温州师范学院学报(哲学社会科学版)》1994年第2期。

张其凡、李裕民主编:《徐规教授九十华诞纪念文集》,浙江大学出版社2002年版。

方建新:《著名宋史学家徐规教授》,《浙江社会科学》1990年第6期。

方建新:《义理、考证、文章三结合的学术精品——读徐规教授的〈仰素集〉》,《浙江大学学报(人文社会科学版)》2000年第6期。

曹家齐:《徐规的宋史研究》,《中国社会科学报》2013年3月18日。

康保苓:《徐规先生访谈录》,《史学史研究》2001年第4期。

张荫麟:《张荫麟全集》,陈润成、李欣荣编,清华大学出版社2013年版。

许冠三:《新史学九十年》,香港中文大学出版社1986年版。

陈祥蕉:《陈乐素:中国宋史研究的继往开来者》,《南方日报》

2013 年 5 月 29 日。

李华瑞:《宋代妇女地位与宋代社会史研究》,邓小南主编:《唐宋女性与社会》,上海辞书出版社 2003 年版。

[美]伊佩霞:《内闱——宋代的婚姻和妇女生活》,胡志宏译,江苏人民出版社 2004 年版。

宋代妇女地位

序

从人类历史看来,妇女地位的下降,主要由于经济原因,这是周知的事实。但经济原因以外,使妇女地位下降的压力也有不少,这种史实在宋代特别明显,影响后世也特别大,是值得注意的。笔者不揣谫陋,草成斯篇,列举宋代妇女在各方面被士大夫歧视与限制的理论根据及其处此种环境下的动态,以明其社会地位逐降之迹,藉供参考,但毕竟是一种尝试,而且在抗日战争期中,图书弗备,疏误之处,务请各位前辈不吝指正!

民国三十四年六月徐规序于西迁遵义的国立浙江大学研究院

第一章　精神生活

第一节　士大夫的妇女观及其教育主张

(一)妇女观

宋代士大夫的妇女观,可从几位著名学者的言论中窥知一二:

李昌龄(937—1008):"大抵妇人女子之性情,多淫邪而少正,易喜怒而多乖。率御之以严,则事有不测,其情不知,其内有怨,盖未有久而不为害者;率御之以宽,则动必违礼,其事多苟,其心无

惮,盖未有久而不为乱者。"(《乐善录》)

欧阳修(1007—1072):"凡家人之祸,未有不始于女子者也。"(《欧阳文忠公集·易童子问一》)

李觏(1009—1059):"妇人之性,鲜克正也。阴则昧,柔则弱。昧不足自见,弱不足自立。与物而迁,直情忘反,其体一也。"(《直讲集》卷五《内治》第一)

周敦颐(1017—1073):"家人离,必起于妇人。"(《通书·家人睽复无妄》第三二)

南宋袁采:"人家不和,多因妇女以言激怒其夫及同辈,盖妇女所见不广不远不公不平,又其所谓舅姑伯叔妯娌皆假合,强为之称呼,非自然天属,故轻于割恩,易于修怨,非丈夫有远识则为其役而不自觉,一家之中乖变生矣。"(《袁氏世范·睦亲》)

真德秀(1178—1235):"夫女子阴柔之性,鲜不妒忌而险诐者,故二女同居则猜间易生。"(《大学衍义》卷一)

宋代士大夫对她们所定的种种防闲,多从这种观念出发。他们认为妇女当柔顺自处。

梅尧臣(1002—1060)《送薛氏妇归绛州》诗:"妾非勿较竞,丑语勿辨理。每顺舅姑心,况逆舅姑耳。为妇若此能,乃是儒家子。"(《宛陵集》卷四九)

张载(1020—1077)《女戒》:"妇道之常,顺惟厥正。……嘉尔婉娩,克安尔亲。往之尔家,克施克勤。尔顺惟何,无违夫子。"(《张子全书》卷十三)

程颐(1033—1107)说:"虽至贵之女,不得失柔巽之道。"(《二程全书·易传四》)

洪迈(1123—1202)说:"妇人女子,婉娈闺房,以柔顺静专为德。"(《容斋续笔》卷十二《妇人英烈》)

朱熹(1130—1200)说:"有非,非妇人也;有善,非妇人也。盖女子以顺为正,无非,足矣。有善,则亦非吉祥可愿之事也。"(明丘

浚《朱子学的》卷上《道在》第八)

真德秀说:"《易》以坤为妻道,人知一于柔顺而已。"(《西山集》卷四五《蔡氏墓志》)

至于对待妇女应取如何态度呢?范师道(1005—1063)上疏仁宗有云:"夫妇人女子,与小人之性同,宠幸太过,则渎慢之心生,恩泽不节,则无厌之怨起,御之不可不以其道也。"(《宋史》本传)司马光(1019—1086)说:"自古及今,以悍妻而乖离六亲、败乱其家者,可胜数哉!故凡娶妻不可不谨择也。既娶而防之以礼,不可不在其初,其或骄纵悍戾训厉禁约而终不从,不可以不弃。"(《家范》卷七)王缙(1073—1159)上疏高宗亦云:"地震驻跸之所,岂非天心仁爱著阴盛之戒邪!女子小人,夷狄盗贼,皆阴类也。女子小人则远之,夷狄盗贼则备之。"(《张南轩集》卷三八《王司谏墓志铭》引)张端义(1179—?)说:"郑、卫之音,皆淫声也,夫子独曰放郑声,不及卫音,何也?卫诗所载皆男奔女。郑诗所载皆女奔男,所以放之。圣人之意微矣。"(《贵耳集》卷上)

在这种观念之下,男女之间便渐渐离隔了。欧阳修为谢景山的妹子作《诗序》说:"希孟不幸为女子,莫自彰显于世。"(《欧阳文忠公集》卷四二)程颐作《上谷郡君家传》说:"夫人幼而聪悟过人,好读书史,博知古今。丹徒君(颐外祖)爱之过于子,每以政事问之,所言雅合其意,常叹曰:'恨汝非男子!'"(《二程全书·伊川集》)陆佃为夫人陈氏撰墓志铭也说:"士有百行,可以功过相除,又有朋友故旧与其宾客为之誉叹,故其积善在躬,易以光显。至于妇人女子,则惟以贞信为节,又无外事,在深闺隐屏之中,非有纯德至善,不能著闻于世。"(《陶山集》卷十五)民间对于生男和生女的态度,也判然不同。如梅尧臣《戏寄师厚生女》诗有云:"生男众所喜,生女众所丑。生男走四邻,生女各张口。"(《宛陵集》卷十一)司马光也说:"世俗生男则喜,生女则戚。"(《司马氏书仪》卷四《居家杂仪》)

而妇女便亦以奴自称,南宋初人朱翌(1097—1167)说:"男曰奴,女曰婢,故耕当问奴,织当问婢。今则奴为妇人之美称。贵近之家,其女其妇,则又自称曰奴。自汉以前,妇人皆称妾,兼臣妾而言。古者妇人女子亦有名字,如孟光字德曜、曹昭字惠班之类是也。其自称也亦以名,如曹大家上书曰妾昭之类是也。一例称奴,起于近代。"(《猗觉寮杂记》卷下)

有些庄严的地方,妇女竟不敢涉足。如真宗有一次命郭皇后去参观宜圣殿诸库,皇后便辞谢了。她说:"国之宝库,非妇人所当入。"(李焘《续资治通鉴长编》卷六五)

(二)对于妇女教育的主张

宋代士大夫对于妇女教育的主张,最早而又最详的要推司马光。他对男女教育曾提出不同的主张:

> 六岁,男子始习书字,女子始习女工之小者。七岁,男女不同席,不共食。始诵《孝经》《论语》,虽女子亦宜诵之。八岁,男子诵《尚书》,女子不出中门。九岁,男子诵《春秋》及诸史,始为之讲解,使晓义理。女子亦为之讲解《论语》《孝经》及《列女传》《女戒》之类,略晓大意。十岁,男子出就外傅,居宿于外,读《诗》《礼》,傅为之讲解,使知仁义礼智信。自是以往,可以读孟、荀、扬子,博观群书。凡所读书,必择其精要者而读之,其异端非圣贤之书,傅宜禁之,勿使妄观,以惑乱其志。观书皆通,始可学文辞。女子则教以婉娩听从(原注:婉娩,柔顺貌)及女工之大者(原注:女工谓蚕桑、织绩、裁缝及为饮膳)。未冠笄者,鸡鸣而起,总角靧面,以见尊长(原注:靧音悔,洗面也),佐长者供养。祭祀则佐执酒食。若既冠笄,则皆责以成人之礼,不得复言童幼矣。

> 古之贤女,无不观图史以自鉴。如曹大家之徒,皆精通经术,议论明正。今人或教女子以作诗歌,执俗乐,殊非所宜。(《居家杂仪》)

从上面一段话,可知道男子的教育,重在博览群书,而女子则重在
女工、佐执酒食与所谓婉婉听从的柔顺主义。此外,读《孝经》《论
语》、刘向《列女传》、班昭《女戒》之类,在使能通晓大意。至于妇女
的道德标准,据司马光的规定为柔顺、清洁、不妒、俭约、恭谨、勤劳
六项(《家范》卷八),诗歌俗乐是被反对研习的。

为了妇女教本的需要,嘉祐(1056—1063)中,苏颂曾重定刘向
《列女传》(曾巩《元丰类稿》卷十一《列女传目录序》)。有些士大夫
家里,时常请人讲解《列女传》给妇女听(《郑氏规范·治家杂训》),
或父亲手钞《列女传》数十事给女儿日夜诵读(陆游《渭南文集》卷
三五《夫人孙氏墓志》)。有的妇女甚至"手钞《列女传》,每暮夜,必
熟读数四而后寝,虽大寒暑不废"(《夷坚志补》卷一《芜湖孝女》)。
此外,用作主要教科书的还有《礼记·内则》(《刘后村集》卷一六一
《夫人宗氏墓志铭》)、班昭《女戒》(《二程全书·伊川集》卷八《上谷
郡君家传》《杨诚斋集》卷一三一《夫人张氏墓志铭》《宋史》卷四六
〇《谢枋得妻传》)。王十朋(1112—1171)为女儿作《生日》诗,有
"好读班姬诫,休吟谢女诗"之句(《梅溪后集》卷四)。朱熹尝病班
昭的《女戒》太鄙浅,想别集古语成一书,所拟篇目有正静、卑弱、孝
爱、和睦、俭质、宽惠、讲学等七项。又说杜甫的"嗟汝未嫁女,秉心
郁忡忡。防身动如律,竭力机杼中"诗句,可入正静一项内。尝作
书嘱友人刘清之纂辑,但终究没有完成(罗大经《鹤林玉露》乙编卷
五《女戒》)。也有讲解《孟子》,如李公择每令子妇侍侧为说《孟子》
大义(吕本中《童蒙训》卷中)。又范祖禹(1041—1098)的女儿读到
《孟子》"出入无时,莫知其向,惟心之谓与"一句,语人曰:"孟子不
识心,心岂有出入。"程颐闻之,曰:"此女虽不识《孟子》,却能识
心。"(《二程全书·外书》卷十一)最为人们所重视的,还要算司马
光的《家范》,如汪藻(1079—1154)所说,绍兴初年,毗陵朝请郎孙
庭臣的夫人施氏,晚年传授司马光《家范》给子孙,如有不听训诲
的,便引《家范》来责备。后来他的女儿都能做夫家妇女的表率

（《浮溪集》卷二八《施氏墓志铭》）。又如文天祥（1236—1283）记南宋末年庐陵罗士友案头置有司马光《家训》（即《家范》）一通，保家择妇，常以为名言。所以闺中便没有敢疾呼的，女婢也不敢走近几席。乡间谈到家法和教育子女的都首推罗公（《文山全集》卷十一《罗融斋墓铭》）。

兹将士大夫对妇女的要求必须做到的数项分述于下：

第一，柔顺。妇女对任何人都要柔顺，尤其是舅姑和丈夫。父母教诲女儿，非常着重这一项。如皇家公主到十五岁举行笄礼时，训辞有说："事亲以孝，接下以慈，和柔正顺，恭俭谦仪。不溢不骄，毋诐毋欺。古训是式，尔其守之。"士庶人的女儿出嫁时，父母的训辞："父戒之曰：'往之汝家，无忘肃恭。'母戒之曰：'夙夜以思，无有违命。'诸母申之曰：'无违尔父母之训。'"（《宋史》卷一一五《礼志》）妇女在这样的耳提面命下，大都是奉行唯谨的。如范仲淹（989—1052）记胡公夫人陈氏的两女"习夫人之教，柔淑有礼，宗党称焉"（《范文正公集》卷十二《陈氏墓志》）。王安石（1021—1086）记曾公夫人黄氏，"有问之，曰：'顺为正，妇道也。吾勤此而已。'"（《临川集》卷九九《黄氏墓志铭一》）程俱（1078—1144）作《蒋公（彝）墓志》说："妻梅氏柔顺而有常，自在室至于有家，长于己者，畏惕如不胜与侪等。"（《北山小集》卷三十）朱熹也说，黄中母游氏柔顺坚正（《朱文公集》卷九一《游氏墓志铭》）。连颂扬皇太后的册文中也放入"柔闲静专"等字（《欧阳文忠公集》卷十九《尊皇太后册文》）。据《宋史·后妃传》所记有宋一代的后妃性格，大都是柔顺的。《礼记》所说的妇女三从的道理，在宋代很受重视，如仁宗初年要同太后刘氏到慈孝寺去，太后想把自己所坐的大安辇行在皇帝之前。鲁宗道说："妇人有三从之义：在家从父，既嫁从夫，夫殁从子。"太后便立即从后了（《东都事略·鲁宗道传》）。

第二，妇职。妇职指妇女所应做的事，可分为女工、蚕织、烹饪、祭祀等四项。

甲、女工。女工又名针黹。士大夫对这种工作很重视。如梅尧臣《送薛氏妇归绛州》诗："在家勖尔勤,女工无不喜。"(《宛陵集》卷四九)女子不论贵贱,都要学习。如太宗女荆国大长公主"尤善女工之事"(《宋史·公主传》)。仁宗杨德妃"组纴、书艺一过目如素习"(《宋史·后妃传》)。太常博士张彭的女儿,治女工精致绝人,内外宗族无与比(张耒《柯山集》卷五十《张夫人墓志铭》)。乔仲迁家,男就学,女趋纫缝,各得其职(《胡澹庵集》卷二六《夫人郭氏墓志铭》)。南宋中叶盐城民周六的女儿因不习针缕,被夫家逐归。后来父母双亡,竟至行丐(《夷坚志》支丁卷九)。所说虽未必尽实,但女工被重视是无疑的。故妇女即使不愿,也不能不勉强去学习了。而且贫家还有赖此补充家用的。如《夷坚志》载:"芜湖詹氏女,母早亡,父老而贫,以《六经》教授乡里。女间售女工以取给。"(补一《芜湖孝女》)当时有所谓针线人(《说郛》卷七三引《旸谷漫录》),是专替人做针黹的。有些技术高明的,做出来的针黹,颇为雅士所欣赏。如刘攽(1023—1089)说:"北平荣弋妻周氏为女工,纤密巧致,点苏为花卉虫鱼,若生就然。"(《彭城集》卷三九《周夫人墓志铭》)

乙、蚕织。民间对于这种工作异常重视,因为这是妇女的本业,"十七十八事机织,暗锁青闺人不识"(岳珂《玉楮集》卷一《拙妇吟》)。即使士大夫家亦有为之者。如南宋初年,知处州江惇禔的夫人年纪老了,还不肯放弃蚕织工作。她说这是妇人应做的事,并非为了赚钱(《范香溪集》卷二二《胡氏墓志铭》)。有些人家怕媳妇太闲,容易发生不正当的事情,也希望把她们聚在一处机杼纺绩(《郑氏规范·训诸妇》)。蚕织的收入虽然有限,但有些贫家是用来还债,"相逢却道空辛苦,抽得丝来还别人"(翁卷《苇碧轩诗集·东阳路旁蚕妇》)。或都输作租税,"天寒尺寸不得著,尽与乃翁输县官"(俞文豹《吹剑录》引姚寅《养蚕行》)。而夫亡、姑老、子幼的贫妇亦有不得不赖以维持生活(《宋史》卷三五五《贾易传》、卷四三七《程迥传》)。据说当时河朔、山东一带养蚕的利润竟超过稼穑(庄季裕《鸡肋编》卷上《盗伐桑枝》)。上层社会对蚕织也十分重视,宫中置有织室(《宋史》卷四《太宗纪》太平兴国三年二月辛未条)。京师设有裁造院,其中女工很多(《续资治通鉴长编》卷一○一天圣元年闰九月甲午条)。天圣三年五月,仁宗驾临御庄观刈麦,听到民舍里的机杼声,就赐给织妇茶帛(《宋史》卷九《仁宗纪》)。范纯仁(1027—1101)知襄城县,因为当地人民不会蚕织,曾设法"劝使植桑"(《宋史》卷三一四本传)。秦观(1049—1100)著过一部蚕书,今尚流传。即在宋人诗文集中亦到处可以看到咏蚕织的诗。有些地方的妇女专做机织吉贝为衣衾的工作,如南宋宁宗时广西提点刑狱崔与之(1158—1239)巡视琼州就见到这种情况(《宋史》卷四○六本传)。

丙、烹饪。张载说:"王姬肃雍,酒食是议。"(《张子全书·女戒》)可见皇室的女子亦需要学习烹饪。士大夫家呢?孙洙(1031—1079)母庄氏,"事舅姑,饮食必手调饪,未尝以委他人"(《彭城集》卷三九《庄夫人墓铭》)。钱公辅母蒋氏,"自其嫁至于老,中馈之事,亲之惟谨"(《临川集》卷九九《蒋氏墓志铭》)。胡铨(1102—1180)撰《林宜人墓志铭》说:"宜人教戒诸女,以孝谨贞淑为先。至于女红、烹饪,皆使之习。且曰妇事也,毋怠!"(《澹庵集》卷二四)亦有不习厨事的,如吴曾《能改斋漫录》卷十二载:马尚书亮女嫁陈谏议省华之子尧叟(960—1017),"女日执馈,马于朝路语谏议,以女素不习,乞免其责。谏议答云:'未尝使之执庖,自是随山妻下厨耳!'马遂语塞。"虽不习厨事,出嫁后也无法避免去执庖。又岭南与别地不同,专教女儿厨事,如房千里《投荒杂录》载:"岭南无问贫富之家,教女不以针缕、绩纺为功,但躬庖厨、勤刀几而已。善醯醢菹鲊者,得为大好女矣。"(《说郛》卷二三引)虽然是唐末人的记载,但至宋代这种风俗想不会有多大改变的。

丁、祭祀。祭祀祖先亦为她们的重要工作之一。张载说:"铜尔提匜,谨尔宾祭(宾客、祭祀)。"(《女戒》)程颐又说:"妇者所以承先祖,奉祭祀。不能奉祭祀,则不可以为妇矣。"(《易传》卷四)所以妇女对于祭祀往往是非常认真的,如吕陶(1031—1107)《净德集》卷三七《蒲氏墓志铭》载:"苏不欺妻蒲氏敬于祀先,凡岁时荐献与忌日之奉,其炮燔烹饪之具,虽老不以付子孙,必择平时之所嗜而羞之。既享,则怵惕斋栗,终日愀然,如见所祭。盖得孝子所以飨亲之义。"这种例子在宋人文集中是屡见的。

第三,严男女之别。宋代男女的隔离,很受重视。尤其上层士大夫家妇女是禁止与外人甚至亲属见面的,和唐代的情形迥异。唐白居易乘船夜泊鄂州鹦鹉洲,尝和邻船十六七岁的女子问答。后来在浔阳江上,又移船夜登商人妇的舟中,和她同饮。洪迈曾对此事加以按语曰:"瓜田李下之疑,唐人不讥也。"(《容斋诗话》卷三)故如元稹《会真记》一类文字,在宋代士大夫间是不会产生的。但在宋初,上层社会男女见面的机会似乎还多,如太祖、太宗同到大臣赵普家中,普妻便为之行酒(《宋史·赵普传》)。到仁宗以后,情形就不大同了,帷薄不修,或闺门不肃等类文字是常被利用为攻击他人之具的。最著名的如庆历五年(1045)欧阳修被劾与甥女张氏奸淫的事(《长编》卷一五七)。哲宗时,有劾刑部郎中王彭闺门不肃,竟以降官(《长编》卷四六四)。

士大夫对于男女的防闲,大抵接受《礼记·内则》的说法,而加以扩充。司马光的主张是:

> 凡为宫室,必辨内外,深宫固门。内外不共井,不共浴室,不共厕。男治外事,女治内事。男子昼无故不处私室,妇人无故不窥中门,有故出中门,必拥蔽其面。……女仆无故,不出中门(原注:虽小婢亦然);有故出中门,亦必拥蔽其面。铃下苍头,但主通内外之言,传致内外之物,毋得辄升堂室,入庖厨。(《居家杂仪》)

宋元间的浦江《郑氏规范》更有详细的规定:

　　诸妇之于母家,二亲存日,礼得归宁,无者不许。其有庆吊,势不可已者,但令人往。

　　诸妇亲姻颇多,除本房至亲与相见外,余并不许,可相见者亦须子弟引导,方入中门。见灯,不许。违者,会众罚其夫。妇人亲族有为僧道,不许往来。

　　女子年及八岁者,不许随母到外家。余虽至亲之家亦不许往。违者,重罚其母。

　　诸妇无故,不出中门。夜行以烛,无烛则止。

　　诸妇喋言无耻,及干于阃外事者,当罚拜以愧之。

　　家中燕飨,男女不得互相献酬,庶几有别。若家长、舅姑,礼宜馈食者,不拘。

　　男女不共圂溷,不共湢浴,以谨其嫌。

　　男女不亲授受,礼之常也。诸妇不得镊工剃面。

　　诸处茔冢,岁节及寒食、十月朔,子孙须亲展省,妇人不与。

甚至祭祀时,死者的座位也要分别男女。程颐说:"祭祀须别男女之分,生既不可杂坐,祭岂可杂坐?"(《二程全书·遗书》卷十七)

　　这种隔离方法,在士大夫家中是严厉执行的。如梅尧臣《送薛氏妇归绛州》诗有"慎勿窥窗户""看尔十九年,门阃未尝履"之句(《宛陵集》卷四九)。赵惟和大人住的地方,非常严洁,从来不下堂,家人亦罕得见面(《欧阳文忠公集》卷三七《冯氏墓志铭》)。王安石说:"居不识厅屏,笑言不闻邻里"为妇女的职责(《临川集》卷九十《外祖母黄夫人墓表》)。王氏夫人寡居后,虽父母家有时留她宿夜,也不答应。她说:"吾非间吾亲,顾年少子幼,理可畏也。"(《柯山集》卷五十《李夫人墓志铭》)又陈瓘(1057—1122)日和家人会食,男女各为一席(《鹤林玉露》甲编卷二)。甚至有些固执的妇女,到危急时,宁死也不肯离开闺房,如建炎三年(1129),盗马进掠临淮县,王宣想与妻子曹氏避往他处,曹氏便道:"我听说妇人死也不出闺房的。"贼至,宣避之。曹坚卧不起,竟被害。(《宋史·列女传》)这种情况当然不会普遍,但可推知妇女对于守礼认真的程度了。

南宋时,闺门严肃的人家,据说多为中原故家。陆游说:"予少时,犹及见赵魏秦晋齐鲁士大夫之渡江者,家法多可观,虽流离九死中,长幼逊悌,内外严正,肃如也。"(《渭南文集》卷三四《杨夫人墓志铭》)又陆九龄(1132—1180)"治家有法,阖门百口,男女以班,各供其职。闺门之内,严若朝廷"(《宋史》本传)。绍兴三年(1133)九月,常同论宰相吕颐浩十罪中,曾有"每会亲党夜饮,男女杂坐"(《建炎以来系年要录》卷六八)一条。男女杂坐,可作为罪状,足见南宋防闲男女之严了。

家庭之中,既认为男女应当隔离,地方长官也就对此悬禁。如王安石的父亲王益知韶州时,因其地夷越没有男女之别,遂下令严禁。据说不久,男女便不敢同途了。(《临川集》卷七一《先大夫述》)宣和六年(1124)秋,秀州大水,知州洪皓在城东南两废寺中,收容难民,分别男女,防其殽杂(洪适《盘洲集》卷七四《先君述》)。淳熙十三年(1186),史浚通判婺州,遇大水,溪南的人民登屋缘木避水的有数千人。浚募人打救,使他们分住在官舍中,整夜燃蜡炬,为的是怕男女混处。(《攻媿集》卷一○五《史浚墓志铭》)又太原土狭,民惜地不葬。范纯仁知太原府时,派遣僚属收拾无主的烬骨,分别男女,异穴以葬。(《宋史》本传)男女之别,竟及烬骨,其严密可知了。

宋代宫禁也非常严密,既不许后妃的外家男子入见(《宋史·慈圣曹皇后传》),又不准宫嫔观赏外面的景物(《邵氏闻见录》卷一),并禁止延宁宫女道士观人(《东京梦华录》卷三《大内前州桥东街巷》)。吕大防(1027—1097)曾将唐宋两代的宫禁加以比较说:"前代宫闱多不肃,宫人或与廷臣相见,唐入阁图有昭容位,本朝宫禁严密,内外整肃,此治内之法也。"(《长编》卷四八○元祐八年正月丁亥条)宋儒对于唐代这种情况很不满意。如程颢(1032—1085)说:"唐有天下,虽号治平,然三纲不正,无君臣父子夫妇之义,其原始于太宗。"(《近思录》卷八)朱熹也说:"唐源流出于夷狄,故闺门失礼之事,不以为异。"(《朱子语类》卷一三六)

最后附带述及缠足(指弓足而言)。缠足的起始,宋张邦基和清赵翼的考证都认为始于五代(《墨庄漫录》卷八、《陔余丛考》卷三),大概是为了增加跳舞时的美观而采用的。据《道山新闻》说缠足的妇女跳起舞来,"素袜舞云中,回旋有凌云之态"(周密《浩然斋雅谈》卷中引)。于是有些富贵人家就渐渐地仿效了。到了宋末元初以后,逐渐流行,不缠足的反觉得羞耻了(《辍耕录》卷十《缠足》条)。这种风尚影响到女真的妇女(《枫窗小牍》卷上)。南宋末年,车若水曾反对过缠足。他说:"小儿未四五岁,无罪无辜,而使之受无限之苦。缠得小来,不知何用?"(《脚气集》)这种论调,非常寥落,当然不会有什么效力的。

根据上述的三种需要,可知当时所认为妇女的美德,不是一种平等的看待。又因男女之别严,她们便终身囚禁在家庭内,尤其是蛰居自己的闺房中。这种情况在上层士大夫的家族间表现得特别厉害。而这种精神却无疑的对一般人很有影响。

(三)母后地位与士大夫对宫闱权力的影响

《东都事略·后妃传》说:"母后摄政之贤,自汉迄今,未有加于我宋者也,真社稷生灵之福哉!"《宋史·后妃传》亦说:"宋三百余年,外无汉王氏之患,内无唐武、韦之祸,岂不卓然而可尚哉!"

宋代母后垂帘听政的有八人,北宋真宗刘皇后、仁宗曹皇后、英宗高皇后、神宗向皇后、哲宗孟皇后等五人;南宋高宗吴皇后、宁宗杨皇后、理宗谢皇后等三人。虽同是听政,其情况颇有差异。如真宗刘皇后,据《宋史·后妃传》载:

> 真宗退朝,阅天下封奏,多至中夜,后皆预闻。……天禧四年(1020),帝久疾,居宫中,事多决于后。宰相寇准密议奏

请皇太子监国,以谋泄罢相,用丁谓代之。既而,……诏皇太
子开资善堂,引大臣决天下事,后裁制于内。

　　真宗崩,遗诏尊后为皇太后,军国重事权取处分。……有
司请制令称"吾",以生日为长宁节,出入御大安辇,鸣鞭、侍卫
如乘舆。令天下避太后父讳。群臣上尊号曰应元崇德仁寿慈
圣太后,御文德殿受册。天圣五年(1027)正旦,太后御会庆
殿,群臣及契丹使者班廷中,帝再拜跪上寿。……

　　明道元年(1032)冬至,复御文德殿,有司陈黄麾仗,设宫
架、登歌、二舞。明年,帝亲耕籍田,太后亦谒太庙,乘玉辂,服
袆衣、九龙花钗冠,斋于庙。……加上尊号曰应天齐圣显功崇
德慈仁保寿太后。是岁崩,年六十五。谥曰章献明肃,……旧
制,皇后皆二谥;称制,加四谥自后始。

刘皇后称制自乾兴元年(1022)至明道二年(1033)逝世止,凡十二
年,在这期间实权都在她的手中。

　　至于仁宗曹皇后的听政,因为英宗感疾,才请她权同处分军国
事,御内东门小殿听政。大臣奏事,有疑难处未能决定,总是谦逊
地说:"公辈更议之!"未尝拿出自己的主张。明年(治平元年,
1064),英宗病愈,便立即撤帘还政。英宗高皇后的听政,因为哲宗
年幼,由于宰执王珪等的请求。朝政大抵归司马光等大臣施行。
有一次廷试举人,有司请仿天圣故事,帝、后皆御殿。高后不肯。
又请受册宝于文德殿。高后说:"母后当阳,非国家美事。况天子
正衙,岂所当御? 就崇政足矣。"上元灯宴,照例,后母可以入宫看
灯,高后对其母说:"夫人登楼,上必加礼,是由吾故而越典制,于心
殊不安。"又宋用臣等被黜,祈求神宗乳媪入宫,代为说情,冀得复
用。高后见到乳媪,便说:"汝来何为? 得非为用臣等游说乎! 且
汝尚欲如曩日求内降干扰国政耶! 若复尔,吾即斩汝。"媪大惧,不
敢开口。神宗向皇后的听政乃由于徽宗的坚请,因徽宗即位,是出
于她的帮助。但她还不敢用"御正殿,避家讳,立诞节"的故事。才

六个月,便马上还政。哲宗孟皇后的听政,情况更是特殊。徽、钦二帝被俘,金人立张邦昌为楚帝,大臣们都反对他,邦昌只得请出被废的孟后,尊为元祐太后,迎入禁中,垂帘听政。

高宗吴皇后在孝宗死时,光宗有重病,不能执父丧,大臣请她垂帘主丧事。吴后不肯,仅允代行祭奠礼。不久,从知枢密院事赵汝愚的请求,在梓宫前垂帘,宣光宗手诏,立皇子嘉王为皇帝。次日,册立夫人韩氏为皇后,便撤帘了。严格来说,这不算是听政,不过替赵汝愚等做挡箭牌而已。宁宗杨皇后的听政,乃由于宰臣史弥远等的阴谋。理宗谢皇后在度宗死时,瀛国公年幼,由于大臣的屡请,才肯垂帘听政。(以上见《宋史·后妃传》)

据上所述,可知除真宗刘皇后外,都没有什么权力,朝政还是归宰执大臣处决的。虽然刘后的权力可以左右朝政,但她也不敢遽改成规。《宋史·后妃传》:

> 仁宗即位尚少,太后称制,……宫掖间未尝妄改作。……小臣方仲弓上书,请依武后故事,立刘氏庙,而程琳亦献《武后临朝图》,后掷其书于地,曰:"吾不作此负祖宗事。"

至于士大夫势力之大,与母后在政治上权力的薄弱,很有关系。试举数例如下:

甲、因谏官言而逐外戚。如《宋史·后妃传》载:"章献明肃刘皇后……晚稍进外家,……兄子从德死,姻戚、门人、厮役拜官者数十人。御史曹修古、杨偕、郭劝、段少连论奏,太后悉逐之。"

乙、因大臣言而删称制太后的遗诰。如《宋史·后妃杨淑妃传》载:"章献遗诰尊〔杨淑妃〕为皇太后,居宫中,与皇帝同议军国事。阁门趣百僚贺,御史中丞蔡齐目台吏毋追班,乃入白执政曰:'上春秋长,习知天下情伪,今始亲政事,岂宜使女后相继称制乎?'乃诏删去遗诰'同议军国事'语。"

丙、宰执贬宠臣。据《宋史·宦者传三》载:"知谏院司马光论〔任〕守忠离间之罪,为国之大贼,民之巨蠹,乞斩于都市。英宗犹未行,宰相韩琦出空头敕一道,参政欧阳修已签,赵概难之,修曰:'第书之,韩公必自有说。'琦遂坐政事堂,立守忠庭下,曰:'汝罪当死,贬保信军节度副使,蕲州安置。'取空头敕填与之,即日押行,……守忠久被宠幸,用事于中,人不敢言其过,及贬,中外快之。"

丁、经筵讲官议太皇太后,据《长编》载:"元祐二年(1087)八月辛巳,先是,〔程〕颐赴讲会,上疮疹,不坐已累日,退,诣宰相问曰:'上不御殿,知否?'曰:'不知。'曰:'二圣临朝,上不御殿,太皇太后不当独坐。……'"

戊、纳后取决于宰执,据叶梦得《石林燕语》卷五:"哲宗将纳后,得狄谘女,宣仁〔太后〕意向之,而庶出过房,以问宰执。"宰执不允,只得作罢。(参见《长编》卷四五七元祐六年四月辛亥条)

己、大臣参预废后议。如仁宗郭后之废,宰相吕夷简曾参预其议。(《宋史·后妃传》《长编》卷一一三明道二年十二月乙卯条)

南宋以后,相权更大,毋庸赘述。总之,宋代宫中事,常要经大臣的许可,和唐代情况迥殊。庄季裕曾摘述唐代史实云:

> 唐高宗召大臣,欲废皇后,立武昭仪,李勣称疾不入,褚遂良以死争。他日,勣独入见,帝问之曰:"朕欲立武昭仪为后,遂良固执以为不可。遂良既顾命大臣,事当且已乎?"对曰:"此陛下家事,何必更问外人!"帝意遂决。〔玄宗〕武惠妃谮太子瑛、鄂王瑶、光王琚,帝欲皆废之,张九龄不奉诏。李林甫初无所言,退谓宦官之贵幸者曰:"此人主家事,何必问外人?"帝犹豫未决。九龄罢相,帝召宰相审之,林甫对曰:"此陛下家事,非臣等宜预。"帝意乃决。德宗欲废太子,立侄舒王,李泌曰:"赖陛下语臣,使杨素、许敬宗、李林甫之徒承此旨,已就舒王图定策之功矣。"帝曰:"此朕家事,何预于卿,而力争如此?"对曰:"天子以四海为家,今臣独任宰相之重,四海之内,一物失所,责归于臣。况坐视太子冤横而不言,臣罪大矣!"太子由是获免。

据此,可见唐代大臣大都是不敢干涉皇帝家事的。庄氏对于这种现象很不满意。他说:"李勣首倡奸言,遂使林甫祖用其策,以逢君恶。至德宗便谓当然,反云'家事'以拒臣下。则作俑者可不慎乎?卒之长源能保家族,而敬业之祸,戮及父祖,剖棺暴尸。忠邪之报,亦可以鉴矣!"(《鸡肋编》卷中)真德秀在《大学衍义》中也曾表示同样意见。

宋代大臣的势力何以特别强大呢?因为从太祖以来,实行重文政策,到仁宗时期,士大夫的优越地位便确定了,所谓不杀大臣的祖宗家法,因此被加重了意义。如《长编》卷四九五载:"元符元年(1098)三月辛亥,同知枢密院事曾布言:'祖宗以来,未尝诛杀大臣,令〔梁〕焘更有罪恶,亦不过徙海外。'上曰:'祖宗未尝诛杀大臣,今岂有此。'"《宋史·章惇传》载:"尚书左仆射兼门下侍郎章惇……议遣吕升卿、董必察访岭南,将尽杀流人。哲宗曰:'朕遵祖宗遗制,未尝杀戮大臣……'"而大臣当然极力拥护这条家法。如苏辙《龙川别志》卷下载:

> 庆历中,劫盗张海横行数路,将过高邮。知军晁仲约度不能御,谕军中富民出金帛,市牛酒,使人迎劳,且厚遗之。海悦,径去不为暴。事闻,朝廷大怒。时范文正在政府,富郑公在枢府,郑公议欲诛仲约以正法,范公欲宥之,争于上前。……范公曰:"郡县兵械足以战守,遇贼不御,而又略之,此法所当诛也。今高邮无兵与械,虽仲约之义当勉力战守,然事有可恕,戮之恐非法意也。……"仁宗释然从之,仲约由此免死。既而富公愠曰:"方今患法不举,方欲举法,而多方沮之,何以整众。"范公密告之曰:"祖宗以来,未尝轻杀臣下,此盛德事,奈何欲轻坏之?且吾与公在此,同僚之间,同心者有几?虽上意亦未知所定也,而轻导人主以诛戮臣下,它日手滑,虽吾辈亦未敢自保也。"富公终不以为然。及二公迹不自安,范公出按陕西,富公出按河北,范公因自乞守边。富公自河北还,及国门,不许

入,未测朝廷意,比夜彷徨不能寐,绕床叹曰:"范六丈,圣人也!"

士大夫的势力既如此强大,外戚和宦官当然是无法放肆的。而且宋代对外戚限制很严,如元祐宰相吕大防说:"前代外戚多预政事,常致败乱,本朝皇后之族皆不预事,此待外戚之法也。"(《长编》卷四八〇)南宋史家王称也说:"祖宗鉴前世外戚之祸,徒尊以高爵,宠以厚禄。使之贵而无位,高而无民,此祸乱之所以不作也。"(《东都事略·外戚传》)甚至光宗也说:"祖宗家法最善,汉、唐所不及,待外戚尤严,不可容易坏了。"(《攻媿集》卷九六《彭龟年神道碑》引)又不准后妃和外戚男子往来。如《宋史·后妃传》载:

> 外家男子,旧毋得入谒。〔慈圣光献曹皇〕后春秋高,〔弟〕佾亦老,帝(神宗)数言宜使入见,辄不许。他日,佾侍帝,帝复为请,乃许之,因偕诣后阁。少焉,帝先起,若令佾得伸亲亲意。后遽曰:"此非汝所当得留。"趣遣出。

> 〔仁宗〕周贵妃……历五朝,勤约一致。……〔女〕郭公主先亡,〔徽宗〕诏许出外第,与亲戚相往来。

可知年老的后妃,须经皇帝的许可,才能和亲戚见面。

对于宦官更严加防禁。《宋史·宦者传》载:

> 宋世待宦者甚严。太祖初定天下,掖庭给事不过五十人,宦寺中年方许养子为后。又诏臣僚家毋私蓄阉人,民间有阉童孺为货鬻者论死。去唐未远,有所惩也。

> 厥后,太宗却宰相之请,不授王继恩宣徽〔使〕;真宗欲以刘承规为节度使,宰相持不可,而止。中更主幼母后听政者凡三朝,在于前代,岂非宦者用事之秋乎!祖宗之法严,宰相之权重,貂珰有怀奸慝,旋踵屏除,君臣相与防微杜渐之虑深矣。

上文已经提到士大夫对于妇女的教育,首重柔顺。所以宋室选择后妃,也注意这点。从《宋史·后妃传》所记后妃的性格多柔顺,可以推知。孝宗说:"本朝后妃,却是多贤,朕之修身齐家,诚若无愧!"(《建炎以来朝野杂记》甲集卷一《成恭夏皇后、太皇谢太后》)而光宗皇后李氏性妒悍,高宗便说:"是妇将种,吾为皇甫坦所误。"(《宋史·后妃传》)可见此种情况是例外的,假使后妃恃恩招权,便有被废的可能,如高宗之废刘婉仪,与孝宗想把光宗李皇后废了(《宋史·后妃传》)。所以她们也不敢跋扈了。

第二节　士大夫家妇女的文艺修养

(一)文艺的修养

士大夫家里的妇女得到培养文艺才能的机会,比较容易。如赵概之母,亲自教儿子读书和作诗赋(《苏舜钦学士集》卷十五《广陵郡太君高氏墓志》)。滕宗谅母能晓文翰,通名理(《范文正公集》卷十二《刁氏墓志》)。王安石为夫人曾氏作墓志铭说:"夫人自司马氏以下,史所记世治乱、人贤不肖,无所不读,盖其明辨智识,当世游谈学问知名之士有不能如也。"(《临川集》卷一〇〇)苏洵夫人程氏喜读书,识其大义。轼、辙幼时,夫人亲教之。幼女有夫人之风,能属文。(《司马温公集》卷七六《苏主簿夫人墓志》)陆九渊夫人读书过目不忘(《陆象山全集》卷三六《年谱》)。刘克庄作《雪观居士墓志》说:"顾夫人名静华,自号雪观居士,故国子博士杞之女,于百家传记至老佛之书多贯通,古今文章悉成诵。儒生精博者不能及。落笔辨丽,不费思索,自成文采。士大夫以翰墨自命者,无以加也。"(《后村集》卷一五六)

由于她们有培养文艺才能的机会,因此有一部分妇女能诗文。如欧阳修作《谢氏诗序》云:

> 谢景山母夫人,好学通经,自教其子。……予自夷陵至许昌,景山出其女弟希孟所为诗百余篇。然后又知景山之母不独成其子之名,而又以其余遗其女也。……希孟之言,尤隐约深厚,守礼而不自放,有古幽娴淑女之风,非特妇人之能言者

也。(《欧阳文忠公集》卷四二)

王安石作《高阳郡君齐氏墓志》云:

齐氏好读书,能文章,有高节美行。虽时为诗,然未尝以示人。及终乃得五十四篇,其言高洁旷远,非近世妇人女子之所能为。又得遗令一篇,令薄葬。其言生死之故,甚有理。(《临川集》卷一〇〇)

曾巩作《夫人周氏墓志》云:

夫人独喜图史,好为文章,日夜不倦,如学士大夫,从其舅邢起学为诗。……有诗七百篇。(《元丰类稿》卷四五)

王令作《故屯田郎中张公夫人许氏墓志》云:

夫人少时,于文字声技,无所不学,而卒通于诗,乐于琴,兼习于算数。……尤于诗能考而知义。(《广陵集》卷二十)

蔡绦《西清诗话》载:

朝奉郎中丘舜诸女,皆能文词,每兄弟内集,必联咏为乐,其仲尝作寄夫诗云:“帘里孤灯觉晓迟,独眠留得宿妆眉。珊瑚枕上惊残梦,认得萧郎马过时。”(《苕溪渔隐丛话》前集卷六十《丽人杂记》引)

龚明之《中吴纪闻》卷六载:

徐雅山侍郎有妹能诗,大不类妇人女子所为。其笔墨畦径多出于杜子美,而清平冲淡,萧然出俗,自成一家。平生所为赋尤工。有一文士尝评之云:“近世陈去非、吕居仁,皆以诗自名,未能远过也。”有诗集传于世。

宋代女诗人,仅据《宋诗纪事》的记录已有百二十人。其中后妃二人,宫掖十八人,闺媛八十人,女冠尼五人,妓女十五人。闺媛中有诗文集留传的,得李清照、朱淑真、何师韫、陈梅庄、谢慧卿等六人。

有能词的，仅据《古今图书集成·闺媛典》卷二十所载，已有卢氏、魏氏、李清照、朱淑真、阮逸女、梁意娘、黄铢母、孙道询、陆氏姬、诸葛章妻蟾英、郑文妻孙氏、陆游妾、闺秀某等十四人。

有能书的，如龙川令王文亮妻权氏善草隶书（《临川集》卷九五《王公墓志》）。高宗吴皇后博习书史，妙于翰墨。（陶宗仪《书史会要》）

有能画的，如《图绘宝鉴》：

> 许州妇人卢氏，能作墨竹。梅圣俞尝赋诗题之。

《宣和画谱》卷十六：

> 宗妇曹氏雅善丹青，所画皆非优柔软媚、取悦儿女子者，真若得于游览，见江湖山川间胜概，以集于毫端耳。尝画《桃溪蓼岸图》极妙，有品题者曰："咏雪才华称独秀，回纹机杼更谁如？如何鸾凤鸳鸯手，画得《桃溪蓼岸图》。"由此益显其名于世，但所传者不多耳。然妇人女子能从事于此，岂易得哉！今御府所藏五。

又《宣和画谱》卷二十：

> 端献魏王頵妇越国夫人王氏，作篆隶得汉、晋以来用笔意。为小诗有林下泉间风气。以淡墨写竹，整整斜斜，曲尽其态，见者疑其影落缣素之间也。今御府所藏二。

《画继》卷五：

> 和国夫人王氏，显恭皇后之妹，宗室仲鞔之室也。善字画，能诗，兼长翎毛。每赐御扇，即翻新意，彷成图轴，多称上（徽宗）旨。一时宫邸，珍贵其迹。

《图绘宝鉴》：

> 刘夫人掌内翰文字，善画人物，师古人笔法及写宸翰字，高宗甚爱之。画上用奉华堂印。

平江胡元功尚书女、黄尚书由之妻胡氏,自号惠斋居士,
精于琴书。画梅竹小景,俱不凡。时比之李易安。
此外,文同女、章友直女煎、任才仲妾艳艳、陈晖子妇方氏,都能作
画。(《画继》卷五)

有通音律的,如乐咏母通音律(尹洙《河南集》卷十五《黄氏墓
志》)。率府世昌郎吴懿王的曾孙妻钱氏,留心毫翰,洞晓音律(宋
祁《景文集》卷六十《钱氏墓志》)。向宗谔夫人李氏喜书史,工音律
之乐(王珪《华阳集》卷四十《李氏墓志》)。宗室深州团练使赵承训
夫人孙氏,能通音律(刘敞《公是集》卷五二《孙氏墓志》)。

甚至有能通医卜算数之术的,如王安石外祖母黄氏和母亲吴
氏,都喜阴阳数术学(《元丰类稿》卷四五《吴氏墓志》)。李之仪作
妻《胡氏文柔墓志》说:"文柔精于算数。沈括,余少相师友,间有疑
志,必邀余质于文柔。屡叹曰:'得为男子,吾益友也。'"(《姑溪居
士集》卷五十)朱熹作《夫人虞氏墓志》说:"夫人读《易》《论语》,得
其大意,下至练养医卜筮数术,无不通晓。"(《朱文公集》卷九二)向
公援妻王氏,晓文义,旁通医卜之说(《攻媿集》卷一〇七《王夫人墓
志》)。

(二)才女

以地区而论,四川和江西,在宋代文风特盛,妇女在这种环境
中,当然会受到熏陶。真宗曾说:"蜀妇人多材慧。"(《长编》卷五六
景德元年正月乙未条)周密也说:"蜀娼类能文。"(《齐东野语》卷十
一《蜀娼词》)而江西的才女,仅就王安石一家而言,也很可观。如
魏泰《临汉隐居诗话》载:

> 近世妇女多能诗,往往有臻古人者。王荆公家最众,张奎
> 妻长安县君,荆公之妹也,佳句最为多。著者"草草杯盘供笑
> 语,昏昏灯火话平生"。吴安持(丞相吴充之子)妻蓬莱县君,
> 荆公之〔长〕女也,有句曰:"西风不入小窗纱,秋意应怜我忆
> 家。极目江(山)〔南〕千(万)〔里〕恨,依前和泪看黄花"(据《临

川集》卷三一校正)。刘天保妻,平甫女也,句有"不缘燕子穿
帘幕,春去秋来那得知"。荆公妻吴国夫人亦能文,尝作小词
《约诸亲游西池》句云:"待得明年,重把酒,携手,那知无雨又
无风。"皆脱洒可喜也。

又周辉《清波杂志》卷三七夫人条载,安石次女嫁给蔡卞,"颇知书,
能诗词"。张邦基《墨庄漫录》卷五载,安石长女有一天看到亲族妇
女有服带白罗系头子者,因戏为诗云:"香罗如雪镂新裁,惹住乌云
不放回。还似远山秋水际,夜来吹散一枝梅。"她的婆婆是侍从徐
宥之女,亦能文,有诗云:"絮飞柳陌三春雨,花落梨园一笛风。百
尺玉楼帘半卷,夜深人在水晶宫。"又上文所说的安石外祖母和母
亲能通阴阳数术学,可知他家族中的才女之多了。

　　至于以个人而论,宋代才女以魏夫人、李清照、朱淑真为首选。
据朱熹说:"本朝妇人能文,只有李易安与魏夫人。"(《朱子语类》卷
一四〇)清照的《漱玉词》和淑真的《断肠词》久已脍炙人口。而清
照不愧为我国的大文学家。《宋史·艺文志》有《易安居士文集》七
卷、《易安词》六卷,惜已佚。她既能诗词、散文、四六,又长绘画。
王灼《碧鸡漫志》卷二说她"自少年便有诗名,才力华赡,逼近前
辈"。如《春残》诗云:"春残何事苦思乡,病里梳头恨发长。梁燕语
多终日在,蔷薇风细一帘香。"(《彤管遗编》续集卷十七)她的散文
《金石录后序》可作代表,真够得上说文质并茂。其中述到夫妇的
生活是何等天真,痛快,美满! 她的四六文,留传更少,谢伋《四六
谈麈》、旧题伊世珍《琅嬛记》等书,尚录存数段。最重要的是祭夫
赵明诚文,有云:"白日正中,叹庞翁之机捷;坚城自堕,怜杞妇之悲
深。"谢伋谓此文为"妇人四六之工者"(《四六谈麈》)。她的画见于
著录的,有《琵琶行图》(《宋文宪全集》卷三十《题李易安所书琵琶
行后》)。莫廷韩也曾买得她的《墨竹园》一幅(《太平清话》)。至于
词呢? 那更是她的专长了。她记忆力也非常惊人,《金石录后序》
说:"余性偶强记,每饭罢坐归来堂,烹茶,指堆积书史,言某事在某

书某卷第几叶第几行,以中否角胜负,为饮茶先后。中即举杯大笑,至茶倾怀中,反不得饮而起。"明诚所著的《金石录》,她当然是参与工作的。《清波杂志》卷八中兴颂条载:"明诚在建康日,易安每值天大雪,即顶笠披蓑,循城远览以寻诗,得句必邀其夫赓和,明诚每苦之也。"可见她才思的敏捷了。又创《打马图》,以为闺房雅戏。她曾教过不少女弟子,《名媛诗归》载:"宋南渡时,女子韩玉汝幼时从易安处士,教以学诗。"又陆游作《夫人孙氏墓志》说:"赵明诚之配李氏以文辞名家,欲以其学传夫人。"(《渭南文集》卷三五)

李清照能有这样的造就,一方面固由于她本人有卓绝的才能,而环境的因素也非常重要,李、赵、王(清照的母亲是状元王拱辰的孙女,亦善文)三家都以才学见称,这是大家熟知的。她又生活在南北宋之交,这时期妇女所受的束缚较小,又能接触着深厚的文学气氛。宋代的才女多数出在此期间,清照尤为佼佼者,绝非偶然!

关于清照再嫁事,《渔隐丛话》前集(卷六十)、衢本《郡斋读书志》(卷十九)、《隶释》《云麓漫钞》(卷十四)、《碧鸡漫志》(卷二)、《建炎以来系年要录》(卷五八)、《直斋书录解题》(卷二一)等书皆曾记及。到明、清时,徐𤊹、卢见曾、俞正燮、陆心源、李慈铭等才替她做翻案文章,说她再嫁是出于文士的厚诬,但所举的证据不够充分。这可知南宋中叶以来的士大夫已确认再嫁是失节的事了。

清照何以会被人訾议、诋毁呢?她才名太大,好饮酒(《漱玉词》约五十阕,填入"酒"字有十二处,"醉"字二处)而又勇于讥弹前辈,对晏殊、柳永、张先、宋庠、宋祁、欧阳修、苏轼、王安石、曾巩、晏几道、贺铸、黄庭坚、秦观等所作的词,皆有不满的批评。(《渔隐丛话》后集卷三三"晁无咎"条)并且曾讽刺过高宗朝的士大夫,有句云:"南渡衣冠欠王导,北来消息少刘琨。"又云:"南游尚觉吴江冷,北狩应悲易水寒。"(《鸡肋编》卷中)这种大胆的言论,当然会引起他们的反感,所以不免借再嫁来攻击了。

比清照稍前有魏夫人,是丞相曾布的妻子(《老学庵笔记》卷七、《墨庄漫录》卷一、《续墨客挥犀》卷十),《临汉隐居集》的著者魏泰之妹(《宋史·欧阳棐传》、衢本《郡斋读书志》卷十九)。而《墨庄漫录》卷一、《侯鲭录》卷四说曾布妻苏氏是丞相苏颂之妹,有诗词行于世。《续墨客挥犀》卷十载有魏夫人一首很壮烈的《虞美人行》:

> 鸿门刁斗纷如雪,十万降兵夜流血。咸阳宫殿三月红,霸业已随烟烬灭。刚强必死仁义王,阴陵失路非天亡。英雄本学万人敌,何用屑屑悲红妆。三军散尽旌旗倒,玉帐佳人坐中老。香魂夜逐剑光飞,青血化为原上草。芳心寂寞寄寒枝,旧曲闻来似敛眉。哀怨徘徊愁不语,恰似初听楚歌时。滔滔逝水流今古,汉楚兴亡两丘土。当年遗事久成空,慷慨尊前为谁舞。

与清照同时的有朱淑真,南宋淳熙间魏仲恭曾编辑她的诗为《断肠诗集》,今有清光绪二十五年钱塘丁氏刊本及民国十四年涵芬楼影印本。她的词有明毛晋刊行的《断肠词》一卷。兹录其诗二首于下:

> 短篷载影夜归时,月白风清易得诗。不识酌泉拈菊意,一庭寒翠蔼空祠。(《断肠诗集》前集卷十《吊林和靖》)

> 女子弄文诚可罪,那堪咏月更吟风。磨穿铁砚非吾事,绣折金针却有功。(《断肠诗集》前集卷十《自责》)

后一首诗决非"自责",而是愤怒的控诉!

(三)士大夫反对妇女学习文艺

上节已说过士大夫家里的妇女是重在品德的训练,她们的主要教本为《礼记·内则》《列女传》《女戒》《家范》等。《诗》《书》《孝经》《论语》《孟子》等,还是次要的。而对文艺的修养,在北宋时还相当普遍,南宋初年也有不少女诗人。可是到了中叶以后,那就寥落无闻了。因为有许多士大夫,尤其是程朱一派认为女子娴习文艺是不必要的，甚至反对她们去学习。程颐为他母亲作家传说："夫人好文而不为辞章，见世之妇女以文章笔札传于人者，深以为非。"（《伊川集》卷八）后来朱熹、吕祖谦曾特将此段文字载入《近思录》卷六中。司马光也说："今人或教女子以作诗歌，执俗乐，殊非所宜。"（《居家杂仪》）陆游作《夫人孙氏墓志》说："赵明诚之配李氏，以文辞名家，欲以其学传夫人，时夫人始十余岁，谢不可，曰：'才藻非女子事也。'"（《渭南文集》卷三五）孝宗时人袁说友撰《故太淑人叶氏行状》载："杨母谓直学曰：'读书非吾女所先者，当先妇道，而辅以剪制缕结可也。'"（《东塘集》卷二十）又宁宗时岳珂《宝真斋法书赞》卷二八载："先姚大宁夫人，结字端劲，作文简丽，读书淹贯，独以苦自秘晦，不肯使人知，故皆不传。"可见士大夫反对妇女学习文艺的观念对当时影响之深了。而且男子努力读书多为科举做官。但女子的应试，据《建炎以来朝野杂记》载："自置童子科以来，未有女童应试者，淳熙元年（1174）夏，女童林幼玉求试。中书后省挑试所诵经书四十三件，并通。四月辛酉，诏特封孺人。"（乙集卷十五"女童"条）也不过只得到一个空名。如东汉和帝时，诏班昭到东观藏书阁，续修兄班固所著《汉书》。又数召入宫，令皇后和诸贵人从她读书，号曰"大家"。每有贡献异物，便诏大家作赋颂。邓太后临朝，又得与闻政事。《汉书》初出时，学者也不能完全通解。扶风马融便到阁下听她讲说。（《后汉书·曹世叔妻传》）这种情况是绝对不可求之于宋代的。

第三节　宗教信仰的普遍

（一）佛道二教的流行

寺观的数目，在宋代也非常可观。北宋景德中，全国有佛寺二万五千所，嘉祐间有三万九千所（《江邻几杂志》引陈襄语）。而南宋呢？据陆游说："天下名山，惟华山、茅山、青城山无僧寺。"（《老学庵笔记》卷四）

周必大说："泰和,子男邦也,略考图籍,浮屠之居百区,老子之宫六十五区,而额存屋废者不与焉。今也昔之庠序皆转而为寺观。"(《文忠全集·平园续稿》卷十九《龙洲书院记》)

吴自牧说："释老之教遍天下,而杭郡为甚。然二教之中,莫盛于释,故老氏之庐,十不及一。"又说："城内寺院,如自七宝山开宝仁王寺以下,大小寺院五十有七。倚郭尼寺,自妙净福全慈光地藏寺以下,三十有一。又两赤县大小梵宫,自景德灵隐禅寺、三天竺、演福上下、圆觉、净慈、光孝、报恩禅寺以下,寺院凡三百八十有五。更七县寺院,自余杭县径山能仁禅寺以下,一百八十有五。都城内外庵舍,自保宁庵之次,共一十有三。诸录官下僧庵,及白衣社会道场奉佛,不可胜纪。"(《梦粱录》卷十五)

又刘昌诗《芦浦笔记》卷六四明寺条载："四明僧庐,在六邑总大小二百七十六所,只鄞一县,城内二十六,城外八十。"其他各地亦可想见了。

宋代三冗,僧居其一,可知僧尼、道士、女冠人数之多了。如:

《宋朝事实》卷七载："天禧三年(1019)八月,诏普度天下道士、女冠、僧尼,凡度二十六万二千九百四十八人。天禧末(五年),天下僧三十九万七千六百一十五人,尼六万一千二百三十九人。"

《宋会要辑稿》道释一之十三:"天禧五年,道士万九千六百六人,女冠七百三十一人。"

《文昌杂录》卷一载："元丰间,祠部岁比天下僧尼、道士,凡二十四万。"

《长编纪事本末》卷一二七载："徽宗大观二年(1108)四月,年额女冠旧止三十人,可增至七十人。内京畿三十人,诸路四十人。"

《燕翼诒谋录》卷五载："宣和七年(1125),天下僧道逾百万数。"

《建炎以来系年要录》卷一七七载："绍兴二十七年(1157)八月辛亥,高宗曰:'昨权礼部侍郎贺允中上殿,朕问即今僧道之数。允中言有僧二十万,道士才万人。'"

当时后妃、公主、宗女和宫人有自愿为尼的。如太宗的幼女申国大长公主,在真宗时,坚乞削发。藩国近戚及掖庭嫔御随她出家的有三十余人(僧文莹《湘山野录》卷上)。仁宗第八女尼名幼悟(《长编》卷一五三庆历四年十二月己亥条)。度宗全皇后,宋亡入燕京,削发为尼(《宋史》卷二四三《后妃传》)。也有自愿入道的,如真宗的幼女妙元(《长编》卷八四大中祥符八年正月乙未条)。为尼和女冠有出于被迫的,如仁宗末后宫刘氏坐罪,削发为尼(《长编》卷一九〇嘉祐四年七月丙午条)。真宗杜婕妤(《江邻几杂志》),仁宗郭皇后和尚、杨二美人(《东都事略》卷十三、《长编》卷一六九),哲宗孟皇后(《长编纪事本末》卷一一三)皆被废入道。

至于宗妇被迫入道的,如仁宗时安静节度使允迪妻钱氏(《长编》卷一五四庆历五年二月甲辰条)、神宗时岐王妻冯氏(《涑水记闻》卷十四)、哲宗时赵令群妻高氏(《长编》卷四三九)、赵孝骞母崇国夫人冯氏(《长编》卷五一五)。外戚也有自愿为女冠的,如宁宗婕妤曹氏姊妹(《朝野遗记》)。而尼和女冠有和大臣往来的,如女道士刘德妙出入宰相丁谓家(《长编》卷九九乾兴元年七月己卯条)。也有非时入宫的,因此宝元二年(1039)五月己亥,曾下令禁止(《宋史》卷十《仁宗纪》)。

至于士大夫或一般人家的妇女也有自愿为女冠、为尼的。有幼年为尼,如金陵陆道姑(《夷坚志》支戊卷八)。有因生母以分娩殁,将嫁忽自剪发为尼(晁补之《鸡肋集》卷七十)。有因父死为尼,如赵普二女(《宋史·赵普传》)。有年老为尼,如苏颂老婢韦氏(《南宋相眼》)。有临终愿落发为尼,如丞相王珪夫人郑氏(王辟之《渑水燕谈录》卷十)。至于被迫度为尼的,有因淫悍,如丞相陈执中死后,嬖妾张氏,淫悍不制,诏度为尼(《长编》卷三〇〇元丰二年九月丁丑条)。有因丈夫犯罪,如神宗时前余姚县主簿李逢的妻子(《长编》卷二六四熙宁八年五月丁丑条)。当时还有醵钱筑道堂给道女居住的(《夷坚志》乙卷十六《刘姑女》)。

朱熹对当时这种现象很不满意。绍兴间,他做泉州同安主簿时,便下令禁止妇女度为僧道(《宋史》本传)。绍熙间,知漳州,又出一道布告:"劝谕男女不得以修道为名,私创庵宇。若有如此之人,各仰及时婚嫁。"(《朱文公集》卷一〇〇《漳州劝谕榜》)

无论北宋的汴京、南宋的临安等地寺观,每年遇到神佛生日都有盛会,士庶妇女骈集。此外,虽非神佛诞辰也有集会。

元祐四年(1089)三月,诏:"在京禅僧寺院,今后士庶之家妇人,非遇开寺,不许辄入游观,及不得礼谒参请。"(《长编》卷四二四)重和元年(1118)八月,有"乞禁士庶妇女辄入僧寺,诏令吏部申明行下"(《长编纪事本末》卷一二七)。可知平时妇女到寺院里去的也不少。

北宋末叶以后,还有一种吃菜事魔教在东南地区非常流行。《老学庵笔记》卷十载:"闽中有习左道者,谓之明教(即吃菜事魔的别名)。……至有士人宗子辈,众中自言:'今日赴明教斋。'予尝诘之:'此魔也,奈何与之游?'则对曰:'不然,男女无别者为魔,男女不亲授者为明教。明教遇妇人所食则不食。'"可见士人宗子亦有信仰魔教的。又俞成《萤雪丛说》卷下茹蔬说条载:"吃菜事魔,贪财恋色,男女混置。修二桧子,说金刚禅,皆幻术也。"乡间尤盛。王质上疏高宗说:

> 臣在江西见其所谓食菜事魔者,弥乡亘里,诵经焚香,夜则哄然而来,旦则寂然而亡。有宗师,宗师有小大,其徒,大者数千人,甚小者亦数百人。(《雪山集》卷三)

范浚也说:

> 江浙之人,传习妖教,比年尤盛。绵村带落,比屋有之。为渠首者家于穷山僻谷,夜则啸集徒众,以神怪相诳诱。迟明散去,烟消鸟没。其人类多奸豪,拳勇横猾。(《香溪集》卷十四)

这种秘密宗教既被政府严禁,为什么还能这样流行? 庄季裕说:"始投其党,有甚贫者,众率财以助,积微以至于小康矣。凡出入经过,虽不识,党人皆馆谷焉。人物用之无间,谓为一家,故有无碍被之说。以是诱惑其众。"(《鸡肋编》卷上)可见信徒之多,实与经济有关。

当时妇女也有为吃菜事魔的首领。如《鸡肋编》卷上载:"衢州开化县余五婆者,为人所告,逃于严州遂安县之白马洞缪罗家。捕之,则阻险为拒,杀害官吏。至遣官军平荡,两州被患,延及平民甚众。"

(二)士大夫家妇女多好佛老书

当时士大夫家妇女读佛老书的很多。有始于幼年的,如王拱辰母李氏(《景文集》卷六十《李氏墓志铭》)、司徒氏母颜氏(《平园续稿》卷三六《司徒氏墓志铭》)。有始于中年的,如承奉郎林美中妻顾安人(《后村集》卷一四九《顾安人墓志铭》)、刘克庄母林氏(《后村集》卷一五三《魏国墓志铭》)。而以晚年为多,如韩宗宪继室王氏(《苏学士集》卷十五《王氏墓志》)、王安石妹(《临川集》卷九九《王氏墓志》)、陈师道母庞氏(《后山集》卷十六《先夫人行状》)、宝文阁待制陆师闵妻范氏(晁说之《嵩山集》卷十九《范氏墓志铭》)、袁文母戴氏(《絜斋集》卷二一《戴氏圹志》)、中书舍人王镃妻孙氏(《攻媿集》卷一○二《孙氏墓志铭》)。

有粗读佛书的,如强至作《夫人李氏墓志铭》说:"夫人喜释氏书,且深探其理,能颓然委顺,不惑于死生之际。"(《祠部集》卷三五)刘挚作《许夫人墓志》说:"太常少卿黄师道母许氏诵佛书,凡十八万卷有奇。"(《忠肃集》卷十四)《抚州府志》载:"何师韫喜浮屠教,遍阅华严诸经。年四十孀居。绍兴间,张浚迎侍母镇国太夫人帅闽,道出界山。太夫人亦通禅学,闻其名,踵门一见契合,呼为无生法友。"(《宋诗纪事》卷八七引)楼钥为他的母亲作《行状》说:"亡姊奉佛素谨。甫三旬,已阅大藏经,取《龙龛手鉴》,以正奇字。外

祖母尝再诵及半。又与二舅补之。近年犹作梵呗,时举因果以示人。"(《攻媿集》卷八五)

有不主张多读佛书的,如陆佃作《张氏墓志》说:"夫人旦辄蔬食,读西方之书,见其理,以为佛须心解,而经不必多读。"(《陶山集》卷十五)袁燮作《安人潘氏墓志铭》说:"四明蒋如海之妇潘氏,固尝学佛矣,晓其大义,而不喜诵经。或问之,则曰:'直心道场,佛亦如是,何以经为?'"(《絜斋集》卷二一)

有虽不识字,而喜默诵佛语,如杨万里作《李母曾氏墓志铭》说:"李春之母曾氏,不知书,而喜默释氏语。"(《诚斋集》卷一二七)一般好佛的妇女,大都属于此类。

有好佛乐施的,如强至作《周氏夫人墓志铭》说:"夫人遗命诸子,鬻匲中所有,以饭浮屠。"(《祠部集》卷三五)李之仪作《林氏墓铭》说:"夫人既老,专以佛事为日用,自奉养至约,喜周人之急,其于法施佛家,则率先众人,而略不计有无。"(《姑溪居士集》卷四九)范浚作《章氏合祔志》说:"叔父捐馆,夫人却家事,听其子,曰:'清心玩西佛书。'嗜善喜施,济涉以梁彴,起病以药石,恤死以葬埋,有孤婺不能嫁者,为办装择对,使有行。姻戚邻曲,多蒙其惠。"(《香溪集》卷二二)

有好道书的,如洪适《荐亡嫂赵氏疏》说:"亡嫂独居八载,不践二庭,披宝笈而晨课有常,受秘箓而斋居甚确。"(《盘洲集》卷七十)也有兼好佛老的,如晁说之作《王氏墓志铭》说:"夫人间读经史诸子,极乎释老、阴阳、卜筮之书,特喜吐纳术。"(《嵩山集》卷二十)刘克庄记令人聂柔中、孺人郑懿柔,皆好佛老书(《后村集》卷一五四《聂令人墓志》、卷一四八《孺人郑氏神道碑》)。

后妃也有好读佛书或道书的,据《宋史·后妃传》,太祖王皇后、仁宗周贵妃,都诵佛书。而徽宗韦贤妃则兼好佛老。

写经的风气,在宋代尚流行。士大夫家妇女写经的例子,如陈傅良记:"徐夫人手写佛经九十五卷。"(《止斋集》卷四二《跋徐夫人手写佛经》)周必大记:"蔡子羽母徐氏,宣和间刑部侍郎敷言之女,潜心内典,学虞世南书。尝手写《华严经》《梁武忏》,皆终部帙。"(《平园续稿》卷七)

妇女好佛的动机,约分七类。

甲、因寡居无聊,借此消除杂念的。如:

文同作《石君(君瑜)墓志铭》说:"娶李氏,自公死不复御文绣,日蔬食,诵佛书。"(《丹渊集》卷三六)

司马光作《杨氏墓志》说:"夫人年三九,而丧韩公,三年不茹荤,自是闭阁深居,日诵佛书,而不复有自虞乐之意。"(《司马温公集》卷七五)

范浚作《安人胡氏墓志铭》说:"使君既没。〔安人〕遂属其子无以家事关我,旦旦取天竺书,诵讽沉研,不忍剪生物,间却荤血,为伊蒲塞食,恬默无营,若自得者。平居未尝遇病,发秀益康,瞻听瞭聪,由其居心乐易致之。"(《香溪集》卷二二)

洪迈记:"贺氏者,吉州永新人,嫁同乡士人江安行,……自夫死不茹荤,日诵《圆觉经》,释服不辍。……贺氏从容语其妇曰:'吾诵经以来,了无梦想。……'"(《夷坚志》甲卷十《贺氏释证》)

这类例子,在宋人文集中还有很多。

乙、因厌世或失意的。如:

陆佃作《鲍氏夫人墓志铭》说:"尚书屯田郎中侯正臣之妻,晚年自奉益简俭,视世味甚薄。每晨兴,惟诵佛书,虽久弗懈。"(《陶山集》卷十六)

李之仪作妻《胡氏文柔墓志铭》说:"余既南迁,文柔与俱。既即贬所,遂一意佛事,朝暮礼《观音忏》不懈。"(《姑溪居士集》卷五十)

刘克庄作《张硕人墓志铭》说:"硕人年未三十,即厌世味,修禅观,暮年数偈,融悟透澈,解外胶,见本性,非但世俗人不能道,虽大浮屠、老居士未必能也。"(《后村集》卷一五二)

丙、因求善终的。如：

张守作《孺人邵氏墓志铭》说："奉议郎詹成老妻邵氏，诵佛书，日不辍，夜讽秘咒，施饿鬼食，风雨疾病不渝也。数有异应，自书观音偈'心念不空过'五字，于经行坐卧之地。人初莫能晓。及感微疾，夜分索粥，已兴坐，斥遣妇婢，曰：'吾欲少憩。'遂枕臂侧卧而逝。当盛夏，肤理如生，异香袭人，皆以好善奉佛之证云。"（《昆陵集》卷十四）

沈与求作《朱夫人墓志铭》说："夫人畴昔嗜内典，因索其书，日诵之，弥月忽若有得，默然宴坐，瞑目而逝。"（《龟溪集》卷十二）

杨万里作《太孺人刘氏墓志》说："太孺人晚好浮屠书，若有得者，常语家人子曰：'吾他日当无疾而逝。'已而果然。"（《诚斋集》卷一三一）

这类例子，也是常见的。

丁、受父母或丈夫影响的。如：

释惠洪《冷斋夜话》载："舒王女吴安持妻蓬莱县君，工诗，多佳句，有诗寄舒王。王以《楞严经新释》付之。"

刘克庄《仲妹墓志》说："魏国于竺乾之学，早有所悟入，名缁老禅望风屈伏，惟君机锋足以相当。"（《后村集》卷一五七）

刘攽作《范氏墓志铭》说："韩绛晚为浮屠、老子之学，精志勤力，将以悟道而致永年。夫人闻而悦之，相与一意戒警，不怠。"（《彭城集》卷三九）

陆佃作《吴氏墓志铭》说："陆轸学道，炼丹辟谷，而太君吴氏学佛。"（《陶山集》卷十五）

楼钥作《姜浩墓志》说："公奉佛素谨，《楞严》《法华》诸经，夫妇翻阅以千万计。"（《攻媿集》卷一〇八）

此外，尚有为求报应、求解冤结和因重病愈后而好佛等三项。（《姑溪居士集》卷四九《林氏墓志铭》《夷坚志》甲卷十、《彭城集》卷三九《聂夫人墓志铭》）

当时妇女能破除迷信鬼神的观念的很少。程颐为他母亲作《家传》说：

> 夫人随父在庐陵时，公宇多怪，家人告曰："物弄扇。"夫人曰："热尔。"又曰："物击鼓。"夫人曰："有桴乎？可与之。"后家人不敢复言怪，怪亦不复有。遂获安居。（《伊川集》卷八）

真德秀作《夫人蔡氏墓志》说：

> 夫人方妊，母时乳医视之，曰："女也，吾有术可转女为男。"夫人恚曰："男女定分，岂智巧可移，斯言何至于我。"巫白使君，斥之。而夫人竟生男。里人有假神祠以贾利者，相扇荡为土木偶。未阅月，凡用器悉备。它所兴造，费以千万计。将卜日迎置梵宫，仪仗率仿生者，遂以奸诡乱俗。巫为书白府县，禁止之。群小私窃聚谋，意夫人可撼以福祸，至有欲潜伏后园为幻怪者。夫人曰："神果聪明正直，岂加祸非辜，不然，是淫昏之鬼尔，不斥奚为！"遂以是勇往勿顾，卒斧其像，火其器，笞其人，而土木竟不能神。（《西山集》卷四五）

综上所述，宋代士大夫家妇女好读佛老书的很不少，但程朱一派的家里妇女却是例外。即就上文所引《程伊川集》《真西山集》各节，可略知她们对佛老的态度了。

第二章 婚 姻

第一节 婚姻的成立

（一）婚义

程颐说："古重大婚，盖将传万世之嗣；礼称至敬，所以合二姓之欢。"（《伊川集》卷五《定亲书》）又说："士大夫以下有不得已再娶者，盖缘奉公姑或主内事。"（《二程遗书》卷二二下）魏了翁也说：

"男女之片合,上以事宗庙,而下以继后世,家道之替兴系焉。"(《鹤山集》卷八七《蒋恭人墓志》)这种说法是渊源于《礼记·昏义》的。

所谓继后世,是需要生出合法的嗣子,如周必大夫人王氏,年二十二,生了一子,非常高兴地说:"吾责塞矣。"(《平园续稿》卷三六《益国夫人墓志铭》)生子才可塞责,反之无子,纵为一般人民,到了中年以后,在习俗上,亦是可以置妾的。孟子所谓"不孝有三,无后为大"的说法,在宋代是普遍地予以维护的。主内事,就是管理家内的杂务。洪适曾说:"予素恶钱谷米盐之问,阖门百口,伏腊琐碎,率皆夫人区处,故梱内之事,略不累予方寸,得以涉园忘归。"(《盘洲集》卷七七《莱国墓铭》)有这样的夫人,士大夫才能专心于学术或政事了。袁采也说,有能助夫或子料理家务的,都是贤妇人(《世范·睦亲》)。但禁止干预外事(《郑氏规范·训诸妇》)。奉公姑,那更是重要,不顺舅姑而被出的,是屡见的事。至于事宗庙,就是祭祀祖先,其重要性已在上章第一节里说过。士大夫的一生,在家中时候不多,所以主内事、奉公姑、事宗庙等职务,需要妻子来代行。但一般人民老死不出乡,所以他们娶妇还是着重帮助缉麻织布一类的事,如《摭青杂说》载:"泰州盐商项四郎之妻曰:'吾等商贾人家,止可娶农贾之家女,彼骄贵家女,岂能攻苦食淡,缉麻缉布,为村俗人事邪!'"(《说郛》卷三七引)

(二)择偶

择偶标准,可分下列几种。

门第婚:宋代对于世家大姓与细民的通婚,在法律上已无限制。但在习俗上,婚姻论门第仍相当普遍。程颐所撰的定亲书说:"顾族望之非华,愧声猷之弗竞。不量非偶,妄意高门。"(《伊川集》卷五)晁补之的许亲启说:"比念鄙宗,难攀高援。……思冠冕之胄,诚窃慕于崔、卢。"(《鸡肋集》卷五九)可见他们对于族望相当重视,而且还憧憬着从前的礼制,颇有世风日下的感慨!大姓世家多有互结婚姻的,如兰溪江惇禔娶严州胡氏为妻,范浚说:"时婺之兰溪,言令姓者推江、范,而胡亦严之名宗。"(《香溪集》卷二二《胡氏墓志铭》)河阳济源,名族显宦很多,张氏、李氏实相甲乙,互通婚姻(《平园续稿》卷三五《李迎墓表》)。庐陵大姓胡氏、周氏、欧阳氏等互结婚姻(《平园续稿》卷三一《胡公墓志铭》、卷三五《欧阳彝墓志铭》)。而且细民能和大姓联姻便觉得非常荣幸。如北宋末叶张厚,他的祖先本是滑州胙城人,后徙居郑州新郑。到了张厚,力田苦节,才为邑中甲族,和大姓联姻。(《嵩山集》卷二十《张处道墓志铭》)门第悬殊的家庭互结婚姻,门第高的一方会被人讥笑。如《夷坚志》支庚卷一《鄂州南市女》载:

> 鄂州南草市茶店仆彭先者,虽廛肆细民,而姿相白皙,若美男子。对门富人吴氏女,每于帘内窥觇而慕之,无由可通缱绻,积思成瘵疾。母怜而私扣之,……强之再三,乃以情告。母语其父,以门第太不等,将贻笑乡曲,不肯听。至于病笃,所亲或知其事,劝吴翁使勉从之。吴呼彭仆谕意,谓必欢喜过望。彭时已议婚,鄙其女所为,出辞峻却。女遂死。

读了这段记述,除婚姻重视门第外,还可知道南宋中叶一般人对于礼制的固执程度了。婚姻能打破门第观念的,确为特例。如宰相王旦,"婚姻不求门阀",史家便为之特书(《宋史》本传、《长编》卷九十天禧元年九月己酉条)。而不因贵贱悬殊解除婚约或婚姻的行为,更是难得。如《宋史·卓行传》载:"刘庭式未第时,议娶乡人之女,既约,未纳币。庭式乃及第,女以病丧明。女家躬耕贫甚,不敢复言。庭式……卒娶之。"又《后妃传》载:"〔孝宗夏皇后〕弟执中与其微时妻至京,宫人讽使出之,择配贵族,欲以媚后,执中弗为动。他日,后亲为言,执中诵宋弘语以对,后不能夺。"

世代婚:有些人家是世代互为婚姻的。袁采说:

> 人之议亲,多要因亲及亲,以示不相忘,此最风俗好处;然其间妇女无远识,多因相熟而相简,至于相忽,遂至于相争而

不和,反不若素不相识而骤议亲者。故凡因亲议亲,最不可托
熟,阙其礼文;又不可忘其本意,极其责备;则两家周致无他患
矣。故有侄女嫁于姑家,独为姑氏所恶;甥女嫁于舅家,独为
舅妻所恶;姨女嫁于姨家,独为姨氏所恶。皆由玩易于其初,
礼薄而怨生,又有不审于其初之过者。(《袁氏世范·睦亲》)
袁氏对于这种因亲及亲的世婚风俗,十分赞美,但主张慎重其事。
世婚的例子,如《零陵总志》载,梅尧臣家与谢氏世为婚姻(《诗话总
龟》卷三九引)。刘攽作《范氏墓志铭》说,韩、范二家,感情很笃,约
世为婚姻(《彭城集》卷三九)。周必大作《胡氏墓志铭》说,徽州黟
县程氏,衣冠蝉联,与胡氏世通婚姻(《省斋文稿》卷三六)。

世婚可分为三类,有侄女嫁于姑家的(见上引《袁氏世范》)。
有姨女嫁于姨家的,如陈公甫娶姨表妹为妻(《嵩山集》卷二十《阮
氏墓志铭》)。有甥女嫁于舅家的,如王绅娶舅氏高继隆的女儿
(《丹渊集》卷三九《王君墓志铭》)。晁补之的求婚启有“男既彼甥,
女惟此出。契援逾于他族,礼律可以通婚”(《鸡肋集》卷五九)。又
周必大作《江权卿亲书》说:“姊妹若人,未忘前好。弟兄犹子,许续
嘉姻。因不失亲,彼既笃通家之契。人惟求旧,此讵移择婿之车。”
(《省斋别稿》卷九)可见世婚的风气之盛了。但是到了南宋中叶,
也有人以为姑舅兄弟为婚,不合礼法,如洪迈说:“姑舅兄弟为婚,
在礼法不禁,而世俗不晓。……今州县官书判,至有将姑舅兄弟成
婚而断离之者,皆失于不能细读律令也。”(《容斋续笔》卷八《姑舅
为婚》)

财婚:论财娶妻的风俗,在宋代相当普遍。如《宋史·孙祖德
传》载:“祖德娶富人妻,以规其有财。”又张惟德为富家袁氏的女
婿,连襟共有七人。吕陶作《张府君(惟德)墓表》说:“为之婿者,或
私其赀币以豪。君独不尔。袁父母尝厌他婿之求,欲以余积委君,
则再拜避谢,卒不以一金自污。此其众人所难,而君子所贵者也。”
(《净德集》卷二八)这可反映婚姻重财在当时是通常的现象。所以

陈造有诗云："师昏古所辞，财昏今不耻。……媒氏未到眼，聘财问有几？倾箧指金钱，交券擎租米。东家女未笄，仪矩无可纪。已闻归有日，资送耀邻里。西家女三十，闭户事麻枲。四壁漏风霜，行媒无留趾。坐贫失行期，趣富懵贪鄙。"(《宋诗钞》引《江湖长翁集》)有钱人家的女儿，虽没有才德，出嫁是不会困难的。贫家女无论怎样勤勉，婚嫁往往至于失时。有些清高的士大夫觉得这种唯利是图的风气不好，所以极力反对。如司马光说："今世俗之贪鄙者，将娶妇，先问资妆之厚薄。将嫁女，先问聘财之多少。至于立契约，云某物若干，某物若干，以求售其女者。亦有既嫁而复欺绐负约者。是乃驵侩鬻奴卖婢之法，岂得谓之士大夫昏姻哉！"(《司马氏书仪》卷三《亲迎》)蔡襄的《福州五戒》说："娶妇何谓？欲以传嗣，岂为财也。观今之俗，娶其妻不顾门户，直求资财，随其贫富，未有婚姻之家不为怨怒。原其由，盖婚礼之夕，广靡费；已而校奁橐，朝索其一，暮索其二。夫虐其妻，求之不已；若不满意，至有割男女之爱，辄相弃背。习欲日久，不以为怪。此生民之大弊，人行最恶者也。"(《皇朝文鉴》卷一〇八)为了嫁奁竟至弃背妻子。又程颢作《侯先生〔可〕墓志铭》说："巴人娶妇，必责财于女氏，贫人至有老不得嫁者。先生(知巴州化城县事)为立制度，称其家之有无，与之约，曰：'逾是者有诛。'未阅岁，邑无过时之女，遂变其俗。"(《二程全书·明道集四》)因为民间论财娶妻的流弊很大，所以地方官不得不出来干涉。丁骘曾上疏哲宗《请禁绝登科进士论财娶妻》，有云：

> 窃闻近年进士登科，娶妻论财，全乖礼义。衣冠之家，随所厚薄，则遣媒妁往返，甚于乞丐，小不如意，弃而之它。市井驵侩，出捐千金，则贸贸然而来，安以就之。名挂仕版，身被命服，不顾廉耻，自为得计，玷辱恩命，亏损名节，莫甚于此！(《皇朝文鉴》卷六一)

清贵的进士尚不能摆脱这种积习，其他可想见了。

论才择婿：袁采说："男女议亲，不可贪其阀阅之高，资产之厚，苟人物不相当，则子女终身抱恨，况又不和而生他事者乎！"（《袁氏世范·睦亲》）这种反对门第婚与财婚的论调，是有识之士所同感的。宋人择婿，较之择妇，要慎重得多（《二程遗书·语录一》）。因为择婿是决定女儿的终生幸福的。论才择婿固然有真为爱才。如杜衍爱苏舜钦的才学，便嫁以女儿（《东都事略·苏舜钦传》）。范仲淹带了富弼的文章给王曾、晏殊看，晏殊便把女儿嫁与富弼（《东都事略·富弼传》）。谢景初替女儿择婿，看到了黄庭坚的诗，便说："吾得婿如此足矣。"（《王直方诗话》）晁说之读到朱弁的诗，很是欣赏，便嫁以兄女（《宋史·朱弁传》）。史浩读了李友直的文章，非常称赞，便和他缔结婚姻（《攻媿集》卷一〇四《李公墓志铭》）。真德秀父亲早死，家贫勤学，杨圭看他聪悟，便叫他到家中和儿子一同读书。后来真氏便做了杨门的快婿。（《宋史·真德秀传》）

却另外有所谓重进士的。宋代科举特盛，进士便为择婿者所竞趋之对象。因此有所谓"榜下捉婿"。朱彧《萍洲可谈》卷一载："本朝贵人家选婚婿于科场年，择过省士人，不问阴阳吉凶及其家世，谓之'榜下捉婿'。亦有缗钱，谓之'系捉钱'，盖与婿为京索之费。"为了重进士，就连阴阳吉凶及家世等当代认为缔结婚姻时必须顾到的条项也可以不问了。假使有不愿屈就的，便用资财贿赂。《萍洲可谈》又载："近岁富商庸俗与厚藏者嫁女，亦于榜下捉婿。厚捉钱以饵士人，使之俯就，一婿至千余缗。既成婚，其家亦索遍手钱，往往计较妆橐，要约束缚如诉牒。"这种用重资捉来的女婿，大概是家世孤寒，而且很需要金钱来交结当朝的大官的。有的甚至用强迫手段，如陈正敏《遁斋闲览》载："今人于榜下择婿，号脔婿。其间或有意不愿就，而为贵势豪族拥逼而不得辞者。"也有始终不得成婚的。据《宋史·冯京传》，京自乡荐到廷试，都考取第一。尚未娶妻，张尧佐当时正凭借着宫中的势力，想把女儿嫁给冯京,就命仆人将他从榜下拥到家中,把黄金带子束在他的腰里,说这是皇上的意旨。顷刻间,宫中送来美酒佳肴,尧佐又搬出许多食具,陈列得满屋子水泄不通。冯京只是微笑,连瞧也不瞧,就告辞走了。又据《于湖集》附录《张孝祥传》,高宗绍兴二十四年,孝祥廷试第一,唱第后,秦桧的亲信、户部侍郎、知临安府曹泳马上走过来,在殿廷上向孝祥作揖,并说愿意把爱女嫁给她。孝祥极力拒绝,曹泳于是怀恨在心。

至于士大夫家还有不能脱俗的,因此择婿有由于相面术的,如张彭夫人燕氏素来知道杨希元的贤能,又窃奇他的状貌为有福禄的,便将女儿嫁给他(《柯山集》卷五十《张夫人墓志铭》)。吴瀚碰见崔光弼,便很高兴地说:"吾阅人多矣,无如崔君者,必以为婿。"父老劝阻道:"君求婿久矣,今妄得一游士,初昧平生,独奈何予之女?"吴瀚不听。(《浮溪集》卷二八《吴夫人墓志铭》)这种一见倾心,恐怕仍有赖于相面术吧!又有由于算命术的,如陈宜中少时家贫,有贾人推算他的生辰,以为当大贵,以女妻之(《宋史》本传)。这种情况,在民间是盛行的。

(三)嫁奁(附财产继承权)

宋代士大夫或富豪的家里,有在女儿出世时,便老早筹划嫁资(《袁氏世范·处己》),而且有钱人家的嫁奁都是十分讲究的。嫁奁包括奴婢、图书、金钱、服饰、田产、室庐等等。为明了起见,将重要例子胪列于下:

〔苏颂〕高祖之母代国夫人张氏,乃泉南之甲族,家富于财。归吾宗时,衣帐奴十人,婢十人,书十厨。他物称是。(《丞相魏公谭训》卷二)

〔吴瀚嫁女崔光弼〕,厚以金缯、田宅畀之。(《浮溪集》卷二八《吴夫人墓志铭》)

袁方妻范氏,有随嫁田。(《絜斋集》卷二一《范氏墓志铭》)

陈居仁女弟出适,鬻田以资之。(《平园续稿》卷二四《陈
公神道碑》)

有欲妻蒋重珍(嘉定十六年状元)以女,室庐、田土皆具。
(《鹤山集》卷七三《顾夫人墓志铭》)

富豪和士大夫家的嫁奁既这样丰厚,那么细民呢?当然会受到影
响的。如《夷坚志》支癸卷四载:"饶州市民张霖,居德化桥下,贩易
陶器,积以成家。生三女,次者嫁小盐商郑大郎第三子,奁具亦二
千缗。"

他们不惜用重资来嫁女儿,当然主要是为了光耀门楣,但恐怕
还有另一种自私的心理。袁采曾说:"嫁女须随家力,不可勉强。
然或财产宽余,亦不可视为他人,不以分给。今世固有生男不得力
而依托女家,及身后葬祭皆由女子者,岂可谓生女之不如男也。"
(《袁氏世范·睦亲》)无疑地,这种心理是一般人所具有同感的。

嫁奁除了女家自备外,还有他人的馈赠,如高继冲女嫁宋琪
时,真宗厚加赐与,以助采(《宋史·宋琪传》)。又王安石女嫁蔡
卞,慈寿宫便赐给珠褥,值数十万(《后山集》卷二十)。亲戚的送
礼,更不用说了。

最可注意的,广南女子有自营嫁奁的风俗。庄季裕记:"广
南……贫下之家,女年十四五,即使自营嫁妆,办而后嫁。其所喜
者,父母即从而归之,初无一钱之费也。"(《鸡肋编》卷中)能自营嫁
妆的女子,对于配偶选择,便可有相当的自由权,可见经济条件影
响妇女地位之大了。

至于帝王家的嫁奁,那更丰厚了。如熙宁初,神宗对王安石
说:"今嫁一公主,至用七十万缗。"(《容斋三笔》卷十四引)《建炎以
来朝野杂记》甲集卷一郡县主条载:"自渡江以来,未有王姬下嫁
者,伪福国长公主之适高世荣也。奁具凡二十万缗,视承平时已
杀。淳熙十三年(1186),魏惠宪王女安康郡主适罗氏,〔孝宗〕赐甲
第居之。又诏南库给金五百两、银三千两为奁具。"(参看《武林旧

事》卷二《公主下降》)远房的宗女呢？上引《朝野杂记》之宗女奁具条又载:"故事,宗女适人皆内侍与有司主之。熙宁后,以昭穆益疏,乃给奁具,祖宗元孙女五百千,五世三百五十千,六世三百千,七世二百五十千,八世百五十千。绍兴七年(1137)冬,诏元孙减五之一,六世、八世减三之一,五世、七世减七之二。已适而再行者各减半。然有司不时给,宗女贫不能行,多自称不愿出适者。三十二年,惠靖襄王子子游知南外宗正事,请于朝,下泉州以经总制司钱支给云。"到了国家财政窘迫时,宗女的嫁资便发生问题了。

五代时,有些割据政权订立一种嫁妆税。这一方面可以表示当时财源的困窘,另一方面亦足证厚嫁风气的盛行。到了宋太祖时,曾把这种税制废除。如开宝六年(973)八月,撤销了成都府伪蜀的嫁妆税(《宋史》本纪),便是一例。

社会上的人士既对嫁妆这样重视,而且论财娶妻又成了普遍的风气。当时曾有因嫁奁失窃而被出的事件发生。范端臣的《新嫁别》诗有云:

> 邻家新妇谁家女,昨日嫁来今日去。徘徊欲去呼问之,何乃遽遭姑舅怒。妇欲致词先泪雨,妾在村东年十五。长成只待嫁良人,不识人间离别苦。妾从五岁遭乱离,频年况逢年凶饥。母躬蚕桑父锄犁,耕无余粮织无衣。十年辛苦寸粒积,倒箧倾囊资女适。岂知薄命嫁良人,招得偷儿夜穿壁。晓看奁橐无余遗,罗绮不见空泪垂。公姑忌妾遣妾去,欢意翻成长别离。公姑遣妾妾难住,出门惘失来时路。不恨良媒恨妾身,生离不为夫征戍。(《香溪集》附《范蒙斋遗文》)

嫁奁的重视,竟至于此。

宗女尚不免有因无嫁奁而不易出嫁的,从上文《朝野杂记》所载"宗女贫不能行,多自称不愿出适"便可知道。而贫家之女,婚嫁更是困难了。但有些比较幸运的,还可以得到有钱的族人或亲戚的帮助。至于毫无所靠的一批女子,她们的前途是很黑暗的。

嫁遣贫女、孤女的事例,略举如下:

胡宿作《李公(仲偃)墓志铭》说:"公自初筮以至挂冠,其间四十年,所得俸禄,多给族中之贫者。嫁娶孤遗,凡十许人。"(《文恭集》卷三七)

《宋史·赵抃传》载:"抃平生不治赀业,不畜声伎,嫁兄弟之女十数,他孤女二十余人。"

毕仲游作《王夫人墓志铭》说:"凡内外亲男女之孤,无所归赀,高平公(范纯仁)为之婚姻者数十人。"(《西台集》卷十四)

范浚作《夫人章氏合祔志》说:"姻戚邻曲,有孤婺不能嫁者,夫人为办妆择对,使有行。"(《香溪集》卷二二)

真德秀作《夫人蔡氏墓志铭》说:"凡内外亲之孤女不能适人者,予之资,令无失时。"(《西山集》卷四五)

此外,尚有地方长官嫁遣所属的民间贫女,如李若谷知并州,民贫失婚姻者,若谷出私钱助其嫁娶(《宋史》本传)。沈遘知杭州,以公使钱嫁孤女数百人(周淙《乾道临安志》卷三)。又倪思出知太平州,嫁遣贫女的失时者(《鹤山集》卷八五《倪思墓志铭》)。甚至有为了友人的孤女,贫无以嫁,便娶来做子侄的妻室(《嵩山集》卷二十《苏叔党墓志铭》《宋史·赵汝愚传》)。有些地方长官也出来提倡薄嫁的风气,如《宋史·孙觉传》载:"闽俗厚于婚丧,其费无艺,觉裁为中法,使资妆无得过百千。令下,嫁娶以百数。"上层社会的厚嫁风气,影响民间之深,于此可知了。

女子在经济上的生产能力既小,出嫁时,家庭又要赔了大批的钱,这对于家庭说来是有害无益的,因此女子便被称为"赔钱货"了。所以有些人家,尤其是贫民,往往发生溺淹女婴的事。如《郑氏规范》说:"世人生女,往往多至湮没,纵曰女子难嫁,荆钗布裙,有何不可。诸妇违者,议罚。"(《治家杂训》)

这种给予女子的嫁奁,假使是金钱,到了置成产业,仍要归入丈夫户内。若是田产,那更不用说了。她们自己是不能自由处置的。《通考》卷十三载："庆元五年（1199），臣僚奏，女适人，以奁钱置产，仍以夫为户。"及《清明集·户婚门》所记的："妇人随嫁奁田，乃是父母给与夫家田业，自有夫家承分之人，岂容卷以自随乎？"可以窥知。而且妇女死后，所有资财及奴婢，母家是不得追还的（《宋刑统》卷十二《户婚律》引《户令》）。她们的嫁奁得到丈夫的允许，才可以拿来使用，普遍是用在补助夫家的家用上。如胡宿母李氏拿出奁资数百金，为她的夫家盖了一所房子（《文恭集》卷四十《李太夫人行状》）。宰相贾昌朝夫人陈氏因夫家贫寒，便把嫁时的车马与珠玉珍奇之物，卖了充作家用（《华阳集》卷四十《夫人陈氏墓志铭》）。刘令猷尽贸妇财，买良田（《省斋文稿》卷三二《刘君墓志铭》）。刘克庄的母亲拿出嫁具帮助夫家嫁小姑和娶弟妇（《后村集》卷五三《魏国太夫人墓志铭》）。这些例子，在宋人文集中到处可以找得的。从嫁奁的处置权看来亦可知道妇女的地位既低，而权力尤小。

（四）皇室婚姻

宋代帝王的婚姻，有由于聘娶的；有由于选纳的；有由于父母赐婚的（《宋史·后妃传》）。选婚是帝王娶妻最通行的方法。如哲宗既长，宣仁高太后为之历选世家女百余人入宫（《哲宗孟皇后传》）。又哲宗将卜后及诸王纳妇，神宗向皇后敕向族勿以女置选中（本传）。不令族女应选，史家便为之特书。陆游的《浣溪女》诗有云："城中妖姝脸如霞，争嫁宫中慕豪华。"（《放翁诗后集》卷一）可见民间应选的踊跃了。

选择标准仍重勋贵。如元祐六年（1091）八月，吕大防等对宣仁高太后说："选后当以贤德为先，不在姿质。大凡女子养于闺阁，贤与不贤，人安得悉知？选择之际，惟见门阀与人物耳。"（《长编》四六三）邹浩《谏（哲宗）立后疏》："立后不选于妃嫔，必选于贵族。"（《皇朝文鉴》卷六一）皇后出身微贱的，赵宋一代仅得二人：一为真宗刘皇后，《长编》卷五六载："刘氏始嫁蜀人龚美，美携以入京，既而家贫,欲更嫁之。张旻时给事王宫,言于王,得召入,遂有宠。王乳母秦国夫人性严整,不悦,固令王斥去。王不得已出置旻家,旻亦避嫌,不敢下直。乃以银五百两与旻,使别筑馆居之。其后请于秦国夫人,得复召入。"据《涑水记闻》卷五,她原来还是娼妇。因此,当真宗将立刘氏为后时,寇准、王旦、向敏中、赵安仁、李迪等大臣,皆以刘氏出于寒微,不可母仪天下(《涑水记闻》卷五、七,《宋史·李迪传》)。但真宗坚持,竟不可改。不过这类事实,在士大夫势力扩大以后,便不再见了。二为宁宗杨皇后。《宋史》本传载:"杨皇后少以姿容选入宫,忘其姓氏。或云会稽人。有杨次山者,亦会稽人。后自谓其兄也,遂姓杨氏。"《齐东野语》卷十于此事更有详细之记载:"杨太后养母张夫人善声伎。……或导之入慈福宫,为乐部头。后方十岁,以为杂剧孩儿。宪圣尤爱之,举动无不当后意。其后茂陵每至后所,必目之。后知其意,一日内宴,因以为赐,且曰:'看我面,好好看他。'"

　　至于士大夫家庶出的女儿,或商人的女儿,都不能为后的,如上章所说的狄谘女儿因庶出过房,便不能入选。又"仁宗尚美人出宫,而左右有以茶商陈氏女入宫者,〔宋〕绶因间见,曰:'陛下乃欲以卑贱者正位中宫乎!'"(《东都事略·宋绶传》)"王曾、吕夷简、蔡齐相继论谏。陈氏女将进御,〔宦者阎文应之子〕士良闻之,遽见仁宗。……士良曰'子城使(陈氏之父尝为此官),大臣家奴仆官名也,陛下纳其女为后,无乃不可乎!'仁宗遽命出之。"(《宋史》卷四六八《宦者阎文应传》)

　　宗女的择婿,当然是以士大夫家为对象。如天圣八年(1030)三月乙亥,诏:"宗室嫁女,择士族之有行义者,敢以财冒为婚,御史台、街司察举之。"(《长编》卷一〇九)又治平中,有诏书说:"婿家有二世食禄,即许娶宗室女。""其后,又令宗女再嫁者,祖、父有二代任殿直、若州县官已上,即许为婚姻。"熙宁十年(1077),又诏:"应婚嫁者,委主婚宗室择三代有任州县官或殿直以上者,列姓名、家世、州里、岁数奏上,宗正司验实、召保,付内侍省宣系,听期而行。"
(《宋史》卷一一五《礼志》)可见有二代或三代任殿直或州县官以上
的士大夫家,始可与宗女为婚。士大夫若有犯罪的,他们的子孙也
不能和宗女通婚,如崇宁二年(1103)九月,诏宗室不得与元祐奸党
子孙为婚(《宋史·徽宗纪》)。又元丰六年(1083)五月,诏"宗女毋
得与尝娶人结婚,再适者不用此法"(《长编》卷三三五)。至于非士
大夫家是不能和宗女为婚的,如庆历三年(1043)十二月庚戌,御史
中丞王拱辰言:"翰林医官许希非士族,而其子乃与皇兄弁升之女
纳婚,不可以乱宗室之制,请罢之。奏可。"(《长编》卷一四五)神宗
时,同管勾宗正事宗惠的女儿嫁给徐州石有邻的儿子,有邻的妻子
曾做过娼妓。御史彭汝砺奏乞停婚,并责宗惠。于是熙宁十年
(1077)九月壬子,下诏:"宗室嫁娶,不得与'杂类'之家为婚。'杂
类',谓舅曾为人奴仆,姑曾为娼,并父祖系化外及见居缘边两属之
人。其子孙并不许与皇家祖免以上亲为婚。"(《长编》卷二八四)又
诏:"缌麻以上亲不得与诸司胥吏出职、纳粟得官及进纳、伎术、工
商、杂类、恶逆之家子孙通婚。"后又禁与刑徒人子孙为婚。假如违
反以上各种规定,便有重惩:"其冒妄成婚者,以违制论。主婚宗室
与媒保同坐,不以赦降。自首者减罪;告者有赏。"(《宋史》卷一一
五《礼志》)但是后来宗室的人数逐渐增多,自不免有些生计陷于困
难的,就会冒法和有钱的人家缔结婚姻,希望多得聘财,而富人也
可以借此来光耀门楣。据《宋史·仁宗纪》,天圣八年(1030)三月
乙亥,曾有"禁以财冒士族娶宗室女者"的诏令。可是这种禁令,效
力甚小。如《宋史·彭汝砺传》载:"宗室以女卖婚民间,有司奏罢
之。汝砺言:'此虽疏属,皆天家子孙,不可使闾阎之贱得以货取,
愿更著婚法。'"此为神宗熙宁间事。又宗室赵世开上疏言:"祖免
女与进纳之家为婚姻,明立要约,有同鬻卖,玷辱国风,乞下大宗正
司看详施行。"不听。(《长编》卷二七〇熙宁八年十一月甲申条)甚
至外国富商也有和宗女为婚。如《萍洲可谈》卷二载:"元祐间,广

州蕃坊刘姓人,娶宗女,官至左班殿直。刘死,宗女无子,其家争分财产,遣人挝登闻鼓院。朝廷方悟宗女嫁夷部。因禁止三代须一代有官,乃得取宗女。"择婿的标准,到哲宗初年又降格了。朱彧总结北宋末年的宗女婚姻的情况说:"近世宗女既多,宗正立官媒数十人掌议婚,初不限阀阅。富家多略宗室求婚,苟求一官以庇门户,后相引为亲,京师富人,如大桶张家,至有三十余主。"(《萍洲可谈》卷一)

最可注意者,大宗正司为了宗族蕃盛,求亲甚难,便向仁宗提出了放宽皇亲婚姻律令的请求,于是仁宗在庆历二年(1042)七月庚午下了一道诏旨:"自今皇亲婚姻具依律令外,若父母亲姊妹及父母之亲姑为妯娌,或相与为妇姑行,而尊卑差互者,不得为婚姻。其服纪疏远而房分不同祖者,并许通嫁娶。"(《长编》卷一三七)可见宗室内婚到此时也被正式承认了。

妃嫔家亦有与富人为婚的。据《宋史·刘美传》,开封府尉氏人马季良,家本茶商,娶刘美的女儿为妻。刘美的妹妹是真宗的皇后。《神宗纪》又载:"治平四年(1067)七月庚辰,诏察富民与妃嫔家婚姻夤缘得官者。"

娶宗女为妻,例得官职或推恩。欧阳修说:"皇女为公主,其夫必拜驸马都尉。"(《归田录》卷二)治平中,诏:"娶宗室女,未仕者与判、司、簿、尉,已仕者随资序推恩。"(《宋史》卷一一五《礼志》)贺铸"娶宗室女,隶籍右选"(《宋史》本传)。元丰元年(1078)五月甲午,诏:"宗室袒免以上女,与夫离而再嫁,其后夫已有官者,转一官。"(《长编》卷二八九)元祐六年(1091)五月庚辰,诏:"娶宗室女得官者,毋过朝请大夫、皇城使。"(《宋史·哲宗纪》)

(五)违法婚姻及其他婚姻

有几种婚姻是被法律所禁止的。如良贱为婚和官民为婚,宋初也禁止过(《宋刑统》卷十四《户婚律》)。这是沿唐律而来的。至于主人与雇工为婚,虽然雇工是自由人,不是奴隶,但在宋代是被法令禁止的。如至和元年（1054）十月壬辰，诏："士庶之家尝更佣雇之人，自今毋得与主之同居亲为婚，违者离之。"（《长编》卷一七七）宋代禁止宗女与外族通婚，已见上述。至于平民，也被禁止，如至道元年（995）八月癸卯，"禁西北缘边诸州民与内属戎人婚娶"（《宋史·太宗纪》）。但收效不大，如《宋史·李师中传》说，师中知鄜延路洛川县时，便看到许多戎人和当地人民结为婚姻。这是仁宗庆历间的事。官吏也有私娶蛮女的。如淳熙间，成都府路黎州白水寨将王文才，便是一例（《平园续稿》卷二二《范公神道碑》）。外国商人也有娶中国女子的，如上引《萍洲可谈》所说广州蕃坊刘姓娶宗女为妻。又绍兴七年（1137），知广州连南夫奏："市舶司全藉蕃商来往贸易。而大商蒲里亚者，既至广州，有右武大夫曾（纳）〔讷〕利其财，以妹嫁之。"（《宋会要辑稿》职官四四。"曾讷"，据《系年要录》卷一一六改。）又有所谓管顾婚和逃叛婚。朱熹知漳州时，曾公布劝谕榜，内有一条云："劝谕士民，当知夫妇婚姻，人伦之首，媒妁聘问，礼律甚严。而此邦之俗，有所谓管顾者，则本非妻妾，而公然同室。有所谓逃叛者，则不待媒娉，而潜相奔诱。犯礼违法，莫甚于斯。宜亟自新，毋陷刑辟。"（《朱文公集》卷一〇〇）

此外，尚有数种婚姻虽非违法，但不能算是正常。分述于下：

赘婿和接脚婿。宋代民家，尤其在农村中的，多有赘婿。《宋会要辑稿》刑法二之四："淳化元年（990）九月二十一日，崇仪副使郭载言：'前使剑南日，见富人家多召赘婿，与所生子齿，富人死即分其财，贫民多舍其父母出赘，甚伤风化，而益争讼。望禁之。'诏从其请。"赘婿是在女家过活。主要的用意，是女家为了增加劳动力。与通常的嫁娶婚，适反其道。唯父母在，儿子出赘是被法律禁止的，如淳化元年九月，禁川峡民父母在出为赘婿（《宋史·太宗纪》）。又《宋史·刘清之传》载："鄂俗计利，家贫子壮则出赘，习为当然。〔孝宗时〕清之谕止之。"可见川峡和鄂州等地，出赘的风气更是普遍。

至于接脚婿,据《吏学指南》的解释,是"以异姓继寡妇者"(《亲姻》卷中)。换言之,便是女婿死后,再招来女婿,后婿便叫作"接脚婿"。在宋代接脚婿的例子,如元丰六年(1083)正月乙巳,提举河北保甲司言:"乞义子孙、舍居婿、随母子孙、接脚夫等,见为保甲者,候分居日,比有分亲属给半。"诏著为令。(《长编》卷三三二)理宗时,徐元杰家为士人林乔伐柯一村豪家,为接脚婿(周密《癸辛杂识》别集卷上林乔条)。接脚婿有时也称为赘婿,据元祐七年(1092)三月丁酉,殿中侍御史吴立礼言:"〔知秀州王〕蘧之为人,尤为污下。常州江阴县有孀妇,家富于财,不止巨万,蘧利高赀,屈身为赘婿,贪污至此,素为士论所薄。"(《长编》卷四七一)可见士大夫是反对这种婚姻的。

养妇。"民间女幼,许嫁未行,而养诸婿氏者,曰养妇。"(《鸡肋集》卷六七《杜公墓志铭》)养妇即后世所通称的童养媳。袁采说:"寡妇再嫁,或有孤女,年未及嫁,如内外亲戚有高义者,宁早与之议亲,使鞠养于舅姑之家,俟其长而成亲。"(《袁氏世范·睦亲》)养妇大抵通行于贫苦的民家,男方为了减轻将来的聘金,女方为了免除养育的负担,也有为了在母家无人照顾或夫家缺乏劳动力的缘故。

续嫁婚。姊死而妹又嫁给姊夫为继室的,叫作续嫁婚。用意是在永结二姓之好。如吴奎的父亲娶王氏,后王氏死了,再娶她的女弟(《欧阳文忠集》卷三六《夫人王氏墓志》)。刘烨娶赵尚书晃之长女,早死,继娶其第九女(吴处厚《青箱杂记》卷四)。欧阳修两娶薛奎的女儿(《邵氏闻见录》卷八)。处士周元卿两娶尚书李南公的女孙(《攻媿集》卷一○一《周元卿墓志铭》)。淮西帅高夔先娶宣教郎杜馨的女儿,继室以其妹(《平园续稿》卷二五《高君神道碑》)。汪杲先娶洪遵的次孙女,继室以其妹(《平园续稿》卷二九《洪文安神道碑》)。可见宋代士大夫家的女儿也有先后同嫁一夫的例子。此外,尚有两女同时嫁给一夫的罕例,如毕士安力荐寇准做宰相,准非常感德,便把两女皆嫁给士安的次子(《西台集》卷十六《丞相文简公行状》)。韩淲的先公元吉,嫁两女给吕祖谦(《涧泉日记》卷中)。

僧道娶妻。据北宋初人所撰《清异录》说,汴京大相国寺僧有妻,曰梵嫂。广南僧人娶妻的风气尤盛,如雍熙二年(985)闰九月乙未,诏"岭南诸州……僧置妻孥等事,深宜化导,使之悛革"(《长编》卷二六)。又《鸡肋编》卷中载:"广南风俗,市井坐估,多僧人为之,率皆致富。又例有室家,故其妇女多嫁于僧。"道士也有娶妻的,如《燕翼诒谋录》卷二载:"黄冠之教,始于汉张陵,故皆有妻孥,虽居宫观,而嫁娶生子与俗人不异。……太祖皇帝深疾之,开宝五年(972)闰二月戊午,诏曰:'……道士不得畜养妻孥,已有家者,遣出外居止。'"但在徽宗时,道士还有娶妻妾的(《宣和遗事》卷一)。

冥婚。冥婚是依婚礼假合未婚而死的男女为夫妻。康与之《昨梦录》载:"北俗,男女年当嫁娶,未婚而死者,两家命媒互求之,谓之鬼媒人。通家状细帖,各以父母命祷而卜之。得卜,即制冥衣,男冠带、女裙帔等毕备。媒者就男墓,备酒果,祭以合婚,设二座相并,各立小幡长尺余者于座后。其未奠也,二幡凝然,直垂不动。奠毕,祝请男女相就,若合卺焉。又有虑男女年幼,或未闲教训,男即取先生已死者,书其姓名生时,以荐之,使受教。女即作冥器,充保母使婢之属。两家亦薄以币帛酬鬼媒。鬼媒每岁察乡里男女之死者而议资以养生焉。"

(六)婚姻不自主

宋代男女的婚嫁,也还是由"父母之命,媒妁之言"的。《宋刑统》卷十三《户婚律》:"为婚之法,必有行媒。"刘克庄作《方揭惕墓志铭》说:"广俗无媒而合,谓之倦神。"(《后村集》卷一五一)无媒而合是被人鄙视的。但媒人往往欺骗男女双方。袁采曾说:"古人谓周人恶媒,以其言语反覆,给女家则曰:'男富。';给男家则曰:'女美。'近世尤甚,给女家则曰:'男家不求备礼,且助出嫁遣之资。'给男家则厚许其所遣之贿,且虚指数目。若轻信其言而成婚,则责恨见欺,夫妻反目,至于仳离者,有之。大抵嫁娶固不可无媒,而媒者之言,不可尽信如此。宜谨察于始。"(《袁氏世范·睦亲》)

　　有些人为了增加主婚者的交情,或为了酬答对方的恩惠,便把幼小的儿女,甚至方娠的儿女,互约为婚。如王质与范仲淹相友善,约以儿女为婚(《西台集》卷十四《王夫人墓志铭》)。郝质与董熙很友善,熙的儿子、质的女儿方娠,便相约为婚(《东都事略·郝质传》)。刘克庄的父亲和方镕少同笔砚,指腹为婚(《后村集》卷一五八《弟妇方宜人墓志铭》)。司马光对于这种婚姻的批评说:"及其既长,或不肖无赖,或身有恶疾,或家贫冻馁,或丧服相仍,或从宦远方,遂至弃信负约,速狱致讼者多矣。"(《司马氏书仪》卷三婚条)袁采也说:"人之男女不可于幼小之时,便议婚姻。大抵女欲得托,男欲得偶,若论目前,悔必在后。盖富贫盛衰,更迭不常,男女之贤否,须年长乃可见。若早议婚姻,事无变易,固为甚善。或昔富而今贫,或昔贵而今贱;或所议之婿,流荡不肖;或所议之女,狠戾不检。从其前约,则难保家;背其前约,则为薄义。而争讼由之以兴,可不戒乎!"(《袁氏世范·睦亲》)而且不告父母而娶的,便要受处罚。如周必大《掖垣类稿》卷三载:"成都府勘到保义郎赵善仁,娶有服妇人,不报父母,并擅离广都县商税任所,特降一官。"

　　在这种婚姻制度下,流弊很大,但士大夫还是极力维持的。如《夷坚志》丁卷四载:"郑人孙愈,王氏甥也,年十八九岁时到外家,与舅女真真者,凭栏相视,有嘉耦之约。归而念之,会有来议婚对者,母扣其意,云:'如真真足矣。'母爱之甚,亟为访于兄,兄言:'吾数婿皆官人,而甥独未仕。若能取乡荐,当嫁以女。'愈本好读书,由此益自勤苦。凡再试姑苏,辄不利。女亦长大,势不可复留,乃许嫁少保赵密之子。……"愈后以相思病死。洪迈说完这件事后,便加以按语曰:"后生妄想,不识好恶,此为尤甚,故书以戒云。"这可代表南宋中叶一般士大夫对于此类事情的态度。

上面已说过民间婚姻，男女本人都没有自主权。即便最尊贵的皇帝要立哪一个女子做皇后，有时也没有决定权。如仁宗皇帝"聘后蜀中，有王氏女，姿色冠世，入京备选。章献〔太后〕一见，以为妖艳太甚，恐不利于少主，乃以嫁其侄从德，而择郭后位中宫。上终不乐之"（《挥麈后录》卷二）。其后郭皇后之被废，当然是种因于此。

第二节　离弃再嫁与守节

（一）离与弃

离婚可分为出妻、去夫、和离、义绝离婚等四类。

甲、出妻。《大戴礼记·本命篇》："妇有七去：不顺父母，为其逆德也；无子，为其绝世也；淫，为其乱族也；妒，为其乱家也；有恶疾，为其不可与共粢盛也；多言，为其离亲也；窃盗，为其反义也。"而《孔子家语·本命解》称七去为七出，主张七出要受三不去的限制。三不去是"有所娶无所归；与共更三年之丧；先贫贱，后富贵"。舅姑行使这种权力，比丈夫更大。如《小戴礼记·内则》说："子甚宜其妻，父母不悦，出；子不宜其妻，父母曰：'是善事我，子行夫妇之礼焉。'没身不衰。"唐律规定："诸妻无七出及义绝之状而出之者，徒一年半；虽犯七出，有三不去而出之者，杖一百，追还合。若犯恶疾及奸者，不用此律。"（《疏议》卷十四《户婚下》）宋代亦沿用此律（《宋刑统》卷十四《户婚律》）。可见唐宋二代的法律，对于出妻一项都是沿袭《礼记》和《孔子家语》的说法。

出妻的事情，在士大夫家也还不少。有由丈夫主动的，如吕蒙正的父亲多内宠，与母亲刘氏不睦，并蒙正出之（《长编》卷三一）。欧阳修的父亲也出过妻子（初见龙衮《江南野录》，后李心传《旧闻证误》卷二详为考定）。贾黯的母亲也被他的父亲所出（叶梦得《避暑录话》卷三）。朱寿昌的父亲，守长安时，出妻刘氏嫁民间，母子不相知者五十年（《长编》卷二一二）。又吏部侍郎孙祖德也曾出妻

(《宋史》本传)。有由于不顺父母的。如《涑水记闻》卷三载:"张洎女嫁杨文公,骄倨不事姑,或效其姑语以为笑,后终出之。"《齐东野语》卷一记及陆游的出妻,乃由于母亲的命令。朱熹作《曹立之墓志》说:"立之妻不悦于姑,教之不从,而去。"(《朱文公集》卷九十)可见夫妻感情虽好,但父母不悦,亦有被出的可能。甚有在丈夫死后而被出的,如工部员外郎、王安石的门人侯叔献死后,他的妻子魏氏帷薄不修,王安石奏逐之归本家(《东轩笔录》卷七)。到了南宋中叶以后,因为社会上看重贞妇,再嫁便不大容易了,大家又认为出妻是丑行,所以出妻的事情便稀少了。

丈夫对于被出的妻子,当然是义绝。但儿子对于亲生的出母,媳妇对于被出的亲姑,虽已再嫁,生前是依生母、亲姑的法律处理,死后还有丧服的(《宋刑统》卷二《名例律》《燕翼诒谋录》卷二为出母服条)。

乙、去夫。在宋代是夫有出妻之理,妻无去夫之道。妻子既不得向丈夫提出离婚的要求,假如婚姻太不满意,只有私下逃走。可是法律对于这种行为的处罚很严,如《宋刑统》卷十四《户婚律》载:"妻妾擅去者,徒二年;因而改嫁者,加二等。"

丙、和离。和离便是协议的离婚。假如丈夫有不治之病,或有非常不正当的行为,女家可以向男方提出离婚,双方同意,经法律承认后,就可以分离。如《东轩笔录》卷三载:"皇甫泌,向敏中之女婿也,少年纵逸,多外宠,往往涉旬不归。敏中方秉政,每优容之,而其女抱病甚笃,敏中妻深以为忧,且有恚怒之词。敏中不得已,具札子乞与泌离婚。"(《青箱杂记》卷八记此事稍有不同,向敏中作毕士安,疑误)《长编》卷九十载:"天禧元年(1017)十二月庚寅,知制诰夏竦责授职方员外郎、知黄州。竦娶杨氏,颇工笔札,有钩距。竦浸显,多内宠,与杨不睦。杨与弟偕疏竦阴事,窃出讼之。又竦母与杨氏母相诟骂,皆诣开封府,府以闻,下御史台劾而责之,仍令与杨离异。"又熙宁十年(1077),诏:"宗室离婚,委宗正司审察,若

于律有可出之实或不相安,方听。"(《宋史》卷一一五《礼志》)元丰
元年(1078)十一月己丑,宗室宗谔的孙女,因夫丁禧病狂,诏特听
离(《长编》卷二九四)。

丁、义绝离婚。唐律、宋律规定:"诸犯义绝者离之,违者徒一
年。"(《唐律疏议》卷十四《户婚下》,《宋刑统》卷十四《户婚律》)义
绝据唐律、宋律的界说是:"殴妻之祖父母、父母,及杀妻外祖父母、
伯叔父母、兄弟姑姊妹;若夫妻祖父母、父母、外祖父母、伯叔父母、
兄弟姑姊妹自相杀;及妻殴詈夫之祖父母、父母,杀伤夫外祖父母、
伯叔父母、兄弟姑姊妹;及〔妻〕与夫之缌麻以上亲、若〔夫与〕妻母
奸;及欲害夫者。"(《唐律疏议》卷十四《户婚下》,《宋刑统》卷十四
《户婚律》)据此,义绝不仅指夫妻二人,而且牵涉到双方家族,可见
《礼记》所谓"婚礼者,将合二姓之好"的说法,对后代影响之深了。
同时,又可知道妻子所负的责任,特别重大。《梦溪笔谈》卷十一有
一段记载:"寿州有人杀妻之父母昆弟数口。州司以不道,缘坐
〔其〕妻子。刑曹驳曰:'殴妻之父母,即是义绝,况其谋杀。不当复
坐其妻。'"《齐东野语》卷八载:"莆田有杨氏,讼其子与妇不孝。官
为逮问,则妇之翁为人殴死,杨亦预焉。坐狱未竟,而值覃沛,得不
坐。然妇仍在杨氏家。……其后,父又讼其子及妇。军判官姚瑶
以为'虽有衅隙,既仍为妇,则当尽妇礼',欲并科罪。陈振孙时以
倅摄郡,独谓:'父子天合,夫妇人合;人合者,恩义有亏则已矣。在
法,休离皆许还合,而独于义绝不许者,盖谓此类。况两下相杀,又
义绝之尤大者乎!……当离不离,则是违法。在律,违律为婚,既
不成婚,即有相犯,并同凡人。今其妇合比附此条,不合收坐。'时
皆服其得法之意焉。"可见宋代义绝的夫妇亦是强迫离婚而不能复
合的。

关于妇人谋杀,伤未及死而自承不讳的,有可以不死之例。如
《东都事略·许遵传》载:"登州有妇人阿云谋杀其夫而自承者,
〔许〕遵按法因犯杀伤而自首者得免所因之罪,仍科故杀伤法,而敕

有因疑被执招承减等之制，即以按状闻于朝。其意以为谋杀之因，所因得首，合从原减，今若塞其首原之路，则有司一切按而杀之，非是。事下百官议，而王安石力主遵说，时论莫能夺。"（参见《宋史》卷二〇一《刑法志》）而丈夫毒死妻子却有仅受除名锁闭之例，如《长编》卷三三二载："元丰六年（1083）正月戊戌，诏：'右监门率仲蕤贷死除名，依从党例锁闭。'坐令侍婢以药粥毒妻夏氏死也。"又宋律有"殴告夫及大功以上尊长、小功尊属"处死刑的规定（《宋刑统》卷一《名例律》）。这是沿袭唐律的。可知法律对男女犯罪的规定，很有差异。

遗弃妻子的例子：有重婚而弃的，如《长编》卷一一一载："抚州司法参军孙齐，初以明法得官，留其妻杜氏里中，而给娶周氏入蜀，后周欲诉于官，齐断发誓出杜氏。久之，又纳倡陈氏，挈周所生子之抚州。未逾月，周氏至，齐捽置庑下，出伪券曰：'若佣婢也，敢尔邪！'乃杀其所生子。周诉于州及转运使，皆不受。人或告之曰：'得如饶州萧使君〔贯〕者诉之，事当白矣。'周氏以衣书姓名，乞食道上，驰告贯。抚州非所部，而贯特为治之。更赦，犹编管齐濠州。"（明道元年十一月庚寅条）有弃妻及子而再娶的，如《系年要录》卷一七二载：绍兴二十六年（1256）五月辛丑朔，殿中侍御史周方崇言："太府寺丞欧阳逢世，顷弃其妻赵氏及其二子，而再娶龚釜之女。釜系秦〔桧〕家管庄人，久不敢诉。"诏罢逢世官。可知被遗弃的妻子往往是没有办法申冤的。有以妻子丑陋，如陈烈，闽海四先生之一，据《东都事略·卓行传》载："性介特，笃于孝友。甫冠，力学不群。平居端严，终日不言，虽御僮仆，如对大宾。里有冠昏丧祭，请而后行。从学者数百人。父兄有善训其子弟者，必举烈言行以规之。嘉祐中，以近臣荐，授州学教授。烈方辞避，而福建提点刑狱王陶奏烈以妻林氏疾病瘦丑，遣归其家，十年不视。已行之命，乞赐削夺。"以守礼著称的，尚有弃妻的行为，其他更可想见了。又有县尉重婚名家女而终身不归的，如《文山全集》卷十五《上冢吟》载:"湘人有登科者,初授武冈尉,单车赴官守,名家正择婿,尉本有室,隐其实而取焉。官满随妇翁入京,自是舍桑梓,去坟墓,终身不归。后官至侍从。其糟糠妻居母家,不复嫁,岁时为夫家上冢,妇礼不废。"丈夫虽然对妻子薄情,但妻子还是始终守节。这种妻子很能获得士大夫的同情,如文天祥等便为之赋《上冢吟》,大加表扬,而对薄情的丈夫却未置一词,亦可推知当时一般士大夫的妇女观了。

法律对于男女重婚罪的制定,据《宋刑统》卷十三《户婚律》:"诸有妻更娶妻者,徒一年,女家减一等。若欺妄而娶者,徒一年半,女家不坐,各离之。"《宋刑统》卷十四《户婚律》:"诸和娶人妻及嫁之者,各徒二年,妾减二等,各离之。妻妾擅去者,徒二年,因而改嫁者,加二等。"加二等即徒三年,比之有妻更娶者仅徒一年,显有差别。

(二)南宋中叶以前的再嫁

贞节观念,在宋代是有时期先后的不同,很值得注意。在北宋前期,继承唐末五代的遗风,上层社会对于这种观念非常淡薄。先言皇族,如太祖同母的妹子秦国大长公主,初适米福德,福德卒。建隆元年(960),再嫁忠武军节度使高怀德(《长编》卷一、《宋史·公主传》)。真宗刘皇后也是再嫁妇(《长编》卷五六)。英宗治平中,"令宗女再嫁者,祖、父有二代任殿直、若州县官已上,即许为婚姻"。神宗熙宁十年(1077)又诏:"非祖免以上亲与夫听离,再嫁者委宗正司审核。其恩泽已追夺而乞与后夫者,降一等。"(《宋史》卷一一五《礼志》)元丰元年(1078)五月甲午,诏:"宗室祖免以上女,与夫离而再嫁,其后夫已有官,转一官。"(《长编》卷二八九)宗女后夫所得的待遇,与前夫相差不多。六年五月丁亥,又诏:"宗女毋得与尝娶人结婚,再适者不用此法。"(《长编》卷三三五)可见皇室是不反对再嫁的。

士大夫家寡妇的再嫁,在北宋前期也很不少。如范仲淹两岁时(990)随母再适长山朱氏,而仲淹父亲曾任武宁军掌书记。大中祥符八年(1015),仲淹举进士,为广德军司理参军,迎其母归养。(《欧阳文忠集·居士集》卷二十《范公神道碑》)遇有朝廷的推恩,多请求先给朱姓子弟。又年年别为朱氏父禬祭。(《范文正公集·言行拾遗录》卷一)他的儿子纯祐早死,媳妇再嫁进士王陶(《过庭录》)。他的义庄规矩在皇祐二年(1050)订定,有"嫁女支钱三十贯,再嫁二十贯;娶妇支钱二十贯,再娶不支"的条文(《范文正公集·建立义庄规矩》)。又如王博文幼年丧父,母亲张氏再嫁韩姓。真宗末年,博文为开封府判官,请求封赠嫁母。(《宋史》本传、《长编》卷九九)又真宗令宋琪娶马仁瑀的寡妻(《宋史·宋琪传》)。张齐贤与向敏中争娶薛惟吉的寡妻(《长编》卷八二大中祥符七年六月丁丑条注)。仁宗温成皇后张氏的母亲,再嫁蹇氏,生男守和。后张氏册为贵妃,兄化基与同母弟守和皆拜官(《涑水记闻》卷八)。据《宋史·唐肃传附子询传》:"〔参知政事吴〕育弟妇,故驸马都尉李遵勖妹,有六子而寡。〔御史唐〕询又奏育弟妇久寡不使更嫁,欲用此附李氏自进。"不使弟妇再嫁,在当时还被认为是不合理的。观上所述,足证北宋前期对于贞节观念的淡薄了。

到了北宋后期,才有少数人,如司马光、张载、程颐等公开地反对再嫁,得到了一部分士大夫的拥护。南北宋之交,社会政治各方面发生大变动,贞节观念又趋淡薄。如洪适为他的母亲作石表说:"叔氏之妻,既移夫于他门矣,复失匹,无所于归。太夫人并其母畜于家,不与娣姒时异。迄又嫁乃已。"(《盘洲集》卷七七)又尚书驾部郎中王举善的女儿嫁给知邵武军盛遵甫为妻。遵甫死,王氏年少,家于舒州。那时节,她的季父举元为淮南转运使,还想把她再嫁了(《嵩山集》卷二十《王氏墓志铭》)。张九成再娶浦江马氏。马氏先嫁义乌大族吴察,生了一个儿子,方才七岁,察便死了,姑龚氏抚养遗孤。马再适二年也去世了。后龚殁,九成为作墓志,述马氏再适事,不少讳(《横浦集》卷二十《龚夫人墓志铭》)。户部侍郎曹泳妻硕人厉氏,余姚大族的女儿,始嫁曹秀才,与夫不相得,仳离而归,改适曹泳(《谈薮》)。赵永宁随母再嫁左武大夫卢广(周必大《奉诏录》卷一)。鄞人左中奉大夫、敷文阁待制林保第三女嫁给宣教郎史纯臣,纯臣早死,再嫁迪功郎、主湖州武康簿吴曦(《平园续稿》卷二八《林公神道碑》)。绍兴中叶,陆游因妻子唐琬与母亲不和,不得已出妻。后唐氏改嫁宗子士程。绍兴二十五年(1155)春天郊游,陆游和赵士程夫妇恰在禹迹寺南的沈氏园中碰面了。唐琬告诉士程说:"那位先生便是我的前夫!"于是送来许多酒菜。陆游为之怅然很久,立刻作了一阕《钗头凤》的词,题在园壁上(《齐东野语》卷一)。唐氏也和他一阕,词曰:"世情薄,人情恶,雨送黄昏花易落。晓风干,泪痕残,欲笺心事,独语斜阑。难!难!难!人成名,今非昨,病魂常似千秋索。角声寒,夜阑珊。怕人寻问,咽泪装欢。瞒!瞒!瞒!"(《历代诗余》)可见南宋初期大部分人也没有视再嫁为违反礼教的。士大夫家妇女的再嫁还是相当容易的,细民更不用说了。

(三)再嫁原因及对嫁母的待遇

法律上对于寡妇在夫服期中是禁止再嫁的(《宋刑统》卷一《名例律》),这是唯一的限制。妇人在丈夫逃亡或外出不知消息的情况下,也可以再嫁。如《长编》卷八二载:"大中祥符七年(1014)正月壬辰,诏:'不逞之民娶妻给取其财而亡,妻不能自给者,自今即许改适。'时京城民既娶,浃旬,持其赀产亡去。而律有夫亡六年改嫁之制,其妻迫于饥寒,诣登闻上诉,乃特降是诏。"可见宋代本有夫亡六年可以再嫁的法律规定。又并州有赘婿委妻去,仁宗时,知州李若谷为立期不还,许更嫁(《宋史》本传)。

再嫁也有出于被迫的,如真宗大中祥符三年(1010),"洋州豪民李甲,兄死,迫嫂使嫁,因诬其子为他姓而占有其赀"(《苏学士集》卷十六《韩公行状》《长编》卷七四)。甚有因规避徭役而改嫁媍母或媍祖母的,如知并州韩琦上疏仁宗说:"州县生民之苦,无重于里正衙前。自兵兴以来，残剥尤甚，至有孀母改嫁，亲族分居，弃田与人，以免上等。"（《韩魏公集》卷十三《家传》）神宗初，三司使韩绛言："害农之弊，莫甚差役之法。闻江南有嫁其祖母，及与母析居，以避役者。此大逆人理，所不忍闻。"（《长编纪事本末》卷七十）元丰八年（1085）十一月，王岩叟上疏说："保甲之法，行之累年，……有逐养子出婿，再嫁其母，而兄弟析居，以求免者。"（《长编》卷三六一）宋廷曾下令禁止，如哲宗元祐八年（1093）二月己酉，户部言："辄诱母或祖母改嫁而规欲分异、减免等第者，依子孙别籍异财法加二等，为首者配本州，许人告，给赏。"从之。（《长编》卷四八一）但没有收到什么效力，如高宗绍兴三年（1133）九月戊辰，中书舍人孙近上疏说："募役法始于熙宁，成于绍圣，历岁滋久，逮今不胜其弊。……母子不相保，而必至于出嫁。"（《系年要录》卷六八）仁宗后期，李觏（1009—1059）写了一首诗，描写老妇被迫再嫁时的痛苦。诗有云：

> 里中一老妇，行行啼路隅。自悼未亡人，暮年从二夫。寡时十八九，嫁时六十余。昔日遗腹儿，今兹垂白须。子岂不欲养，母岂不怀居？徭役及下户，财尽无所输。异籍幸可免，嫁母乃良图。牵车送出门，急若盗贼驱。儿孙孙有妇，小大攀且呼。回头与永诀，欲死无刑诛。……（《皇朝文鉴》卷十七《哀老妇》）

这种为经济关系而迫嫁老母的事，不过是特例而已。

寡妇或生人妇改嫁以后，对于前夫当然是义绝。但对亲生的儿子而言，却还是母亲，所以嫁母死了，也需要解官行丧。如仁宗时，龙图阁学士王博文、御史中丞杜衍都曾为出嫁母解官行丧（《宋史》卷一二五《礼志》）。景祐年间，集贤校理郭稹请求准他为嫁母服丧，诏两制、御史台、礼院、太常寺会议后，便下诏道："自今并听解官，以申心丧。"（《长编》卷一一七）神宗时，知司农寺丞事俞充为再嫁祖母持丧三年（《华阳集》卷四十《章氏墓志铭》）。朱熹也赞成为嫁母服丧，曾说："《礼》不著嫁母之服，而律令有之，或者疑其不同。以予考之，《礼》于嫁母，虽不言亲而独言继，又著出母之服焉，皆举轻以明重，而见亲母之嫁者尤不可以无服。与律令之意，初不殊也。又于为父后者，但言出母之无服，而不及嫁母，是亦举轻以别重，而见嫁母之犹应有服也。"（《朱文公集》卷八四《题不养出母议后》）可知为父后者对嫁母也需要服丧。

媳妇对于少寡改醮的姑，如有相犯，依亲姑之法处分（《宋刑统》卷二二）。甚有嫁母死后，把她的尸柩盗来同父亲合葬的事件发生（桂万荣《堂阴比事》苏寀请祔柩条）。《宋史·苏寀传》载："为大理详断官，民有母改嫁而死，既葬，辄盗其柩归祔，法当死。寀曰：'子取母祔父，岂与发冢取财等？'请而生之。"《宋史·（孙）〔张〕唐卿传》载："民有母再适人而死，及葬其父，恨母之不得祔，乃盗母之丧而同葬之。有司论以法，唐卿时权府事（以通判陕州而权知州事），乃曰：'是知有孝而不知有法尔。'乃释之。以闻。"（"张"字据韩琦《安阳集》卷四七《张唐卿墓志铭》改）以上皆是仁宗时的事。

又苏舜钦作《王公〔质〕行状》说："公（1001—1045）尝权〔江陵〕府事，有娼诉其妇之见逐，无所归。公召而诘之，妇曰：'舅始亡，姑即嫁去，既穷而归，奉养甚谨。后取之金，又嫁。今复穷而归，故不敢舍。'公曰：'姑虽不良，独不念若夫耶！'又谓其妇之子曰：'尔母薄于姑，尔独不念父邪！'遂切责媪，谕以改行。又取家人之衣，以衣之。与妇孙廪粟，使以归养。于是皆感泣而去。孝意如初。"（《苏学士集》卷十六，参见《宋史·王祐传附孙质传》）熙宁七年（1074）八月庚午，光禄寺丞陈象古上书神宗说："所生母董氏嫁为孙氏妇，迫于饥寒，愿许归臣家。"诏开封府审问后，仍给以缗钱（《长编》卷二五五）。因为士大夫对于孝道的重视，所以嫁母也就享有优遇了。

（四）再嫁的被反对

在北宋前期，士大夫对于再嫁是不大反对的。后来反对的言论渐盛。如司马光说："忠臣不二君,贤女不二夫,策名委质,有死无贰,天之制也。"(《司马温公集》卷七三冯道为四代相条)张载也说:"今妇人夫死,而不可再嫁,如天地之大义。"(《朱文公集》卷六二李辉引)程颐对于贞节观念更有严格的说法。《二程遗书》卷二二下载:

> 问:"孀妇于理似不可取,如何?"曰:"然。凡取,以配身也。若取失节者以配身,是已失节也。"又问:"或有孤孀贫穷无托者,可再嫁否?"曰:"只是后世怕寒饿死,故有是说。然饿死事极小,失节事极大。"

他不但主张孀妇不可再嫁,而且认为男子可以出妻。他说:"妻不贤,出之何害? 如子思亦尝出妻。今世俗乃以出妻为丑行,遂不敢为,古人不如此。"(《遗书》卷十八,司马光在《家范》卷七也曾表示此种意见)虽然又说:"大夫以上无再娶理。"因为"大夫以上,至诸侯天子,自有嫔妃可以供祀礼,所以不许再娶也"。可是大夫以下呢? 他主张"自大夫以下,有不得已再娶者,盖缘奉公姑,或主内事尔"(《遗书》卷二二下)。这样说来,有妾侍的人,妻子死了,不可再娶;没有的,可以再娶。再娶的用意在奉公姑、主内事、供祀礼。这完全是出于儒家的宗法的家族观念。此种女子不能再嫁而男子可以再娶,甚至可以出妻的观念,到了程颐才正式把它确定了。可是事实上有许多困难,如程颐的甥女也曾改嫁(《伊川集》卷八《先公大中家传》)。哲宗元符二年(1099)八月丁酉,还下过"宗女夫亡服阕归宫,改嫁者听"的诏书(《长编》卷五一四)。可见这种对寡妇的严厉要求,还只是极少数人的意见罢了。后来,南宋中叶朱熹也说:"妇人无外事,惟以贞信为节,一失其正,则余无足观。"(明人丘浚《朱子学的》卷上《道在第八》)又陈守(字师中)的妹夫死了,朱熹便写信叫陈守设法劝勉他的妹妹守节。他的理由是:

> 令女弟甚贤,必能养老抚孤,以全柏舟之节。此事更在丞

相(指孝宗乾道间曾任丞相的陈俊卿,乃陈守之父)夫人奖劝
扶植,以成就之。使自明(郑鉴字)没为忠臣,而其室家生为节
妇,斯亦人伦之美事。计老兄昆弟必不惮赞成之也。昔伊川
先生尝论此事,以为饿死事小,失节事大。自世俗观之,诚为
迂阔。然自知经识理之君子观之,当有以知其不可易也。况
丞相一代元老,名教所宗,举措之间,不可不审。(《朱文公集》
卷二六《与陈师中书》)

因为陈氏女是名宦郑鉴的夫人,一代元老的丞相陈俊卿(1113—
1186)的千金,又是朱熹门人陈守的妹妹,一举一动,影响很大,所
以朱熹便不得不出面干涉他们的家事了。而且也可从这里知道确
能了解"饿死事小,失节事大"的意义,只是极少数的士大夫而已。
又有人问:"妻有七出,此却是正当道理,非权也?"朱熹答道:"然。"
(明人胡广等编《性理大全》)此后宋儒大抵都沿袭程朱的说法。如
魏了翁说:"先儒有言,妇适不再,妇适而再,饥寒之害,然饥寒之事
小,而失节之罪大。"(《鹤山集》卷七三《顾夫人墓志铭》)文天祥说:
"烈女不嫁二夫,忠臣不事二主。"(《文山全集》卷十五《哭妻文》)宋
遗民胡次焱(1229—1306)也说:"女不践二庭,妇不再移天。"(明人
程敏政《新安文献志》卷五九著录《嫠答媒》)和朱熹思想不同的陆
九渊似乎没有谈到这类问题,但也未闻有驳斥的言论。到了南宋
中叶以后,程朱思想流行,再嫁便被认为失节了。

(五)守节的奖励

在宋代,对于节妇的奖励,不但个人,就是政府也很注意,尤其
是南宋。周必大《跋临江廖节妇碑》说:"盖国家凡肆大眚,必曰义
夫节妇,孝子顺孙,长吏常切存恤,事状显著,具名以闻。"(《省斋文
稿》卷十八)朱熹知漳州,有《劝谕榜》说:"孝子顺孙,义夫节妇,事
迹显著,即仰具申,当依条格旌赏。"(《朱文公集》卷一〇〇)可见当
时旌赏节妇是订有条格的。它的内容,虽不能确知,旌赏的办法,
大致可分为:

甲、旌表门闾。据《氾水县志》,王屿妻胡氏,夫死后,她独居的静室,虽骨肉至亲亦不得进去,和家人不相见有八年之久。徽宗崇宁间,下诏旌表。又《宋史·理宗纪》,福州陈氏,笄年守节,到九十多岁。淳祐十一年(1251)四月戊戌,诏旌表其门。

乙、立碑纪念。据《龙溪县志》,林氏十九岁,嫁给谢姓,次年,丈夫便去世了。父母因她无子,强迫改嫁,杜氏立誓不肯。后招来一个继嗣,守节六十多年。理宗嘉熙间,县令赵绛夫在她的坟前立碑纪念,郡守李韶又为她题字。

丙、文字表彰。据《温州府志》,永嘉黄氏婚后没有几个月,便死了丈夫,年方二十,有遗腹子,别人劝她再嫁,辄泣誓。嫠居数十年,未尝出户。又命儿子师事陈植,后来儿子中了淳祐间的进士。黄氏年八十,郡守杨简为她撰文表扬。又周密《志雅堂杂钞》卷一说:"今之妾能守节义而死者,尤为可书。"可见妾能守节,在当时更属可贵。

丁、蠲免徭役。据朱熹《知南康〔军〕牒》,建昌县洪氏,因为累世义居,嫠妇守节,太宗蠲除了他家里的徭役(《朱文公集》卷九九)。

戊、立祠纪念。据《民国福建通志》,理宗绍定间,寇贼侵入泰宁县,姓叶的人家有一个媳妇和两个女儿,义不受辱,投溪而死。邑人邹应博为之立祠纪念。

守节的妇女能得到种种的荣誉和优待,而再嫁的便往往遭受重重的歧视。据《鸡肋编》卷上,民间娶妇,"处子则坐于榻上,再适者坐在榻前"。又据《朝野杂记》甲集卷一《宗女奁具》《系年要录》卷一九八,绍兴七年冬和三十二年闰二月戊子,曾先后规定宗女再嫁,奁具各减半。后来又流传许多改嫁得祸的故事。《夷坚志》载:

> 衢州人郑某,娶会稽陆氏女,伉俪绸缪。郑尝于枕席间语陆氏曰:"吾二人相欢至矣,如我不幸死,汝无复嫁;汝死,我亦

如之。"对曰:"要当百年偕老,何不祥如是!"凡十年,生二男女,而郑生疾病,对父母复申言之。陆氏但俯首悲泣,郑竟死。未数月而媒妁来,陆氏与相周旋,舅姑责之,不听。才释服,尽携其资适苏州曾工曹。成婚才七日,曾生奉漕檄考试它郡。行信宿,陆氏晚步厅屏间,有急足拜于庭,称郑官人有书。命婢取之,外题"示陆氏"三字,笔札宛然前夫手泽也。急足已不见,启缄读之,其辞云:"十年结发夫妻,一生祭祀之主。朝连暮以同欢,俸有余而共聚。忽大幻以长往,慕他人而辄许。遗弃我之田畴,移资财而别户。不恤我之有子,不念我之有父。义不足以为人之妇,慈不足以为人之母。吾已诉诸上苍,行理对于幽府。"陆氏叹恨不怿,三日而亡。其书为郑从弟甸所得,尝出示胡翛然。(甲志卷二《陆氏负约》)

陈橐侍郎之女,为会稽石氏妇,生一男而石生病。将终,执妻手与诀曰:"我与若相欢,非寻常夫妇比,汝善视吾子,必不嫁以报我。"陈氏迟疑未应。石怒曰:"好事新夫,无思故主。"遂卒。陈氏哭泣悲哀,思慕瘠甚。未几,其父帅广东,挈以俱往,怜其盛年,为择婿,得莆田吴璲。陈氏辞不免,遂受币。既嫁岁余,忽见其前夫至,骂曰:"汝待我若是,岂可以事他人?先取我子,次及汝。"至暮而子夭,逾旬陈氏病亡。(甲志卷三《陈氏负前夫》)

可知改嫁不祥的观念已深入当时的人心了。

士大夫反对再嫁的缘故,读了上文,也可窥知大概。我们知道士大夫对于忠臣不事二主的理想,是非常钦慕的,所以希望妇女也能达到这种境界。节妇常常和忠臣并称,就是这个道理。而且他们对于妻子存着独有的严格观念,认定妻子再嫁,简直是玷污了自己的名节。

其次,以家族为本位的社会,到了宋代更趋严格与完备。家庭是经济的单位,是社会组织的根本。假使丈夫死后,妻子再嫁,可能发生两种情况:第一,夫家的财产被携入别户,如左领军卫将军薛惟吉的寡妇柴氏,想携资财再嫁宰相张齐贤(《长编》卷五三咸平五年十月乙亥条)。哲宗初,大臣韩绛的爱妾蟾奴于绛死后,尽携家资万余,改嫁他人(范公偁《过庭录》)。袁采曾说:"人有兄弟子侄同居,作妻妾名置产,身死而妻改嫁,举以自随者多矣。"(《袁氏世范·睦亲》)户绝时,也有携去夫家财产的,如《长编》卷七一载:"大中祥符二年(1009)五月戊寅,民有户绝而妻鬻产适他族者,至是事发,而估钱已费用。有司议,准法产业当没官。上令以产业给见主,纳估钱支与存者。"第二,寡妇再嫁了,家庭内若仅有年老的父母和幼小的子女,使有分崩离析的危机,所以能抚孤孝亲的节妇,可比作动乱国家里的忠臣。程颐曾说:"寒士之妻,弱国之臣,各安其正而已。苟择势而从,则恶之大者,不容于世矣。"(《近思录》卷七引)丈夫尚在,妻子改嫁,对于贫家的斫伤也十分重大。丈夫死了,更不用说。为延续家族的生命,保障家族的生活,无论什么牺牲,都应该在所不计的。所以妇女只好在这种环境里含辛茹苦了。

总而言之,士大夫为了自己,为了家族,不得不反对再嫁。于是想出许多奖励节妇的方法,和造成鄙视再嫁妇女的风气。又设法劝止男人去娶再嫁的妇女,如上引程颐所说的"凡娶,以配身也。若娶失节者以配身,是已失节也。"便是一例。可见他们是在处心积虑地造成种种使再嫁困难的环境啊!

第三章　妾婢与妓

第一节　妾与婢

(一)姬妾

姬妾的名称,非常繁多,如庄季裕说:"古所谓媵妾者,今世俗西北名曰'祗候人',或云'左右人',以其亲近为言,已极鄙陋。而浙人呼为'贴身',或曰'横床',江南又云'横门',尤为可笑。"(《鸡肋编》卷下)姬与姜二字,在宋代没有什么严格分别,如叶梦得说:"近世言妾者,遂皆言姬。"(《避暑录话》卷四)侍儿也是和姬妾差不多的。

士大夫对于姬妾有非常爱好的,如周辉说:"士大夫……独溺于声色,一切无所顾避。闻人家姬侍有慧丽者,伺其主翁属纩之际,已设计贿牙侩,俟其放出以售之。虽俗有热孝之嫌,不恤也。"(《清波杂志》卷三)有的沉醉声色歌舞之中,连功名富贵都视若浮云。《翰府名谈》载:"寇莱公〔准〕侍儿蒨桃,能诗。公尝和其诗曰:'将相功名终若何,不堪急景似奔梭。人间万事君休问,且向樽前听艳歌。'"(《苕溪渔隐丛话》后集卷四十引)

士大夫对姬妾这样地爱好,所以家中常蓄养很多。如宰相冯拯自奉侈靡,姬媵众多(《国老闲谈》)。工部侍郎董俨广蓄姬媵,颇事豪侈(《长编》卷六三景德三年八月庚辰条)。宋祁多内宠,后庭曳罗绮者甚众(《东轩笔录》卷十五)。王械家多侍儿(《墨庄漫录》卷九)。宦官杨戬有家姬数十人(《夷坚志》支乙卷五)。医师能大丞,居京师高头街,家赀巨万,晚岁在城外买名园,畜姬妾十人(《夷坚志》乙卷九)。张俊之孙张镃有姬侍"无虑百数十人"(《齐东燕语》卷二十,参校《宋稗类钞》卷二《奢汰》二四条引)。宋末权臣贾似道至少有侍妾数十人(《宋史》本传)。有因妻子妒忌,置姬妾于外宅的,如袁采说:"人有以正室妒忌,而于别宅置婢妾者。"(《袁氏世范·治家》)神宗时,李清臣的姑子田嗣宗,娶泸州娟为外妇(《东都事略·李清臣传》)。洪迈说:"尉氏县富家子胡生,嬖一尼,畜于外。"(《夷坚志》丁卷十二)

有少数清介好学的士大夫对于姬妾是不大感兴趣的,如张咏性极清介,居无妾媵(《蔡宽夫诗话》)。又《邵氏闻见录》卷十一载:

王荆公知制诰,吴夫人为买一妾,荆公见之,曰:"何物也?"女子曰:"夫人令执事左右。"曰:"汝谁氏?"曰:"妾之夫为军大将,部米运失舟,家资尽没犹不足,又卖妾以偿。"公愀然,……呼其夫,令为夫妇如初。

　　司马温公从庞颖公〔籍〕辟为太原府通判,尚未有子。颖公夫人与公夫人言之,为买一妾,公殊不顾。夫人疑有所忌也,一日,教其妾:"候我出,汝自装饰至书院中。"冀公一顾也。妾如其言,公诃曰:"夫人出,汝安得至此?"亟遣之。颖公知之,对僚属咨其贤。

又北宋末袁坰寡欲,无姬侍,唯以观书、赋诗、鼓琴自娱(《絜斋集》卷十七《先祖墓表》)。张栻说:"李仁甫(焘)如霜松雪柏,无嗜好,无姬侍。"(《宋史·李焘传》)朱熹也说:"张维家无姬媵。"(《朱文公集》卷九三《左司张公墓志》)也有因别种缘故而不蓄妾侍的,如《宋史·安守忠传》载:"父审琦以爱妾故,为隶人所戕。守忠终身不蓄妓妾。"有些士大夫虽然反对子孙娶妾,但到中年以后,若没有儿子,也就赞成了。如《郑氏规范》说:"子孙有妻子者,不得更置侧室,以乱上下之分,违者责之。若年四十无子,许置一人。"(《治家杂训》)没有儿子的,还不肯置妾,那更是少之又少了,司马光便是一例(《道山清话》)。

　　姬妾的主要来源,是购买。有家贫鬻女的,如《清波杂志》卷九记高宗初"使臣关永坚丐官淮上,贫不能办行,欲货息女"。有因岁饥而鬻妻的,据《夷坚志》丙卷十八,徽宗时,荆楚岁饥,贫家有鬻妻为侍儿的。有父死于官,卖身以葬的,如《春渚纪闻》卷一载,马涓之父,既入中年,未得子。母为置妾媵,偶获一处子,质色亦稍姝丽。盖其父守官某所,既解官,不幸物故,不获归葬,母乃见鬻,得直将毕葬事。(《宋史·袁韶传》亦有同此类记载)有卸任官因亏欠官帑而卖女的,如《能改斋漫录》卷十二载:"曾鲁公(公亮)布衣游京师,舍于市侧。旁舍泣声甚悲,问之。旁舍生曰:'仆顷官于某,用官钱若干,吏督之急,乃以女鬻于商人,得钱四十万。行与父母诀,此所以泣之悲也。'"

这种卖买是有牙侩介绍的,如司马光作《张行婆传》说:"行婆生七年,继母潜使侩者鬻之。"(《司马温公集》卷六七)《夷坚志》丁卷十一载,绍兴初,汴人王从事挈妻妾抵临安,徙舍之夕,妻为奸人诈舆至女侩家,而货于人为侧室,得钱三十万。《梦粱录》卷十九雇觅人力条载:"欲买宠妾、歌童、舞女、厨娘、针线供过、粗细婢妮,亦有官私牙嫂及引置等人。"北宋汴京有公开买卖歌姬舞女的地方,如《东京梦华录》卷七池苑内纵人关扑游戏条载:"池苑内……以至车马、地宅、歌姬、舞女,皆约以价而扑之。"这些被当作商品的姬妾,大概因为色艺动人,很能吸引到四方的顾客。如《鹤林玉露》卷十冯三元条载:"冯京,鄂州咸宁人。其父商也,壮岁无子。将如京师,其妻授以白金数笏,曰:'君未有子,可以此为买妾之资。'"又据曾慥《高斋漫录》,王仲仪遣人到京师,用千缗买二侍女献给欧阳修。《夷坚志》乙卷五载:"洪州分宁王氏婿扈司户,自京师买一妾,甚美,携归,置于妻家。"南宋都城的临安也有姬妾买卖的市场,如绍兴中,张渊为江东副总管,居建康,每以高价往都城买佳妾,列屋二十人(《夷坚志》三辛卷一)。又袁韶的父亲也亲自往临安去买妾(《宋史·袁韶传》)。成都似亦有之,如《宋史·吴玠传》载:"晚节颇多嗜欲,使人渔色于成都。"可见全国大都市中多有买卖姬妾的地方。姬妾的卖身价,也有美丑和时地的不同。看了上文的例子,便有三种价格:一为五十万文,一为四十万文,一为三十万文。王安石夫人买得一妾,价九十万文(《邵氏闻见录》卷十一)。《萍洲可谈》卷一记:"京师买妾,每五千钱名一竿,美者售钱三五十个。近岁贵人务以声色为得意,妾价贵至五千缗,不复论个数。既成券,父母亲属又诛求,谓之遍手钱。"《夷坚志》载:"李妹者,长安女娟也。家甚贫,年未笄,母以售于宗室四王宫,为同州节度之妾,才得钱十万。"(支己卷一)"衢州龙游人虞孟文,以钱十四万买妾。"(丙卷十五)

有些细民专做这种生意,冀得厚利。如洪巽《旸谷漫录》:"京都中下之户,不重生男,每生女则爱护如捧璧擎珠。甫长成,则随其姿质,教以艺业,用备士大夫采拾娱侍。"(《说郛》卷七三引)文天祥曾做了一首《名姝吟》有云:"名姝从何来,婉娈出神京。今人薄生男,生女即不贫。东家从王侯,西家事公卿。"(《文山全集》卷一)又陈郁《藏一话腴》载:"吴下风俗尚侈,细民有女,必教之乐艺,以待设宴者之呼。长大鬻为妾,狠戾则籍之官,动以千计,习俗薄恶,莫此为甚。天台陈润道作《吴民女》一篇,殊益风教云。"(《说郛》卷六十引)这种情况,当然为清高的士大夫所不满。

此外,尚有强夺人妾的,如《东都事略·王黼传》载:"徽猷阁待制邓之纲妾,有美色,因过外舍,黼使人诱而夺之。"有强取民女为妾的,如乾德五年(967)三月,沧州民上书告横海节度使张美强取其女为妾(《长编》卷八)。关南民讼兵马都监李汉超强取其女为妾(《东都事略》本传)。神宗时,上元民王豹子略民女为妾(《宋史·元绛传》)。绍兴三十一年(1161)八月,杜莘老面劾王继先强夺良民妇女为侍妾,虽有婚姻,一切不顾(《系年要录》卷一九二)。乾道间,泉州吏掠民女为妾(《澹庵集》卷二四《赵公墓志铭》)。丞相韩侂胄夺民间已许嫁女(《鹤山集》卷七七《张忠恕墓志》)。丞相贾似道取宫人、娼尼有美色者为妾(《宋史》本传)。

姬妾除供侍役外,又为士大夫的娱乐品,故多善歌舞。如《续墨客挥犀》卷六载:"东坡居士尝饮一豪士家,出侍姬十余人,皆有姿伎,其间有善舞者,名媚儿。"朱弁《风月堂诗话》载:神宗时人"刘几,洛阳九老之一也,有妾芳草、萱草,善音律"。又周必大的侍妾芸香,能为新声(《省斋文稿》卷三七《芸香葬记》)。有兼能文辞的。如上文所说的寇准妾蒨桃能赋诗。又洪炎舍人的侍儿小九,知书,能为洪检阅(曾季貍《艇斋诗话》)。北宋末,陆藻的侍儿美奴,善缀词(《苕溪渔隐丛话》后集卷四十)。理宗时,同知枢密院事赵葵的姬妾某,尝赋诗有曰:"柝声默报早朝回,满院春风绣房开。怪得无人理丝竹,绿阴深处摘青梅。"(《古今女史》)有初不识字,及受主翁教育,便能写字读佛经。如《西湖游览志余》卷十六载:"朝云者,姓王氏,钱唐名妓也。苏子瞻宦钱唐,纳为常侍。朝云初不识字,既事子瞻,遂学书,粗有楷法。后从泗上比丘尼义冲学佛,亦通大义。"也有初不善歌舞,主人聘请伶官、乐师来教的,如《齐东野语》卷十七《笙炭》载:"赵元父祖母齐安郡夫人徐氏,幼随其母人吴郡王家,又及入平原郡王家,尝谈两家侈盛之事,历历可听。其后翠堂七楹,全以石青为饰,故得名,专为诸姬教习声伎之所,一时伶官乐师,皆梨园国工也。"士大夫宴客时,往往出姬侍以助兴,如《珍席放谈》载:"杨察,晏殊婿也,每谒殊,则坐之堂上,置酒,从容出姬侍奏管弦,以相娱乐。"又《齐东野语》卷二十《张功甫豪侈》载:

> 张镃……能诗,一时名士大夫,莫不交游,其园池声伎服玩之丽甲天下。……王简卿侍郎尝赴其牡丹会,云:"……群妓以酒肴丝竹,次第而至。别有名姬十辈皆衣白,凡首饰衣领皆牡丹,首带照殿红一枝,执板奏歌侑觞,歌罢乐作乃退。……别十姬,易服与花而出。大抵簪白花则衣紫,紫花则衣鹅黄,黄花则衣红,如是十杯,衣与花凡十易。所讴者皆前辈牡丹名词。酒竟,歌者,乐者,无虑百数十人,列行送客。烛光香雾,歌吹杂作,客皆恍然如仙游也。"

姬妾的地位是很低的。她们没有身体的自由,每被用作馈赠品,如向子諲为浙漕时,以爱姬赠嫁丹阳士子陈序(《挥麈余话》卷二)。妾和妻在法律上的地位很有差别,如《宋刑统》规定:"以妻为妾者,徒二年;以妾为妻者,徒一年半。各还正之。"(卷十三《户婚律》)这是沿袭唐律的。高宗时,曾发生过一件以妾为兄女嫁人而被政府处罚的事。《系年要录》卷一五一载:"绍兴十四年(1144)六月庚子,左通奉大夫、提举江州太平观万俟卨降左中大夫,归州居住。李文会在中司,论卨兄右朝散大夫止以嬖妾为兄女嫁士人林说,奏受将仕郎,止除名,说送二千里外州编管,而卨有此命。"在社会和家庭中,地位也很低,如《东都事略·沈伦传》载:"伦娶阎氏,无子,妾田氏生子。及贵,以田氏为正室,搢绅非之。"有些人家的姬妾是不得与公堂坐的(《郑氏规范·治家杂训》)。有鞭挞姬妾的,如孝宗时,潭州益阳赵知县的女儿嫁给泉州滕迪功,后寡居,待妾婢非常严酷。或有获罪,便留她伴宿,然后囚缚,鞭挞以数百计,气几绝,才命曳出。(《夷坚志》三己卷六)其有被虐至于自刎的,如绍兴八年(1138),临江军法掾朱琼,有一侍妾,他的妻子王氏不能容,日夜楚毒凌虐,至于自刎(《夷坚志》支乙卷七)。有捶杀姬妾的,如太宗时,恭孝太子元僖曾"恣捶仆妾,有至死者"(《长编》卷三二)。乾道间,泉州吏有掠民女为妾,妻子妒悍,杀而磔之(《澹庵集》卷二四《赵公墓志铭》)。

宋代妇人的封爵,据《枫窗小牍》卷上说:"自执政以上封夫人,尚书以上封淑人,侍郎以上封硕人,太中大夫以上封令人,中散大夫以上封恭人,朝奉大夫以上封宜人,朝奉郎以上封安人,通直郎以上封孺人。然夫人有国、郡、〔县〕之异。而武臣一准文阶。其后三公、大将封带王爵者,妾亦受封,特视正妻减阶耳。"姬妾之有封爵,颇为一部分士大夫所不满,如太宗时,宰相沈伦,"以妾田氏为鲁国夫人,搢绅非之"(《长编》卷二三)。靖康元年(1126)三月,监察御史胡舜陟说:"朱勔媵妾有封号,污辱名器,中外不平。"(《长编纪事本末》卷一四八)又南北宋之际,吴炯对于当时"公卿姬侍悉加邑号,而尤者封大国"的现象,斥为"僭越无度"(《五总志》)。姬妾的儿子做了官,有时也可得到封爵,如《系年要录》载:"绍兴二十八年(1158)十二月甲寅,左奉议郎张坚乞以大礼所得妻封号回授所生母李氏。故事,群臣父在者,不得以恩封妾母。上特许之。"姬妾死了,亲生的儿子是有丧服的,如《宋史》卷一二五《礼志》记:"熙宁三年(1070),御史台言:'在法,庶子为父后,如嫡母存,为所生母服缌三月,仍解官申心丧;若不为父后,为所生母持齐衰三年,正服而禫。'"有儿子的姬妾,当然是享到殊遇的。

（二）婢女

婢女有官私的分别。私婢都来自良民，如真宗说："今之僮使，本佣雇良民。"（《长编》卷五四咸平六年四月癸酉条）孝宗时，罗愿也说："古称良贱，灼然不同，良者即是良民，贱者率皆罪隶。今世所云奴婢，一概本出良家，或迫饥寒，或遭诱略，因此终身为贱，诚可矜怜。"（《鄂州小集》卷五《鄂州到任五事札子》）据此私婢的主要来源可分为鬻卖与掠卖二种。

先说鬻卖。有家贫鬻女的，如雍熙三年（986），太宗命曹彬等北伐，赵普上书有云："自邓至莫，往来四千余里，典桑卖牛，无虑十有六七。其间有鬻男女者，有弃性命者。"（《东都事略》本传）有由于税法不健全的影响，如绍兴三年（1133）五月己巳，伪齐冯长宁、许伯通同修什一税法，书成，进札子有云："宋之季世，税法为民大蠹，权要豪右之家，交通州县，欺侮愚弱，恃其高赀，择利兼并，售必膏腴，减落税亩，至有人其田宅而不承其税者。贫民下户，急于贸易，俯首听之，间有陈词，官吏附势，不能推割，至有田产已尽而税籍犹在者，监锢拘囚，至于卖妻鬻子，死徙而后已。"（《系年要录》卷六五）有因科敛过甚，而鬻子女的，如绍兴元年十二月壬申，时议者言："朝廷之上，喜徇祖宗爱民之良法，而讳言今年科敛之大害。如早稻未熟而借冬苗，春蚕未毕而催和买。富民鬻田舍，下户质子女，吁天不闻，诚宜嗟悯！"（《系年要录》卷五十）贫民向富豪借钱，有以妻女为质的，如太祖时，"岭南民有逋赋者，县吏或为代输，或于兼并之家假贷，则皆纳其妻女以为质"（《长编》卷十三开宝五年四月甲申条）。有时碰到饥荒，鬻卖子女的更多，如淳化间，陕西沿边饥荒，贫民多卖男女与戎人（《通考》卷十一）。仁宗时，京东流民，以男女佣于富室（《华阳集》卷三八《寇公墓志铭》）。有谋差遣不得的官吏，鬻妻女以为归家路费，如伪齐告谕士民榜有云："康王依前仿效宣和间，有所宠内官冯御药等，令恣受贿赂，官员受差遣者，往往寻买鹌鹑鹁鸽之类，与冯御药等，因奉康王，便得好差遣……及至到任，又往往为诸路镇抚、安抚辟差了门下人，不令放上，给公据还部，至有顾卖妻女，质当诰敕，为路费归者。"（《伪齐录》卷上）甚至有些豪民广放私钱于贫家，过期不还，便没入其男女为奴婢。如太宗时，"江、浙、福建民负人钱，没入男女"（《宋史》卷五《太宗纪》至道二年闰七月庚寅条）。徽宗时，"〔两浙〕青龙大姓陈旺，故司农卿倩之子，有官不出仕，凭所恃，畜凶悍辈为厮仆，结连上下，广放私钱，以取厚息。苟失期会，则追呼执系，峻于官府。至虚立契券，没其赀产，甚则并取妻女，间分遗所亲厚。远至广南、福建，至死不得脱"（《姑溪后集》卷十九《胡奕修行状》）。度宗咸淳十年（1274），侍御史陈坚、殿中侍御史陈过等上疏说：

> 今东南之民力竭矣，西北之边患棘矣，……而邸第戚畹，御前寺观，田连阡陌，亡虑数千万计，皆巧言名色，尽蠲二税。州县乏兴，鞭挞黎庶，鬻妻卖子。而钟鸣鼎食之家，苍头庐儿，浆酒藿肉；琳宫梵宇之流，安居暇食，优游死生。（《宋史》卷一七四《食货志》）

富家和穷人的生活恰恰相反。

政府对于官吏私市女口是有处罚的。如仁宗时，陕西体量安抚使庞籍，坐令开封府吏冯士元市女口，降知汝州（《宋史》本传）。翰林学士张方平托集贤校理杨仪市女口，贬知滁州。权御史中丞杨察坐知开封府失察举去官。（《长编》卷一六五）新知江州萧固追夺三官勒停，为了他在知桂州日令部吏市女口的缘故（《长编》卷一九四）。对于一般人民也是严禁的。如开宝四年（971），诏："广南诸郡，民家有收卖男女为奴隶，转将佣雇以输其利者，今后并令放免。敢不如诏旨者，决杖配流。"（《通考》卷十一）太平兴国八年（983）二月，诏："禁内属戎人私市女口，吏谨捕之，违者弃市。"（《长编》卷二四）朱熹知南康军时有戒约说："有吞图妇女顾充奴婢，致细民受苦不一，理合禁约。"（《朱文公别集》卷六）而且细民在饥荒时鬻卖男女为奴婢的，政府有时也代为赎还。如淳化二年（991），诏:"陕西沿边诸先岁饥,贫民以男女卖与戎人,宜遣使者与本道转运使分以财物,赎还其父母。"(《通考》卷十一)天禧四年(1020)六月壬辰,殿中侍御史王博文言:"密州民有经大中祥符九年(1016)后,累岁灾沴饥乏,亲属散在民间,为人所收养及充奴婢、妻口,本无契券离书者,望令画时放还。如有诉认,官司不为理者,并论违制罪。"从之。(《长编》卷九五)庆历八年(1048)二月己卯,诏:"河北安抚司、瀛、莫、恩、冀等州岁饥,民多鬻子者,其给缗钱二万,赎还其家。"(《长编》卷一六三)王珪作《寇公〔平〕墓志铭》说:"先是,流民以男女佣于富室者,遇岁丰,欲赎之,不可得。公(时为京东转运使)敕其部中,悉取以还其家。"(《华阳集》卷三八)这种法令,后来被大臣所反对而取消了,如明道元年(1032)十二月己未,上封者言:"比诏淮南民饥,有以男女雇人者,官为赎还之。今民间不敢雇佣人,而贫者或无以自存,望听其便。"从之。(《长编》卷一一一)并且又下诏禁止赎回,如庆历八年(1048)十一月乙卯,诏:"河北水灾,民流离道路,男女不能自存者,听人收养之,后毋得复取;其佣雇者自从私券。"(《长编》卷一六五)皇祐二年(1050)三月己酉,诏:"两浙流民男女不能自存者,听人收养,后不得复取。"(《长编》卷一六八)

至于掠卖。法律对掠卖人是有严罚的,如《宋刑统》卷二十《贼盗律》:"诸略人、略卖人(不和为略,十岁以下,虽和亦同略法),为奴婢者绞;和诱者各减一等。"这是沿袭唐律的(《疏议》卷二十)。而且屡有诏令禁止,如淳化五年(994)十一月庚申,诏:"江南西路及荆湖南北路、岭南溪洞接连,及蕃商、外国使诱子女出境者,捕之。"(《宋史》卷五《太宗纪》)天禧三年(1019),诏:"自今掠卖人口入契丹界者,首领并处死。诱致者同罪。未过界者,决杖黥配。"(《通考》卷十一)绍兴三年(1133)十一月甲戌,禁掠卖生口入蛮夷溪洞。三十年十二月庚戌,又重申这道命令。(《宋史·高宗纪》)绍兴二十六年,权知宾州事李发奏言:"交、广俗诱民男女易翠羽蛮中,初犹一夫直十二羽,今仅得其半。岁掠卖数百人,多烹以祭鬼。乞重其禁。高宗恻然,从之。"(《省斋文稿》卷三三《李君墓志铭》)光宗绍熙间,林大中乞禁广东之民诱致盗掠郡人为奴婢(《攻媿集》卷九八《林公神道碑》)。这种禁令收效甚微,如胡铨作《广东经略余公墓志铭》说:"广南西路羁縻州洞,密迩边鄙,多掠窒人贩入交趾,溪酋官典,亦复相诱,鱼贯而行,曰贩生口。老稚壮弱,以金定价,高者金多,下者金寡。交人得之,如估牛马,髡钳如奴,役无昼夜。官虽约束,终弗能禁。告捕赏轻,人不用命。"(《澹庵集》卷二七)这种被掠卖的人数是相当多的。如"湖南之人掠良人,逾岭卖为奴婢。〔仁宗时〕周湛为广东提点刑狱,下令捉搦,及令自陈,得男女二千六百余人,还其家"(《东斋记事》卷三、《宋史》本传)。有时还要用金钱去赎归,如毕仲游作《魏国王夫人墓志铭》说:"洛阳衣冠家有女子,因其家破,为人所略卖,夫人闻之,急推金帛以赎之。"(《西台集》卷十四)也有用政府的力量强制放回的,如绍兴三十一年(1161)八月辛亥,诏:"凡王继先掠良家子为奴婢者百数,悉还其家。"(《系年要录》卷一九二)孝宗时,罗愿上《鄂州到任五事札子》云:"昨来被旨权赣州日,捕治土人往广南盗牛者,其间往往并掠其小儿以来。臣今假守鄂州,又见民间所须僮奴,多籍江西贩到,其小者或才十岁左右,既离地头,无复几察,官吏不肖,或乃计口收其税钱。岁时窃来,亹亹不已。臣尝穷正其罪,选谨信人,给与路费,牒元来州县,送还其家。"(《鄂州小集》卷五)

蓄婢的风气,在宋代还相当普遍。但比之前代,已经渐渐减少了。如魏泰《东轩笔录》卷十载:"张咏知益州,单骑赴任。是时一府官属,惮张之严峻,莫敢蓄婢使者。张不欲绝人情,遂自买一婢,以侍巾帻,自此官属稍稍置姬属矣。"可见蓄婢是当时的人情。

婢女做的是什么事?主要是在家中替主人服役,如司马光说:"凡内外仆妾,鸡初鸣,咸起。栉总、盥漱、衣服。女仆洒扫堂室,设椅桌,陈盥漱栉靧之具。主父主母既起,则拂床襞衾(襞,音壁,叠衣也),侍立左右,以备使令。退而具饮食。得间,则浣濯纫缝,先公后私。及夜,则复拂床展衾。当昼,内外仆妾,惟主人之命,各从其事,以供百役。"(《居家杂仪》)也有用作娱乐品的,如《避暑录话》卷二载:"韩持国(维)喜声乐,遇极暑则卧一榻,使婢执板缓歌不绝声,辗转徐听,或颔首抚掌,与之相应,往往不复挥扇。范德孺(纯粹)喜琵琶,暮年苦夜不得睡,家有琵琶筝二婢,每就枕,即使杂奏于前,至熟寐,乃得去。"又《石林燕语》卷十载:"刘几致仕居洛中,率骑牛挟女奴五七辈,载酒持被囊,往来嵩、少间。遇得意处,即解囊籍地,倾壶引满,旋度新声自为辞,使女奴共歌之。"周必大作《刘君(令猷)墓志铭》说:"令猷筑室治园圃,教侍女吹竹弹丝,以娱太夫人。"(《省斋文稿》卷三二)有出女奴侑酒助兴的,如刘敞招请江休复、梅尧臣等在东斋宴饮,使女奴奏伎行酒(《公是集》卷十二)。胡铨招宴周必大,出小鬟行酒(《省斋文稿》卷四)。有能替主人作书的,如《东都事略·蔡襄传》载:"夏竦令婢子学石介书,岁余学成。"有事纺织的,如袁采《袁氏世范·治家》载:"蓄婢不厌多,教之纺绩,则足以衣其身。"此外,还有专管厨事的"灶婢"(《坚瓠集》)、专为小孩哺乳的"乳婢"(《二程外书》卷十)。士大夫也有以婢女作赠仪和嫁奁的(《丞相魏公谭训》卷二)。

雇买婢女是有牙保介绍的,如袁采说:"雇婢仆,须要牙保分明。"(《袁氏世范·治家》)又订有契券,如宋律有"自今人家佣赁,当明设要契"的规定(《通考》卷十一)。张方平托杨仪买一女仆,立有契约(《长编》卷一六五)。袁采说:"买婢妾须问其应典卖,不应典卖,如不应典卖,则不可成契。"(《袁氏世范·治家》)她们的身价,也有时地和美丑的差异,如仁宗时,张方平买一女仆,价三万文(《长编》卷一六五)。韩琦镇真定,用十万文买得一女奴(《青琐诗话》)。

雇人为婢,照法律规定是有一定期限的。如高宗末,知临安府赵子潚奏云:"雇赁家僮,限年月赎,更立券契。"(《澹庵集》卷二四

《赵公墓志铭》)孝宗时，罗愿上《鄂州到任五事札子》云："在法，雇人为婢，限止十年，其限内转雇者。年限价钱，各应通计。目今递相循习，皆隐落元雇之由，径作牙家自卖，别起年限，多取价钱。"（《鄂州小集》卷五）可见事实上多未遵行。按照契约，期满时，婢女可以离去的，如司马光说："凡女仆年满，不愿留者，纵之。"（《居家杂仪》）但这种机会是很少的。有时也可用钱赎出，如苏辙为伯父苏涣作墓表说："公尝出，见一妇人弊衣负水，顾曰：'此苏士曹也。'公怪，使人问之，曰：'嘻！我廖户曹女，流落为人婢。'因泣下。公恻然，访其主以钱赎之。"（《栾城集》卷二五）若主人不肯，有时便借用政府的力量，如《长编》卷四二五载："元祐四年（1089）四月癸亥，宿州乡贡进士张初平生母刘氏为宗室克惧婢，初平愿纳雇直归其母，而克惧弗许。御史台请从初平，以敦风教。从之。"主人也有代为资送嫁人的，如司马光《居家杂仪》说："凡女仆年满，勤奋少过者，资而嫁之。"袁采《世范·治家》也说："婢妾无夫子兄弟可依，念其有劳，不可不养者，当令预经邻保自言，并陈于官，或预与之择配。"取婢为妻或与婢私通的，都叫作"婢婿"（《宋史·丁大全传》、任广《书叙指南》卷十八）。

至于虐待婢女。有黥婢女面部的，如开宝四年（971）三月庚子，禁岭南民买良人黥面为奴婢（《长编》卷十二）。咸平六年（1003）四月癸酉，也下过禁止私黥家僮的诏令（《长编》卷五四）。这种禁令，收效很小。如元丰五年（1082）十一月，兴州防御使赵仲骓灼伤女奴面（《长编》卷三三一）。绍兴十三年（1043），有损坏婢女眸子的事件发生（《夷坚志》支戊卷二《王彦谟妻》）。其至杀害婢女的事也是屡见的。如《长编》卷十八载："初，右监门卫率府副率王继勋分司西京，强市民家子女以备给使，小不如意，即杀而食之，以槽椟贮其骨，出弃于野外。……自开宝六年四月至今（太平兴国二年二月）手所杀婢百余人。乙卯，斩继勋于洛阳市，并斩女侩八人、洛阳民二辈，皆为继勋强市子女者。"《夷坚志》支乙卷九王瑜杀妾条载:光宗时,王德之子,"江东兵马钤辖王瑜,居于建康。婢妾少不承意,辄褫其衣,缚于树,削蝶梅枝条鞭之,从背至踵,动以百数;或施薄板,置两颊而加以讯杖;或专捶足指,皆滴血堕落。每坐之鸡笼中,压以重石,暑则炽炭其旁,寒则汲水淋灌,无有不死,前后甚众,悉埋之园中"。这种残杀婢女的行为,在宋初还多见,南宋以后比较少见了。

法律对于无故杀婢是有处罚的。宋初大理寺言:"按律,诸奴婢有罪,其主不请官司而杀者,杖一百;无罪而杀者,徒二年;其有愆犯决罚至死,及过失杀者,勿论。"(《通考》卷十一)比之唐律,无罪杀婢只徒一年的规定,已加重一倍。到太宗时,似乎加重无故杀婢者的处罚了,如《长编》卷三一淳化元年(990)十月乙巳条载:"有富民家小女奴逃亡,不知所之,女奴父母讼于州,命录事参军鞫之。录事尝贷钱于富民,不获,乃劾富民父子数人共杀女奴,弃尸水中,遂失其尸。或为首谋,或从而加害,罪皆应死。"(参阅《涑水记闻》卷二)仁宗时,为了宰相杀死婢女,曾引起许多言官的弹劾。如《长编》卷一七七至和元年(1054)十二月癸丑条载:

> 初,〔宰相〕陈执中家女奴死。移开封府检视,有疮痕,传言媵妾张氏笞杀之,〔殿中侍御史赵〕抃即具奏,而执中亦自请置狱。……既而追取证佐,执中皆留不遣,抃及御史中丞孙抃共劾之。已而有诏罢狱,台官皆言不可,翰林学士欧阳修亦以为言。逮执中去位,言者乃止。

赵抃为了这件事,上过好几次劾疏。最重要的要算至和二年二月庚子的一疏。《长编》卷一七八载:

> 自陛下仁圣临御三十余年,常恐一物失所。而执中人臣之家,恣行虐害,虽臧获甚贱,亦性命不轻,如女奴迎儿才十三岁,既累行箠挞,从媵人阿张之言,穷冬裸冻,封缚手腕,绝其饮食,幽囚扃锁,遂致毙踣。又海棠者,因阿张打决逼胁,遍身

痕伤,既而自缢。后来又女使一名,髡发杖背,自经不殊,亦系开封府施行。凡一月之内,残忍事发者三名,前后幽冤,闻固不少。因而兴狱,寻自罢之,厚颜复来,无所畏惮,三尺童子亦悉鄙诮。

熙宁六年(1073)二月乙亥,右千牛卫将军赵叔婼言:"侍禁王益广赴官吉州,道病失心,刺杀婢,系真州狱。"(《长编》卷二四二)而且宋初还有准许奴婢告主的规定,如《长编》卷三载:"建隆三年(962)八月乙未,左拾遗、知制诰高锡上言:'近廷臣承诏各举所知,或有因行赂获荐者。请自今许近亲、奴婢、邻里告诉,加以重赏。'上施行之。"可见在法律上,宋代对于奴婢,比较优待。

宋代官婢的总数不多。因为她们的主要来源,只是犯罪没入的家属。如《长编》卷五五载:"咸平六年(1003)六月庚辰,威虏军魏能上言:'军士亡入贼境者,即请没其妻子为奴婢。'诏先监其家属,限百日招诱,限满不获,实入贼境者,其妻子论如法。"又《长编》卷一五二庆历四年(1044)九月乙丑条载:"感德军留后李昭亮以叛卒女口分隶诸军。"又《长编》卷二二一熙宁四年(1071)三月辛丑条载:"诏:庆州叛兵亲属缘坐者,令环庆路经略司检勘服纪、年甲。应元谋及手杀都监、县尉,捕杀获者,其亲属当绞者论如法;没官为奴婢者,其老、疾、幼及妇女配京东、西,许人请为奴婢,……诸为奴婢者,男刺左手,女右手。"又《长编》卷二六四载:"熙宁八年五月丁丑,诏:'前余姚县主簿李逢、河中府观察推官徐革凌迟处死,武举进士郝士宣腰斩,……男女没官为奴婢。'"

到了南宋,罪犯族属没官,世为奴婢的法律,已不复通用。如《通考》卷一七〇载:"开禧三年(1207),吴曦以反逆诛,族属悉当连坐。诏付从官、给舍、刑部、法寺集议。议曰:'缘坐没宫,虽贷而不死,世为奴婢,律比畜产。此法虽存而不见于用。'"

另一个来源是俘虏。如《长编纪事本末》卷一四一载:"〔徽宗时,〕都掌族首领特苗、罗始等族首领失胄,皆诣赵遹献所获夷级。

特苗自言强壮者悉已斩献,余老小乞留作奴婢。遁许之。"这类事件,在宋代是极少见的。

第二节　妓

（一）妓女种类及其营业情况

宋代妓女有宫妓、官妓、军妓、家妓、娼妓等五种。

宫妓:或称内妓,是住在宫内的。她们的主要任务是充作帝王的娱乐品,宴客时也有出来助兴的。《后山集》卷二三《诗话》载:"吴越后王来朝,太祖为置宴,出内妓弹琵琶。"《清波杂志》卷六初寮曲宴百韵条载:"〔王〕初寮〔名安中,于宣和元年十二月〕进《曲宴》诗,序云:'臣比蒙圣恩,召赴禁殿曲宴。……女乐数千,陈于殿廷南端,袍带鲜泽,行缀严整。酒行歌起,音节清亮,乐作舞人,声度闲美,俱出于禁坊法部之右。'"她们的人数在徽宗时竟有数千。

内妓之外,帝王又在京城中设立教坊,教练妓女。《梦粱录》卷二十妓乐条载:"散乐传学教坊十三部,唯以杂剧为正色。旧教坊有筚篥部、大鼓部、拍板部。色有歌板色、琵琶色、筝色、方响色、笙色、龙笛色、头管色、舞旋色、杂剧色、参军等色。但色有色长,部有部头。上有教坊使副、钤辖、都管、掌仪、掌范,皆是杂流命官。更有小儿队、女童采莲队。"据《东京梦华录》卷九,教坊女童队有四百余人。

官妓:宴会时多用之。《梦粱录》卷二十妓乐条载:"官府公筵及三学斋会、缙绅同年会、乡会,皆官差诸库角妓祗直。"但也有限制的,下文另有叙述。官妓在官差外,可以私就客宿,但官吏不得身至妓馆。《夷坚志》乙卷十八载:"赵不他为汀州员外税官,留家邵武而独往,寓城内开元寺,与官妓一人相往来。时时取入寺宿。一夕五鼓,方酣寝,妓父呼于外曰:'判官诞日,亟起贺。'仓皇而出,赵心眷眷未已。妓复还曰:'我谕吾父,持数百钱略营将,不必往。'……赵忽睡,梦携手出寺,行市中,至下坊,妓指一曲曰:'此吾家也,既过

门,能为顷刻留否?'赵心念身为见任,难以至妓馆,力拒之。"这种
禁令是很难彻底执行的。宋代的官妓,又名营妓,由营将管理(《诗
话总龟》后集卷三三引《古今诗话》),住在营邸中,《夷坚志》丁卷十
一记:"绍兴初,汴人王从事挈妻妾来临安调官,止抱剑营邸中。顾
左右皆娼家,不为便,乃出外僦民居。"

军妓:或称营妇(《长编》卷二五〇熙宁七年二月丁丑条),供给
军士娱乐外,也有代做纫缝工作。如庆历二年(1042)六月乙未,知
并州明镐带兵赴边,军行时,倡妇多从之(《长编》卷一三七)。《梦
粱录》卷十九瓦舍条载:"殿岩杨和王(存中)因军士多西北人,是以
〔杭〕城内外创立瓦舍,召集妓乐,以为军卒暇日娱戏之地。"

家妓:叶梦得说:"张先(990—1078)郎中,能为诗及乐府,至老
不衰。居钱塘,苏子瞻作倅时(熙宁四年,1071),先年已八十余,视
听尚精强,家犹畜声妓。"(《石林诗话》卷下)理宗初,户部郎官张忠
恕上封事说:"近世士习日异,民生益艰,第宅之丽,声伎之美,服用
之侈,馈遗之珍,向来宗戚阉宦,犹或间见,今缙绅士夫殆过之。"
(《鹤山集》卷七七《张忠恕墓志铭》)

娼妓:娼妓是住在妓馆或勾栏中,汴京、临安等处妓馆之多,可
从《东京梦华录》《梦粱录》《武林旧事》等书中窥知。《清异录》卷上
蜂巢巷陌条也载:"今京师(汴京)鬻色户,将及万计。"成都富春坊
也有很多妓馆(《清波杂志》卷八)。

娼妓的来源,大都是购买。购买时也订有契约和期限,如《夷
坚志》支丁卷四载:"袁州娼女冯妍,年十四,姿貌出于流辈,且善歌
舞,本谢氏女也。其母诣郡状云:'卖此女时才五岁,立券以七年为
限。今逾约二年矣,乞取归养老,庶免使良家子终身风尘中。'"有
家贫流为娼妓的,如《青琐高议》载:"温琬本姓郝氏,良家子。父
殁,流为陕娼。"(《宋诗纪事》卷九七引)有被掠卖的,如《摭青杂说》
载:"春娘为贼所掳,转卖在全州娼家。"(《说郛》本)细民之家,为了
生活有教女儿为乐妓的,如《藏一话腴》载:"吴下风俗尚侈,细民有

女,必教之乐艺,以待设宴者之呼,使令莫逆,奉承惟恭,盖觊利赡家,一切不顾,名为私妓,实与公妓无异也。"(《说郛》本)

家妓除购买外,也有从官妓中赎出的,如魏介赎出妓籍中的小鬟给饶州知州范仲淹(俞文豹《吹剑录》)。

官妓和军妓有由犯罪没入与娼家选出二种,如元人徐大焯《烬余录》载:

> 朱三官者,周二娘之女,故世家也。宋末没入官。故事,官妓岁选十人,各给身资十千,五年期满,归原籍。本官携去者,再给二十千。

> 军妓以勾栏妓轮值之,岁各人值一月,后多敛资给吏胥购代者。于是军伍掠妇女诬为盗眷,官司录罪孥及于良家妇之候理者,固有宋第一秕政。

妓女营业的地点,有在酒楼的。汴京情况,据《东京梦华录》卷二载:

> 凡京师酒店,向晚灯烛荧煌,上下相照,浓妆妓女数百,聚于主廊槏面上,以待酒客呼唤,望之宛若神仙。大抵诸酒肆瓦市,不以风雨寒暑,白昼通夜,骈阗如此。(酒楼条)

> 又有下等妓女,不呼自来筵前歌唱,临时以些小钱物赠之而去,谓之"札客",亦谓之"打酒坐"。诸酒店必有厅院,廊庑掩映,排列小阁子,吊窗花竹,各垂帘幕,命妓歌笑,各得稳便。(饮食果子条)

临安呢?据《都城纪胜》酒肆条载:"大抵店肆饮酒……若命妓,则此辈多是虚驾骄贵,索唤高价。"又《武林旧事》卷六酒楼条记:"每楼各分小阁十余,酒器悉用银,以竞华侈。每处各有私名妓数十辈,皆时妆衒服,巧笑争妍。夏月茉莉盈头,香满绮陌,凭槛招邀,谓之'卖客'。"

在官办的酒库中,也有用妓女招待的。此风始于神宗推行青苗法时(《燕翼诒谋录》卷三),后来渐盛。《武林旧事》卷六酒楼条记:"每酒库设官妓数十人,各有金银酒器千两,以供饮客之用。元夕,诸妓皆并番互移他库。夜卖,各戴杏花冠儿,危坐花架。然名妓皆深藏邃阁,未易招呼。往往皆学舍士夫所据,外人未易登也。"《梦粱录》卷二十妓乐条载:"自景定以来,诸酒库设法卖酒,官妓及私名妓女数内,拣择上中甲者,委有娉婷秀媚,桃脸樱唇,玉指纤纤,秋波滴溜,歌喉宛啭,道得字真韵正,令人侧耳听之不厌。"在酒库迎煮那一天,酒楼和酒库中的官私妓女需要出外游行。《都城纪胜》酒肆条载:"天府诸酒库,每遇寒食节前开沽煮酒,中秋节前后开沽新酒。各用妓女乘骑,作三等装束。前有小女童等及诸社会,动大乐迎酒样赴府治,呈作乐,呈伎艺杂剧,三盏退出,于大街诸处迎引归库。"这种情况颇为一部分士大夫所反对。如南北宋之际的杨时说:

> 朝廷设法卖酒,所在官吏遂张乐,集妓女,以来小民,此最为害教,而必为之辞曰:"与民同乐,岂不诬哉!夫诱引无知之民,以渔其财,是在百姓为之,理亦当禁,而官吏为之,上下不以为怪,不知为政之过也。余在浏阳,方官散青苗时,凡酒肆、食店与夫俳优戏剧之罔民财者,悉有以禁之。"(《龟山语录》卷一)

有在茶肆的,如《武林旧事》卷六歌馆条记:"诸处茶肆,各有等差,〔妓女〕莫不靓妆迎门,争妍卖笑,朝歌暮弦,摇荡心目。凡初登门,则有提瓶献茗者,虽杯茶亦犒数千,谓之'点花茶'。或欲更招他妓,则虽对街,亦呼肩舆而至,谓之'过街轿'。前辈如赛观音、孟家蝉、吴怜儿等甚多,皆以色艺冠一时,家甚华侈。近世目击者,惟唐安安最号富盛。"《梦粱录》卷十六茶肆条记:"大街有三五家开茶肆,楼上专安着妓女,名曰'花茶坊'。"又《都城纪胜》茶坊条载:"水茶坊,乃娼家聊设桌凳,以茶为由,后生辈甘于费钱,谓之'干茶钱'。"

有在妓馆的。妓馆或称瓦舍,《梦粱录》卷十九瓦舍条记:"瓦舍者,谓其'来时瓦合,去时瓦解'之义,易聚易散也。不知起于何时。顷者京师甚为士庶放荡不羁之所,亦为子弟流连破坏之门。"

有在公私宴会的。张齐贤《洛阳缙绅旧闻记》卷一少师佯狂条载:"有谈歌妇人杨苎罗,善合生杂嘲,辨慧有才思,当时罕与比者,少师(指齐贤)以侄女呼之。每令呕唱,言词捷给,声韵清楚,真秦青韩娥之俦也。"

最奇怪的是还有一批男娼出现。《癸辛杂识后集》禁男娼条记:"东都盛时,无赖男子亦用此(指为娼)以图衣食。政和中,始立法告捕,男子为娼者杖一百,赏钱五十贯。吴俗此风尤盛,新门外乃其巢穴。皆傅脂粉,盛装饰,善针指,呼谓亦如妇人,以之求食。其为首者号师巫行头。凡官府有不男之讼,则呼使验之。败坏风俗,莫甚于此,然未见有举旧条以禁止之者,岂以其言之丑故耶?"蜀中也有此风,廉布《清尊录》载:"兴元民有得勾栏遗小儿,育以为子,数岁美姿眉,夫妇计曰:'使女也,教之歌舞,独不售千万钱耶!'妇曰:'固可诈为也。'因纳深屋中,节其食饮,肤发腰步皆饰治之,比年十二三,嫣然美女子也。携至成都,教之新声,又绝警慧,益闭之,不使人见,人以为奇货。里巷民求为妻,不可。曰:'此女当归之贵人。'于是女侩及贵游好事者,踵门一觊面,辄避去,犹得钱数千,谓之'看钱'。久之,有邛县通判者来成都,一见心醉,要其父,必欲得之,与直至七十万钱,乃售。"(《说郛》本)因为当时色艺俱绝的妓女能获得厚利,所以有些细民便不惜将美姿眉的小儿矫饰成女子,教之歌舞来谋生。政府对于这种反常的情形,也无法禁止。

妓女的地位,当然很低。她们没有身体的自由,北宋中叶,陕娟温琬曾有句云:"还同薄命增惆怅,万转千回不自由。"(《青琐高议》)她们每被用作馈赠品,如太祖时,蜀大臣李廷珪买来妓女四人送赠宋成都行营都监王仁赡(《长编》卷六乾德三年正月)。北汉降,刘继元献官妓百余人,太宗分赐将校(《宋史》卷四《太宗纪》)。建炎元年(1127)七月庚寅,山东盗李昱犯沂州,守臣某闭门拒守,以官妓十人遗之(《系年要录》卷七)。

至于官妓的下场,年老时经长官允许,也可以出籍从良(《渑水燕谈录》卷十记苏轼在杭事)。有的和长官感情深厚,当他离任时,也可得到脱籍的机遇(陈善《扪虱新话》卷九)。娼妓的赎出,大都由于私人的力量(《朱文公集》卷九四《滕君墓志》)。也有凭借政府的助力,《谈薮》载:"江州司理病故,家贫无以归葬,其妻鬻女于人,展转为妓数年,遇故人丰宅之,为谒大尹张定叟,且倾箧中钱二十万,愿以赎此女。张大奇之,立唤娼夺以俾丰,复斥库缗五百,尽赏之费,遂改嫁为人妻。"(《说郛》本)

当时上层社会也有娶娼妓为妾的。如苏轼娶朝云(《西湖游览志余》卷十六),张俊娶张秾(《西湖游览志余》卷六),韩世忠娶梁氏(《鹤林玉露》卷十四蕲王夫人条)。帝王对于宗室娶妓女是有处罚的,如《长编》卷四五五载:"元祐六年(1091)二月癸巳,诏:'宗室士倪特追魏国公,依法别定承袭之人。'坐以倡女为妾也。"《系年要录》卷一五三载:"绍兴十五年(1145)正月辛未,秦桧奏:'宗子成忠郎不皦娶倡女为妻,为大宗正司所劾。'上曰:'宗子不肖,至于如此。……'其后有司具狱,不皦坐除名,令宗司庭训拘管。"

(二)妓女之盛与士大夫的关系

士大夫狎妓的风气到宋代尤盛,连一班所谓正人端士也有公开和妓女往来的,这种行为被认为是风流韵事。吴处厚说:"余观近世所谓正人端士者,亦皆有艳丽之词,如张咏《席上赠官妓小英歌》,曰:'……我疑天上婺女星之精,偷入筵中名小英。又疑王母侍儿初失意,谪向人间为饮妓。不然何得肤如红玉初碾成,眼似秋波双脸横。舞态因风欲飞去,歌声遏云长且清。有时歌罢下香砌,几人魂魄遥相惊。……'"又说:"《吹剑录》载范文正守饶,喜妓籍一小鬟,既去,以诗寄魏介曰:'庆朔堂前花自栽,便移官去未曾开。年年长有别离恨,已托春风干当来。'介买送公。"(《青箱杂记》卷八)梅尧臣也好妓,胡仔说:"予阅《宛陵集》,见《一日曲》,味其辞意,乃为南阳一娼语离而作,然则谨厚者亦复为之邪?"(《渔隐丛话》后集卷二四)陕西安抚使韩琦在长安时,宴待制李师中,请李为官妓贾爱卿赋诗,有云:"愿得貔貅十万兵,犬戎巢穴一时平。归来不用封侯印,只向君王乞爱卿。"(《后山集》卷二三《诗话》)吕本中《童蒙训》卷上载:"韩持国(维)闲居颍昌,伊川先生常自洛中往访之,时范纯礼亦居颍昌,持国尝戏作诗示二公,云:'闭门读《易》程夫子,清坐焚香范使君。顾我未能忘世事,绿樽红妓对西曛。'"据《鹤林玉露》卷十二载,胡铨贬海外,北归日,在湘潭胡氏园中饮酒,与侍妓黎倩相狎,题诗有云:"君恩许归此一醉,傍有黎颊生微涡。"后来朱熹经过此地,看到了题诗,也赋绝句云:"十年浮海一身轻,归对黎涡却有情。世上无如人欲险,几人到此误平生。"《朱文公集》载有此诗,并以《自警》为题。(《朱文公集》卷五宿梅溪胡氏客馆观壁间题诗自警二绝条)有些不得意的士大夫便流连于妓女丛中,来消愁遣愤。如《艺苑雌黄》载:"柳三变,一名永,喜作小词,然薄于操行,当时有荐其才者,上(仁宗)曰:'得非填词柳三变乎?'曰:'然。'上曰:'且去填词。'由是不得志,日与儇子纵游娼馆、酒楼间,无复检约,自称云:'奉圣旨填词柳三变。'"(《渔隐丛话》后集卷三九引)柳永有《鹤冲天》词云:

> 黄金榜上,偶失龙头望。明代暂遗贤,如何向?未遂风云便,争不恣狂荡?何须论得丧,才子词人,自是白衣卿相。
>
> 烟花巷陌,依约丹青屏障。幸有意中人,堪寻访。且恁偎红倚翠,风流事,平生畅。青春都一饷,忍把浮名,换了浅斟低唱。(《乐章集》)

这确是他最好的自述。

帝王也有很好妓的,如徽宗尝微行,游名妓李师师家(《贵耳集》卷下)。也有呼妓入禁中的,如宝祐元年(1253)元夕,理宗呼妓入禁中,有唐安安者,歌色绝伦,理宗非常宠爱她(《西湖游览志余》卷二)。

士大夫也有宿妓的，如大理寺丞杨忱常游处于开封娼家（《涑水记闻》卷十）。集贤殿校理石延年也微行宿娼馆（《梦溪笔谈》卷二三）。《墨庄漫录》卷八载："晁冲之少年豪华自放，挟轻肥游帝京，狎官妓李师师、崔念月，缠头以千万计。酒船歌板，宾从杂遝，声艳一时。"有因好色过度而致疾的，如刘敞知永兴军，"惑官妓，得惊眩疾"（袁本《郡斋读书志》卷四下）。

有因争妓而动武的，如《癸辛杂识》别集卷上林乔条载："〔理宗〕淳祐丙午（六年，1246），宗学时芹斋与太学禔身斋争妓魏华，〔林〕乔挟府学诸仆为助，遂成大哄。"有至于杀人的（《系年要录》卷十六建炎二年六月乙丑条）。甚至兴起干戈，如《宋史·李全传上》载："嘉定十三年（1220）十一月丁未，李全游金山，作佛事，以荐国殇。知镇江府乔行简方舟逆之，大合乐以飨之。总领程覃迭为主礼，务夸北人以繁盛。全请所狎娼，覃不与，全归语其徒曰：'江南佳丽无比，须与若等一到。'始造舤艇舟，谋争舟楫之利焉。"

至于不蓄声妓的士大夫是很少数的，如丞相杜衍不蓄声妓（《韩魏公集》卷九《祭杜公文》）。据《道山清话》载，处士陈烈于宴会时，听到营妓歌唱，便掷酒逾墙攀木而遁。当时李觏恰在座，赋诗有云："山鸟不知红粉乐，一声檀板便惊飞。"赵抃平生不蓄声伎（《宋史》本传）。丞相王安石甚厌妓女，《侯鲭录》卷三载："介甫外除，自金陵过扬州，刘原父（敞）作守，以州郡礼邀之，遂留。方营妓列庭下，介甫作色不肯就坐，遂去妓。"程颐也不好妓（范公偁《过庭录》）。陆九渊也反对狎妓，据《谈薮》载："谢希孟（汲）在临安狎妓，陆象山责之曰：'士君子乃朝夕与贱娼女居，独不愧于名教乎？'"

妓女为要博得士大夫的宠爱，多善歌舞，如欧阳修《赠王介甫》诗有云："朱门歌舞争新态，绿绮尘埃试拂弦。"（《居士外集》卷七）除歌舞外，有能诵诗词的，如《后山集》卷十九载："文元贾公居北都，欧阳永叔使北还，公预戒官妓办词以劝酒，妓唯唯。复使都厅召而喻之，妓亦唯唯。公怪叹以为山野。既燕，妓奉觞，歌以为寿。

永叔把盏侧听，每为引满，公复怪之，召问，所歌皆其词也。"可知士大夫对妓女歌诵诗词的重视。又欧阳修闲居汝阴时，有一妓能尽记他所做的歌词（《侯鲭录》卷一）。徽宗时，唐州娟马望儿以能歌柳耆卿（永）词著名籍中（《夷坚志》乙卷十九）。有能知书善对的（《谈薮》）。有善书法的，如《隐居诗话》载："楚州有官妓王英英，善笔札，学颜鲁公体，蔡襄复教以笔法，晚年作大字甚佳。"《墨庄漫录》卷三载："徐州营妓马盼者，甚慧丽，东坡守徐日，甚喜之。盼能学公书，得其仿佛。"有能诗的，据《宋诗纪事》所录，已有单氏、温琬、周韶、胡楚、龙靓、周氏一、胡文瑗、楚娘、盈盈、谢金莲、梁意娘、苏小娟等。又董史《皇宋书录》卷下载："楚珍者，不知姓，本彭泽娼女，善三色书，草、篆、八分皆工，家藏长沙古帖标签，皆其题署。宣和间，有跋其后者，云：'楚珍盖江南奇女子，初虽豪放不群，终以节显。吾尝见其过湖诗，清劲简远，大有丈夫气，故知此人胸中不凡。'"《能改斋漫录》卷十一载："建隆四年（963），李昉途次长沙。时通判贾郎中言，自京师与岳州通判武补阙同途至襄阳。遇一妓，本良家子，失身于风尘，才色俱妙。二公迫行，醉别于凤林阙。妓以诗送武云：'弄珠滩上欲销魂，独把离怀寄酒樽。无限烟花不留意，忍教芳草怨王孙。'武得诗，属意甚切，有复回之意。时太守吕侍讲，尝叹恨不识之，因请李赋一诗以寄。"要能得到士大夫的欢心，最好是投其所好。也有能词的，如《齐东野语》卷十一《蜀娟词》载，蜀娟类能文，陆游的宾客自蜀挟一妓归，能作词。《摭青杂说》载："春娘为贼所掳，转卖在全州娼家，名杨玉。春娘十岁时，已能读《语》《孟》《诗》《书》，作小词。至是娼妪教之，乐事色艺，无不精绝。每公庭侍宴，能将旧词更改。"（《说郛》本）又《齐东野语》卷二十《台妓严蕊》载："天台营妓严蕊，善琴弈歌舞、丝竹书画，色艺冠一时。间作诗词有新语，颇通古今。"这样多才多艺，怪不得唐仲友、陈亮等为她闹出许多纠葛。妓女能有这种种修养，无疑是受了士大夫的影响。

宴会时，无论朝廷、官府、私家，多出妓女侑酒助兴。士大夫游山玩水，携带妓女的也不少。贵客经过，甚有用妓乐迎送。这种例子很多。

有些妓女若得到大诗人的称许，便可声誉鹊起。僧文莹《续湘山野录》载："孙仅尹京兆日，寄魏野诗说府中之事。野和之，其末有'见说添苏亚苏小，随轩应是珮珊珊'之句。添苏，长安名姬也，孙颇爱之。一日，孙召添苏谓曰：'魏处士诗中以尔方苏小，如何？'添苏曰：'处士诗名蔼于天下，著鄙薄在其间，是苏小之不如矣，又何方之乎？'孙大喜，以野所和诗赠之。添苏喜如获宝，一夕之内，长安为之传诵。添苏以未见野，深怀企慕，乃求善笔札者，大署其诗于堂壁，炫鬻于人。"又《夷坚志》丁卷十二《西津亭词》载："叶少蕴（梦得）左丞初登第，调润州丹徒尉。……尝以休日往〔西津务亭〕，与监官并栏杆立，望江中有彩舫，傫亭而南，满载皆妇女，嬉笑自若。谓为富贵家人，方趋避之，舫已泊岸。十许辈袨服而登，径诣亭上，问小史曰：'叶学士安在？幸为入白。'叶不得已出见之，皆再拜致辞曰：'学士隽声满江表，妾辈乃真州妓也，愿得公妙语持归，夸示淮人，为无穷光荣，志愿足矣。'"

政府对于官吏的宴会用妓，也曾有过限制。如大中祥符二年（1009）四月壬寅，诏："内外群臣非休暇无得群饮废职。"为什么下了这样的诏令呢？由于"知湖州苏为率官属涉溪载乐诣道场祈雨，会饮。暮归，舟重而侧，判官刘继能及乐妓二人溺死，为被谴厘务，遂下诏申警焉"（《长编》卷七一）。张舜民《画墁录》卷六记："嘉祐以前，惟提点刑狱不得赴妓乐。熙宁以后，监司率禁，至属官亦同。惟圣节一日，许赴州郡大排筵，于便寝别设，留娼徒，用小乐，号呼达旦。"士大夫为了这类事情也有受黜官、罚铜等处罚的，如仁宗时，知益州蒋堂以私官妓贬官（《宋史》本传）。又直龙图阁、权同判太常寺王洙坐赴进奏院祠神，和女妓杂坐，被御史劾奏，黜知濠州。同时与会的知名之士，被斥逐的也不少。（《长编》卷一五三）又仁宗末,知忻州、四方馆使李中吉降为东上阁门使、汝州钤辖。因为中吉从忻州载家妓至并州,与孙沔狎饮,又以妓赠沔,沔受之。并为言者所劾。(《长编》卷一九○嘉祐四年七月甲辰)神宗元丰四年(1081)正月庚子,经制熙河路边防财用司言,知岷州张若讷、通判王彭年及将官等,违条看谒妓乐宴会。后止坐罚铜。(《长编》卷三一一)又同年九月壬寅,馆阁校勘、同知礼院王仲修因燕会与女妓戏,有逾违之实。诏罚铜十斤。(《长编》卷三一六)哲宗元祐四年(1089)十一月壬辰,改立发运、转运、提刑预妓乐宴会者徒二年法(《长编》卷四三五)。高宗绍兴十三年(1143)闰四月壬寅,诏:"诸州自长贰外,非公筵若休告,毋得用妓乐燕集。违者坐之。"(《系年要录》卷一四八)

官吏宿妓也有处罚。《长编》卷四载:"乾德元年(963)二月甲申朔,翰林学士、中书舍人王著,责授比部员外郎。著嗜酒,不拘细行,尝乘醉夜宿娼家,为巡吏所执,既知而释之,密以事闻,上置不问。于是,宿直禁中,夜扣滋德殿求见。上令中使引升殿,近烛视,著发倒垂被面,乃大醉矣。上怒,发前事黜之。"又《西湖游览志余》卷二一载:"宋时阃帅、郡守等官,虽得以官妓歌舞佐酒,然不得私侍枕席。熙宁中,祖无择知杭州,坐与官妓薛希涛通,为王安石所执。希涛榜笞至死,不肯承伏。"

(硕士学位论文,1945年6月完成,未曾刊行。后稍有订正)

李焘年表

北宋司马光作《资治通鉴》,先命僚属搜集史料为丛目;丛目既成,乃修长编。南宋李焘仿其法撰《续资治通鉴长编》,且于每条之下,亦效光考异之例,参校诸说,定其真妄。今司马长编久佚,其体例犹可从李氏是书推知。

李焘《长编》一书,陈寅恪教授尝言其最能得昔人合本子注之法。而网罗之富,考订之详,求之史部书中,实为罕见。故成编之日,传钞者众;而今之治宋史者,亦莫不资以为糇粮也。

焘父中,深娴掌故,藏书之富,见称当时。而焘毕生勤劬,所与往还者,复多博洽之士,蔚为良史,岂偶然哉!

李焘兼长吏治,关心民瘼,洪遵、汪应辰、周必大、陈居仁等屡荐之于朝。其决朝中疑议,恒旁征广引,以求至当。惜沮之者多,未获大展其才耳!子㞧中贤良科,壁、坖皆执政,著述弘富,能世父业,故周必大有"父子才名震蜀都,家风人道似三苏"之语。

李焘书既已有流传,而事迹《宋史》未详,年表之作,诚不容已。故不揣谫陋,本诸碑传,钩稽群籍,以成斯表。幸大雅博达,进而教焉。

宋徽宗政和五年乙未(公元 1115 年)李焘生

李焘,字仁甫,或作仁父,一字子真,号巽岩。生蜀之眉州丹稜县。系出唐宗室曹恭王李明季子右武卫大将军偲,武后斥为民,徙眉州丹稜,遂家焉。六世孙瑜始复属籍,仕至长江令。十四世夒,

117

李焘曾祖也。祖风,赠奉直大夫(《周益国文忠公集·平园续稿·李文简公神道碑》,以下省称《神道碑》,参校明人杨慎编《全蜀艺文》卷四七所引碑文)、太子太保。妣郭氏,赠济阳郡夫人。(《真西山集·故资政殿学士李公神道碑》,以下省称《李壁神道碑》。该碑书李风为李凤,《永乐大典》卷一○四二一页4下引李壁《雁湖集·巽岩先生墓刻》及页5下引《周益公大全集·李文简公神道碑》均同。而嘉庆《四川通志》、光绪《丹稜县志》作"李凤",疑误。)父中,登徽宗大观三年贾安宅榜进士(嘉庆《四川通志》卷一二二),知仙井监(《神道碑》),通习宋朝典故(《建炎以来系年要录》卷一八三,以下省称《系年要录》),家富藏书(《文献通考·经籍考》,以下省称《通考》)。母史氏(《神道碑》)。

是年,杨时(1053—1135)六十三岁(《龟山集》卷首《年谱》)。

邵伯温(1057—1134)五十九岁(《系年要录》卷七八)。

胡安国(1074—1138)四十二岁(胡寅《斐然集》卷二五《先公行状》)。

程俱(1078—1144)三十八岁(《宋史》)。

李光(1078—1159)三十八岁(《系年要录》卷一八二)。

汪藻(1079—1154)三十七岁(孙觌《鸿庆居士集》卷三四《汪公墓志铭》)。

赵鼎(1085—1147)三十一岁(《系年要录》卷一五六)。

张焘(1092—1166)二十四岁(《平园续稿·神道碑》)。

胡寅(1098—1156)十八岁(《系年要录》卷一七五、《宋史》)。

胡铨(1102—1180)十四岁(杨万里《诚斋集》卷一一八《胡公行状》)。

郑樵(1104—1162)十二岁(《周益国文忠公集·辛巳亲征录》)。

杜莘老(1107—1164)九岁(查籥《杜莘老行状》,引自《琬琰集删存》卷二)。

黄公度(1109—1156)七岁(龚茂良《黄公行状》,见《莆阳知稼翁集》卷一二)。

虞允文(1110—1174)六岁(《诚斋集·神道碑》)。

陈俊卿(1113—1186)三岁(同上《墓志》)。

政和七年丁酉(1117)三岁

是年,晁公遡(1117—?)生(《嵩山集》卷四七《送子嘉兄赴达州司户序》、卷四八《梁山县令题名记》)。

洪适(1117—1184)生(《盘洲集》附录许及之《洪公行状》)。

重和元年戊戌(1118)四岁

是年,汪应辰(1118—1176)生(《宋史》)。

韩元吉(1118—1187)生(《涧泉日记》上)。

宣和二年庚子(1120)六岁

正月,以《哲宗正史》袒护元祐党人,诏别修定(《宋史·徽宗纪》)。

是年,洪遵(1120—1174)生(《平园续稿·神道碑》)。

宣和五年癸卯(1123)九岁

七月,诏禁元祐学术,凡举人传习者,以违制论(《宋元学案》卷九六)。

是年,洪迈(1123—1202)生(钱大昕《洪文敏公年谱》)。

宣和七年乙巳(1125)十一岁

是年,陆游(1125—1210)生(于北山《陆游年谱》)。

钦宗靖康元年丙午(1126)十二岁

二月,元祐学术解禁(《宋元学案》卷九六)。

是年,周必大(1126—1204)生(《周益国文忠公集》附录二李壁撰《行状》)。

徐梦莘(1126—1207)生(楼钥《攻媿集·墓志》)。

范成大(1126—1193)生(《平园续稿·神道碑》)。

王淮(1126—1189)生(《攻媿集·行状》)。

高宗建炎元年丁未(1127)十三岁

是年,王明清(1127—?)生(《挥麈前录》卷四)。

尤袤(1127—1194)生(《绍兴十八年同年小录》、于北山《陆游年谱》)。

杨万里(1127—1206)生(《诚斋集》卷四一附录周必大《益公题三老图》《诚斋集》卷末附录《墓志》)。

建炎二年戊申(1128)十四岁

是年,陈骙(1128—1203)生(《宋史》)。

刘靖之(1128—1178)生(《张南轩集·墓志》)。

建炎三年己酉(1129)十五岁

四月,诏权罢秘书省(《宋会要辑稿》职官一八之二四)。

是年,陈居仁(1129—1197)生(《攻媿集·行状》)。

赵明诚(1081—1129)卒(李清照《金石录后序》)。

建炎四年庚戌(1130)十六岁

是年,朱熹(1130—1200)生(王懋竑《朱子年谱》)。

绍兴元年辛亥(1131)十七岁

正月,诏复贤良方正能直言极谏科(《建炎以来朝野杂记》甲集卷一三,以下省称《朝野杂记》;《宋史·高宗纪》《宋会要辑稿》选举一一之二〇、《通考·选举考六》)。

二月,诏复置秘书省(《系年要录》卷四二)。

三月,衢州布衣何克忠上所藏《太祖实录》四册、《国朝宝训》十二册、《名臣列传》两册、《国朝会要》三册。高宗以书籍缺乏,特命以官。已而有献太祖至神宗六朝《实录》《会要》《史志》等书及王珪所编《五朝会要》者,诏付秘书省。(《宋会要辑稿》崇儒四之二〇、《系年要录》卷四三、《南宋馆阁录》卷三、《朝野杂记》甲集卷四)

九月,秘书少监程俱上所编《麟台故事》五卷。(《麟台故事进表》、程俱《北山小集》卷终附录《行状》《宋会要辑稿》崇儒五之三〇。而《北山小集》卷三八《进麟台故事申省状》作四卷,误。)

是年,袁枢(1131—1205)生(《宋史》)。

绍兴二年壬子(1132)十八岁

十一月,知湖州汪藻言:古者有国必有史,故书榻前议论之辞则有时政记,录柱下见闻之实则有起居注,类而次之谓之日历,修而成之谓之实录。今逾三十年无复日历,何以示来世,乞即臣所领州,许臣访寻故家文书,纂集元符庚辰(三年)以来诏旨为日历之备。诏许之。凡六年成书。(《宋史·汪藻传》《系年要录》卷六〇。参阅《宋史·綦崇礼传》。)

是年,李焘中眉州解魁(周密《浩然斋雅谈》中)。考官洛阳王子载极赞赏其文(《嵩山集》卷四五《与李仁甫结交书》)。

绍兴三年癸丑(1133)十九岁

八月,诏复置史馆于秘书省内,以侍从官兼修撰,余官兼直馆、检讨,若著作郎、佐有阙,依元丰例,差郎官兼领(《系年要录》卷六七)。

是年,张栻(1133—1180)生(《朱文公集·神道碑》)。

绍兴四年甲寅(1134)二十岁

李焘天资颖异,博览经传,是年著《两汉鉴》成(《神道碑》)。

五月,高宗以神宗、哲宗《正史》《实录》,事多失实,命范冲重修定。(《皇宋中兴两朝圣政》卷十五,以下省称《中兴圣政》。)

是年,汪伯彦上所编《建炎中兴日历》五卷(徐梦莘《三朝北盟会编》卷一六五引汪伯彦序)。

邵伯温卒(《系年要录》卷七八)。

刘清之(1134—1190)生(《朱文公集》卷八七《祭文》《宋元学案》卷五九)。

薛季宣(1134—1173)生(陈傅良《止斋集》卷五一《行状》)。

绍兴五年乙卯(1135)二十一岁

是年,李焘追念靖康变故,著《反正议》十四篇。(《神道碑》。《宋史》本传系于四年,误,以下省称《本传》。)

二月,范冲上《神宗实录考异》五卷(《系年要录》卷八五)。

五月,诏令婺州取索赵明诚家藏《哲宗实录》,缴进(《宋会要辑稿》崇儒四之二四,而《朝野杂记》甲集卷四系之三月)。

九月,汪洋年十八,中进士第一人。诏赐名应辰。(《中兴圣政》卷十八、《宋会要辑稿》崇儒六之十五、《宋史·高宗纪》皆系于九月。《宋史·选举志二》系于三月,误。)

同月,赵鼎上《重修神宗实录》五十卷(《系年要录》卷九三)。

是年,诏依祖宗故事,增馆职为十八员:著作郎、著作佐郎、秘书郎各二员;校书郎、正字通十二员。而监、少监、丞不与焉。又移史馆于秘书省之侧,别为一所,以增重其事。(《宋会要辑稿》职官十八之二六、《宋朝事实》卷九、《通考·职官考五》。)

是年,杨时卒(《龟山集》卷首《墓志》)。

孙逢吉(1135—1199)生(《攻媿集·神道碑》)。

绍兴六年丙辰(1136)二十二岁

正月,赵鼎上《重修神宗实录》通成二百卷(赵鼎《忠正德文集》卷四《重修神宗实录缴进表》《系年要录》卷九七)。

十二月,胡安国上所纂《春秋传》(《春秋胡氏传》卷首《进表》)。

绍兴七年丁巳(1137)二十三岁

六月,御笔以《重修神宗实录》去取未当,命史馆更加研考(《系年要录》卷一一一)。

闰十月,诏修《徽宗实录》。(《宋会要辑稿》职官一八之六一、《系年要录》卷一一六、《南宋馆阁录》卷四、《书录解题》卷四、《玉海》卷四八。而《宋史·高宗纪》系于九年二月,误。)

是年,楼钥(1137—1213)生(袁燮《絜斋集·行状》)。

吕祖谦(1137—1181)生(《东莱吕太史文集》附录《年谱》)。

陈傅良(1137—1203)生(《止斋集》附录《行状》)。

绍兴八年戊午(1138)二十四岁

六月,李焘登黄公度榜进士(嘉庆《四川通志》卷一二二、《系年要录》卷一二〇)。献《反正议》十四篇,以皇储久虚,乞择宗室贤者,使摄储贰,或留守形势,或别出征伐,使民无异望(《朝野杂记》乙集卷一)。

李焘调成都府华阳县主簿,未赴。读书丹棱县龙鹤山,命曰巽岩。自记曰:"子真子三卜居,乃得此山。坐东南,面西北,其位为巽,为乾。盖处己非乾健无以立,应物非巽顺无以行。《易》六十四卦,仲尼掇其九而三陈之,起乎履,止于巽。此讲学之序也。《语》

曰:'可与共学,未可与适道;可与适道,未可与立;可与立,未可与权。'夫人各有所履,善恶分焉。惟能谦可与共学,惟能复可与适道。知所适而无以自立,则莫能久。故取诸常(按:本应作'恒',避真宗讳改),使久于其道。或损之,或益之,至于困而不改。若井未始,随邑而迁,则所以自立者成矣。虽然,吉凶祸福,横发逆起,有不可知,将合于道,其惟权乎!然非巽则权亦不可行。学而至于巽,乃可与权。此圣贤事业也。"(《神道碑》、岳珂《桯史》卷十二)

六月,赵鼎等上《重修哲宗实录》。九月,史馆又上《续修哲宗实录》,共百五十卷。(《系年要录》卷一二〇、卷一二二,《忠正德文集》卷一〇《自志笔录》。)

十一月,汪藻上所编集元符三年至宣和七年诏旨终篇,凡六百六十五卷。(《系年要录》卷一二三、《宋史·汪藻传》。而《朝野杂记》甲集卷四作八百六十五卷,误。)

是年,胡安国卒(《斐然集》卷二五《先公行状》)。

是年前后,李焘纂成《制科题目编》一书,其序略云:"古之所谓贤良方正者,能直言极谏而已。今则惟博习强记也,直言极谏则置而不问,甚至恶闻而讳听之,逐其末而弃其本乃至此甚乎!此士之所以莫应也。余勇不自制,妄有意于古人直言极谏之益,而性最疏放,勉从事于博习强记,终不近也。恐其幸而得从晁、董、公孙之后,曾是弗察而猥承〔陈〕彦古之羞,乘此暇日,取五十余家之文书,掇其可以发论者数十百题,具如别录。间亦颠倒句读,窜伏首尾,乃类世之覆物谜言,虽若不可知而要终不可欺,戏与朋友共占射之,贤于博弈云耳,实非制科本意也。因书以自警云。"(《通考·选举考六》引,参见叶绍翁《四朝闻见录》丙集贤良第三则条。按:陈彦古于熙宁六年应制科试落第,见《长编》卷二四六。)

绍兴九年己未(1139)二十五岁

正月,王铚上所编集《哲宗皇帝元祐八年补录》及《七朝国史》

(《宋会要辑稿》崇儒五之二三)。徐度云："度在〔史〕馆中时,见《重修哲宗实录》。其旧书,崇宁间帅多贵游子弟以预讨论,于一时名臣行事,既多所略,而新书复因之。于时急于成书,不复广加搜访,有一传而仅载历官先后者;且据逐人碑志,有传中合书名,犹云'公'者。读之使人不能无恨。"(《挥麈后录》卷一)

是年,陆九渊(1139—1193)生(《象山集》附录《年谱》)。

绍兴十年庚申(1140)二十六岁

三月二十三日,下诏郡国举贤良方正(《宋会要辑稿》选举十一之二四)。李焘携所著策论五十篇谒成都帅张焘,不果荐。(《神道碑》未书年,据《系年要录》,张焘于绍兴九年十月奉命帅成都,十年三月抵任,十三年九月罢。岳珂《愧郯录》卷十一制举科目条载:绍兴十年三月,下诏举贤良方正。此前为七年,此后为十四年,曾举贤良。但在此两年,张焘皆不在成都,故推知李焘携所著策论见张焘在十年夏间或稍后。又《系年要录》卷一六二,张焘误作张浚。)

五月,辛弃疾(1140—1207)生(邓广铭《辛稼轩年谱》)。

是年,诏罢史馆,以日历归秘书省国史案,置监修国史官。旧史馆官罢归元官。寻复诏以国史日历所为名。(《宋朝事实》卷九、《宋史·高宗纪》《宋史·职官志四》)史馆罢后,遇修实录即置实录院,遇修国史即置国史院(《宋会要辑稿》职官十八之六〇、《通考·职官考五》)。

绍兴十一年辛酉(1141)二十七岁

正月,赵开卒(《系年要录》卷一三九)。后四十年,李焘在知遂宁府任内,应开长子知眉州事赵永之请,为撰墓志铭(《琬琰集删存》卷二《赵开墓志铭》)。南宋赵与时曾赞赏此文,语见《宾退录》卷十。

七月,实录院进呈《徽宗实录》六〇卷,自元符三年至大观四年

（《系年要录》卷一四一）。

十二月，范冲卒（《系年要录》卷一四三）。

绍兴十二年壬戌（1142）二十八岁

秋，李焘赴华阳主簿任（李焘《重修华阳县主簿厅事记》，见宋扈仲荣等编《成都文类》卷二九）。其后，宰相秦桧闻焘名，遣人谕意，欲得通问，即召用之。焘恶其误国擅权，迄不与通。（《系年要录》卷一八三）

是年或稍后，李焘有《从何使君父子游墨池》诗云："蜀学擅天下，马、王先得名。簧如巧言语，于道盖小成。子云最后出，振策思遐征。斯文大一统，欲使圣域清。富贵尽在我，绂冕非所荣。旁皇天禄阁，聊亦观我生。怀哉不能归，旧宅荒榛荆。寂寞竟谁顾，正路今莫行。使君蓬莱仙，弭节归赤城。门无俗宾客，家有贤父兄。慨念此耆老，不登汉公卿。临池一尊酒，尚友千载英。并呼严与李，月旦共细评。区区可无憾，彼重适我轻。揭来成都市，尘土污冠缨。古人不可见，见此眼自明。请为怀古诗，玉振而金声。"（诗句见《成都文类》卷八，参校《全蜀艺文志》卷十三、清厉鹗辑撰《宋诗纪事》卷四五。诗题下附注："成都县治前有洗墨池，扬雄草《太玄经》处。"）

是年，彭龟年（1142—1206）生（《攻媿集·神道碑》）。

绍兴十三年癸亥（1143）二十九岁

是年，陈亮（1143—1194）生（童振福《陈亮年谱》）。

十二月，建秘书省于临安府天井巷之东，以故殿前司寨为之。高宗自书右文殿、秘阁二榜，命将作监米友仁书道山堂榜。且令有司即直秘阁陆宰家录所藏书来上。（《系年要录》卷一五〇）

绍兴十四年甲子(1144)三十岁

四月,秦桧请禁野史(《系年要录》卷一五一)。后六岁,李光、李孟坚父子及胡寅、张焘、宗颖(宗泽子)等尝以此重得罪(《系年要录》卷一六一、《朝野杂记》乙集序、《两朝纲目备要》卷七)。

七月,程俱卒(《系年要录》卷一五二)。

十月,何若乞申戒师儒之官,黜程颐、张载之学。自是又设专门之禁者十余年,逮秦桧死乃已。(《宋元学案》卷九六、《系年要录》卷一五二)

绍兴十五年乙丑(1145)三十一岁

是年,李焘在华阳县主簿任内撰有《华阳县主簿厅内东壁记》《重修华阳县主簿厅事记》等文(《成都文类》卷二九)。

绍兴十六年丙寅(1146)三十二岁

李焘秩满外铨,复置教授阙,亦不就,注嘉州军事推官(《神道碑》未书年,从十二秋赴主簿任及十七年丁父忧推断,当在十五、十六年间),未赴(李壁《巽岩先生墓刻》)。

绍兴十七年丁卯(1147)三十三岁

是年,李焘丁父忧,还乡守服(《神道碑》未书年,以二十年服除推知)。焘父中,累赠左朝奉大夫、左朝议大夫,遇大礼,再赠中奉大夫。焘上疏以阶官名与父讳同,乞避,并详引北宋赠官故事(《愧郯录》卷十引《巽岩集·奏稿》)。朝议未之许(《容斋三笔》卷十一)。

八月,赵鼎卒(《系年要录》卷一五六)。

绍兴十八年戊辰(1148)三十四岁

是年,李焘第四子李塾生(民国傅增湘《宋代蜀文辑存》卷七五引录李壁《祭季修九兄文》)。

尤袤、朱熹、叶衡举进士(《绍兴十八年同年小录》)。

绍兴二十年庚午(1150)三十六岁

是年,李焘服除,再注雅州军事推官,作《当直司箴》,讽郡守用私情背公法者(《神道碑》)。

叶适(1150—1223)生(《宋史》)。

绍兴二十一年辛未(1151)三十七岁

七月,总领四川财赋符行中属增简州盐筴,李焘移书力拒之。旧相张浚谓有台谏风。(《神道碑》《系年要录》卷一六二)

是年,李焘撰成《跋汉碑蜀郡掾治道记》,略云:"蜀郡掾治道,自建武中元二年丁巳距今绍兴二十有一年辛未,凡千九十有三年。盖光武时,蜀抵卭筰徼外,途实由此。今已芜废弗治,野人樵苏见之,始传。墨本汉隶,未有若此奇古也。按《后汉书·纪》建武三十二年改为中元,无'建武'字。又按《祭祀志》改建武三十二年为建武中元元年。此《记》与《志》合,《纪》失之矣。宋郑公(庠)尝辑《纪年通谱》,谓:'《纪》《志》俱出范氏,而所载不同,此必《帝纪》传写脱误。盖官书累经校定,学者失于精审,但见改元复有建武二字,辄妄以意删去,故先定著建武中元元年。'又谓:'流俗以《帝纪》为正,久而未悟,乃并列中元之号。'疑以传疑,郑公之慎也。然《续汉志》实司马彪所撰,郑公谓出范氏,则非矣。及司马温公作《资治通鉴》,虽存郑公说,颇从《帝纪》,止称中元。盖袁宏《后纪》亦止称中元,不冠建武。事无明证,固宜从众也。若使此《记》早出,其真伪立见,则郑公必不并立两元,温公必不承范、袁之误矣。温、郑皆大儒,于出入证据之学尤详,偶未见此,颇有遗恨。欧阳永叔留意《集古录》,谓'可证史传缺谬'。讵不信夫!惜此《记》又不使永叔见之也。"(史绳祖《学斋占毕》卷三引《雅安志》)

晁公武著《郡斋读书志》成(衢本《郡斋读书志·自序》),李焘后为公武撰墓志(《系年要录》卷一五六绍兴十七年二月乙未条注)。

周必大举进士。(《周益国文忠公集·年谱》。而《宋史》误系于二十年,按是年未行贡举。)

绍兴二十四年甲戌(1154)四十岁

是年,李焘改秩宣教郎,知成都府双流县,日坐听事,讼至立决(《神道碑》)。

是年或稍后,李焘撰《双流逍遥堂记》,略云:"双流有堂曰三相,其得名最久。按诸史牒,唐韦嗣立尝长斯邑,政绩殊异,后相则天、中宗、睿宗三朝。……嗣立为相,实三拜三已,所称三相,即嗣立也。……嗣立既能得民,其好尚复与流俗小异,虽居廊庙,每自托于山林。孝和(即中宗)尝幸其居,即诏嗣立袭逍遥公复故封。逍遥公者,嗣立之族人,在宇文周时,志节尤高。……嗣立去双流既五百岁,而予适来斯邑。邑之颓剥残缺固非当时比,而予又迟钝迂阔不堪世用。……乃即堂之南,更启窗户,乘嗣立故封,而命之曰逍遥。簿领空隙,徜徉其间,庶几不失予之初心,且为斯堂故事云。"(《成都文类》卷二九、《全蜀艺文志》卷三四中、光绪《双流县志》卷下《艺文》)

是年,徐梦莘、范成大、杨万里举进士(《攻媿集·徐梦莘墓志》《吴郡志》卷二八、《宋史》)。汪藻卒(《鸿庆居士集》卷三四《汪公墓志铭》)。

绍兴二十五年乙亥(1155)四十一岁

十月,秦桧卒(《系年要录》卷一六九)。李焘有《记李梲等十事》一卷,魏了翁跋曰:"李文简公所记多〔蔡〕京、桧时事,虽得诸所闻者适若此,然大抵平世事,罕所佚遗。惟事在柄臣,则未有不惮史官而嫉记者,故是非毁誉,鲜不失实。率阅岁历时,而后其事浸明。……公平生记闻,当不止是。若更加搜揽而衰萃焉,岂特有补于史氏之缺,亦足以为后来茂恶怨正者之儆云。"(《鹤山集》卷六一)徐度亦云:"自高宗建炎航海之后,如日历、起居注、时政记之类,初甚圆(按:本应作'完',避钦宗赵桓嫌名改)备。秦桧之再相,继登维垣,始任意自专。取其绍兴壬子岁(二年),初罢右相,凡一时施行,如训诰诏旨与夫斥逐其门人臣僚章疏奏对之语,稍及于己者,悉皆更易焚弃。由是亡失极多,不复可以稽考。逮其擅政以来十五年间,凡所记录,莫非其党奸谀谄佞之词,不足以传信天下后世。度比在朝中,尝取观之,太息而已。"(《挥麈后录》卷一)

绍兴二十六年丙子(1156)四十二岁

六月,程学始解禁(《系年要录》卷一七三、《宋元学案》卷九六)。

闰十月,胡寅卒。寅既退居,乃著《读史管见》三十卷,论周、秦至五代得失,"于蔡京、秦桧之事,数寄意焉"(《系年要录》卷一七五)。赵希弁云:胡寅意谓春秋之后,至于五代,司马文正所述《资治通鉴》,事虽备而立义少,遂用《春秋》经旨,尚论详评。晦庵《纲目》中多取之。(《郡斋读书附志》卷上《史评类》)

绍兴二十七年丁丑(1157)四十三岁

是年秋,四川安抚制置使兼知成都府李文会下行县,供张加倍。知双流县李焘用常仪,李文会由他道去。(《神道碑》,年月据

《系年要录》卷一七七）

双流县有仕族张氏子竞家资,李焘曰:"汝方在丧,忍坠先训,盍归思!"三日复来,果悔过自新。大姓李雱市丘成之产业,李焘以成之不白生母,追正之。雱谰词诉府,李焘列经义律文,置雱法。豪右敛迹,邑庭如水。(《神道碑》)

李焘日翻史册,汇次宋朝事实,以司马光修史,先为《百官公卿表》十五卷,后颇散逸。乃遍求正史、实录,旁采家集、野史,增广门类,起建隆迄靖康,合新旧官制,成《续皇朝百官公卿表》一百四十二卷。其重编光稿者仅七之一。《长编》之书,盖始于此。(此事确年不可考,兹据《神道碑》系此)

李焘为司马光《百官公卿表》序曰:"司马光以熙宁二年建议请撰《宋兴以来百官公卿表》,元丰四年表成,凡十卷。诏送编修院。世莫知其书何如也。……某家藏旧书,有所谓《百官公卿表》者七卷。……他官皆止天禧,惟宰相、执政尽熙宁。疑此表即光等所修也。然卷第比实录所载,尚缺其三,伦类往往颠倒纷错,而《总序》所称阁门使及押班以上,皆绝不见。岂三卷所缺,即此表者,而传写偶失之欤?若然,则他官除拜,俱当以元丰为限矣,不应自天禧以来遽绝笔,但详于宰相、执政也。且当时修此表,历十二年乃成。其久如是,其疏略顾如是,是必不然,当某家旧藏不得其纯全耳!某能薄不堪世用,颇愿尽力于史学,而本朝故事尤切欣慕。某既不自料,故追继光作,将以昭明祖宗之盛德大业,使众说咸会于一,不敢凿空架虚,荧惑视听,固当事事谨其月日,如古《春秋》,乃可传信。彼百官沿革,公卿除拜,皆事之最大者也。年表又安可缺。因取旧七卷,亟整治之,续编其年至宣和止。元符以前,皆从实录,治平而上,又参诸正史。元符以后,不免凭所传闻。国书即非人间通有,辛苦求得之,脱简误字,绝无他本可校,于先后次序,谅多抵牾,但凭所传闻,则宣和距元符二十五、六年,兹不详。此皆某之罪也。改而正诸,必有所待。年表旧止七卷,卷第不均,今厘析之,与某所

续编者,总一百四十二卷。凡所增益伦类具之目录,其故事则当别见续纪,此不重列。"(《通考·经籍考二九》引)

李焘又著《历代宰相年表》《天禧以来御史年表》《天禧以来谏官年表》,《通考·经籍考三〇》尚存其自序。著作之年,不可考。姑系于撰述《续皇朝百官公卿表》之后。

又著《江左方镇年表》,自晋永嘉迄陈贞明。以孙氏不能保淮,李氏不能逾浙,又亡荆及巴蜀,故削而不著。(《玉海》卷四七)

李焘为《长编》,作木厨十枚,每厨作抽替匣二十枚,每替以甲子志之。凡本年之事有所闻,必归此匣,分月日先后次第之,井然有条。(周密《癸辛杂识》后集修史法条引李献可语)

李焘家藏书数万卷,而所至求奥篇隐帙,传录雠校,虽阴阳卜医亦无遗者(《神道碑》)。

是年,刘清之举进士(《宋史》)。

绍兴二十八年戊寅(1158)四十四岁

二月,兴化军布衣郑樵召对,授右迪功郎。其所著《通志》,命有司给札写进。(《系年要录》卷一七九、《玉海》卷四七)

八月,诏复置国史院,修神宗、哲宗、徽宗《三朝正史》(《系年要录》卷一八〇、《宋史》卷一六四《职官志》)。

同月,汤思退等上《徽宗实录》一百五十卷,自八年秋开院,逾二十年始成(《系年要录》卷一八〇、《宋史·高宗纪》,而《南宋馆阁录》卷四误系于十一月),多取材于汪藻所修徽宗朝诏旨(《宋史·汪藻传》)。

是年,李文会卒(《系年要录》卷一八〇)。明年,中书舍人洪遵言:"文会奴事秦桧,排斥忠良。及守成都,贪毒弛缪,动为民害。望罢其恤典,以慰蜀人。"诏赠官勿行。(《系年要录》卷一八一)

绍兴二十九年己卯(1159)四十五岁

六月,李光卒(《系年要录》卷一八二)。

七月十七日,翰林学士、修国史周麟之言:"左宣教郎、知双流县李焘尝著《续皇朝百官公卿表》九十卷,乞给笔札,录付史馆。"从之。(《系年要录》卷一八三、《宋会要辑稿》崇儒五之三六、《玉海》卷四七。卷数各书记载不同。)

是年,四川安抚制置使王刚中奏辟李焘为干办公事(《神道碑》《系年要录》卷一八三)。

十一月二十四日,李焘六子壁生(《李壁神道碑》《鹤山集》卷九四《李壁生日》)。

李焘长子谦、次子垕、三子塾、四子塾、五子垡,除塾生年可考外,其余四人生年未详。谦、垡早死。垕字仲信,曾撰《续世说》十卷(一名《南北史世说》,今有《四库全书》本),官终奉议郎,主管成都府玉局观。塾字叔麐,曾任夔州路提点刑狱等职,撰有《重刊华阳国志序》。塾字季修,官终承务郎。垕、塾皆周必大之门人。(《神道碑》《本传》《周益国文忠公集》附录《行状》《张南轩集》卷十二《约斋记》《困学纪闻》卷十三、《全蜀艺文志》卷三〇、嘉庆《四川通志》卷一五〇)

李壁,字季章,号雁湖。绍熙元年,与弟埴同登余复榜进士(《齐东野语》卷八《二李省诗》)。庆元元年,任奉议郎、秘书省著作佐郎兼实录院检讨官,编修《高宗实录》(《挥麈录》卷首《实录院牒》)。开禧中,受命使金国,后拜参知政事、同知枢密院事。撰有《中兴十三处战功录》(一卷,有《藕香零拾》本)、《国朝中兴诸臣奏议》(四百五十卷)、《雁湖集》《王荆公诗注》(五十卷,有元大德五年王常刻本、清乾隆六年张宗松清绮斋刻本、《四库全书》本、上海古籍出版社1993年据朝鲜活字本影印本)、《临汝闲书》(一百卷,李壁谪居抚州,与《王荆公诗注》同作于一时者,见蔡上翔《张氏重刻王荆公诗注序》，载《王荆公年谱考略》卷首一，而《宋史·李壁传》作"百五十卷"）诸书。卒于宁宗嘉定十五年（1222），谥文懿。真德秀为撰《神道碑》，略谓："公清修峻洁，虽在廊庙，而风致超远，如山泽间人。忧时悯世，郁然见于眉宇。平居鞠躬履地，退然若不胜衣，至义所当为，焱厉迅发，虽贲、育莫夺也。……平生嗜学如饥渴，群经百氏，搜讨弗遗。于本朝故实，尤所综练。国有疑议，旁摭广引，如指诸掌。其为文，本于至理而达之实用，浮淫倪丽之作，未尝辄措一辞。"《宋史·李壁传》亦云："周必大见其文异之，曰：'此谪仙才也。'孝宗尝问焘：'卿诸子孰可用？'焘以壁对。"叶适谈诗，曾谓："近世独李季章、赵蹈中笔力浩大，能追古人，虽承平盛时亦未易得。"（《水心文集》卷二七《答刘子至书》）按：蹈中，名汝谠，叶适学生，《宋史》卷四一三有传。

绍兴三十年庚辰（1160）四十六岁

七月，以礼部员外郎洪迈兼国史院编修官（《系年要录》卷一八五）。

绍兴三十一年辛巳（1161）四十七岁

是年，李焘七子埴生（《真西山集》卷三六《跋刘静春与南轩帖》）。埴字季允，宁宗开禧三年任湖北路提刑，嘉定四年移成都府路，十二年知潼川府，十四年知鄂州事。理宗端平二年，以吏部尚书兼修国史、实录院修撰之职，专一提领《高宗皇帝正史》。嘉熙元年（1237）任同知枢密院事、四川宣抚使、知成都府。嘉熙二年卒。学者称悦斋先生。撰有《皇宋十朝纲要》（二十五卷，有《六经堪丛书》初集本、上海东方学会本、南京国学图书馆抄本）、《悦斋集》《公侯守宰士庶通礼》《续补汉官仪》《续补汉官典仪》诸书。（《鹤山集》卷十，《宋会要辑稿》食货五八之二五、方域十八之二七、职官四〇之十九，叶适《水心文集》卷十一《潼川府修城记》，《宋史·宁宗纪

四》嘉定十二年闰三月至七月各条,岳珂《金佗续编》卷三〇《祭岳
鄂王文》,《宋史·理宗纪二》,清陆心源《宋史翼》卷二五,《宋史·
艺文志》,许应龙《东涧集》卷二,《全蜀艺文志》卷三一、卷四四,《宋
元学案》卷七一,《宋史全文》卷三二端平二年三月乙卯条,《宋诗纪
事》,浙本《长编》黄廷鉴跋,嘉庆《四川通志·经籍志》)

郑樵携所撰《通志》来临安,十月,得枢密院编修官(《周益国文
忠公集·辛巳亲征录》《系年要录》卷一九三)。十二月,行宫留守
汤思退奏辟郑樵干办公事(《系年要录》卷一九五)。

绍兴三十二年壬午(1162)四十八岁

是年,李焘知荣州。州因山为城,川为隍,夏秋常患水溢。李
焘为筑防御之。(《神道碑》)

三月,郑樵卒(《辛巳亲征录》)。

孝宗隆兴元年癸未(1163)四十九岁

是年,李焘在荣州,始奏进《续通鉴长编》,自宋太祖建隆元年
迄开宝九年。进表曰:"臣尝尽力史学,于本朝故事尤切欣慕。每
恨学士大夫各信所传,不考诸实录、正史,纷错难信。如建隆、开宝
之禅授,涪陵(指贬谪为涪陵县公之秦王廷美)、岐(岐王德芳)、魏
(魏王德昭)之迁殁,景德、庆历之盟誓,曩霄、谅祚之叛服,嘉祐之
立子,治平之复辟,熙宁之更新,元祐之图旧,此最大事,家自为说。
臣辄发愤讨论,使众说咸会于一。敢先具建隆迄开宝十有七年,为
十有七卷,上进。"(《通考·经籍考二〇》)

四月,吕祖谦、楼钥、孙逢吉、袁枢举进士(《东莱吕太史文集》
附录《年谱》、附录《拾遗》楼钥撰《祠堂记》,《宋史·孙逢吉传》,民
国《福建通志》列传卷十三《袁枢传》)。

五月五日,李焘撰有《啸台磨崖记》(《成都文类》卷四〇、王象
之《舆地纪胜》卷一六〇荣州条)。

是年,同知枢密院事洪遵荐李焘等。明年,遵被劾免官,不果用。(《宋史·洪遵传》《宋史·宰辅表》)

隆兴二年甲申(1164)五十岁

是年,李焘除潼川府路转运判官。入境,劾守令不职者四人。州县多横敛,李焘选官置局,括一道财赋,列其名色,使有无相辅,酌三年中数而为帐,遍示官吏,许摘不当更定,名为科约,上之朝,颁行州县,历久不废。(《神道碑》《本传》)

六月,知遂宁府事杜莘老卒。李焘等列莘老治状,乞以所迁官致仕俾其孤沾延赏。孝宗特许焉。(查籥《杜莘老行状》)

李焘在任日,曾助潼川府路转运使郑霭订正《五路墨宝》(指荆、襄及川、蜀等五路金石刻)。(周辉《清波杂志》卷七)

张浚卒(《宋史·孝宗纪》)。

乾道元年乙酉(1165)五十一岁

是年,李焘丁母忧,去官守服(《神道碑》)。

王刚中卒(《宋史·孝宗纪》)。

乾道二年丙戌(1166)五十二岁

八月,诏立中兴以来十三处战功格目(《宋史·孝宗纪》)。九月,魏杞等上神宗、哲宗、徽宗《三朝帝纪》《太上皇(高宗)圣政》。(《宋史·孝宗纪》。而《南宋馆阁录》卷三、《书录解题》卷四、《玉海》卷四六均误为"闰九月",按本年无闰月。)

是冬,王明清奉亲会稽,撰成《挥麈录前录》(《挥麈录前录》卷四王明清跋)。

是冬,张焘卒(《平园续稿·神道碑》)。

乾道三年丁亥（1167）五十三岁

李焘将服满,四川制置使汪应辰荐之于宰执,言"李焘笃志学问,无他外慕,安贫守分,不妄取予。凡经传、历代史书,以至本朝典故,皆究极本末,参考异同,归于至当,随事论著,成书不一,皆可以传信垂后。而又通晓世务,明习法令,守郡将漕,绩效显著"(《汪文定集》卷十三《荐李焘与宰执书》)。

李焘服除,被召赴临安。八月,入对,首举太祖治身、治家、治官、治吏典故,乞以为法。请增置谏官,许六察言事。又言:"军兴三十年,蜀赋一钱,折变百之,愿自此勿增取。况蜀兵已多,宜罢招刺,严简汰,禁大将毋张虚籍,掊部曲。"孝宗嘉纳。除尚书兵部郎中,以父讳下行员外郎,兼国史院编修官;又兼礼部员外郎。(《神道碑》《本传》)

时《长编》卷帙渐成,汪应辰上疏乞给笔札缮写,藏之秘阁(《神道碑》、浙本《长编》进表、《宋会要辑稿》崇儒五之三七)。

八月二十九日,秘书省状:"勘会左朝散郎李焘所著《续资治通鉴长编》,其太祖一朝,已蒙降付国史日历所外,所有太宗以后文字,伏乞朝廷给札,付本官抄录。送本省校勘,藏之秘阁。"诏从之。(《宋会要辑稿》崇儒四之一四)

十一月,金使来贺会庆节孝宗寿,适在郊礼散斋之内。故事,北使来朝,例锡花宴,如在大祀斋禁之中,则不用乐,辞见亦然,行之久矣。参知政事陈俊卿预请令馆伴以礼谕之,而议者虑其生事,多请权用乐。李焘建言:"汉、唐祀天地,散斋四日,致斋三日,艺祖(太祖)初郊亦然。自崇宁、大观间法《周礼》,分祭天地,故前十日受誓戒。今既合祭,宜复汉、唐及本朝旧制,庶几两得。"诏垂拱殿上寿止乐,正殿为北使权用。(《神道碑》《中兴圣政》卷四六、《朝野杂记》乙集卷四《北使宴见斋禁不用乐》)

十二月,李焘正除礼部员外郎,兼国史院编修官。(《神道碑》

《南宋馆阁录》卷八、《中兴圣政》卷四七、《宋史·孝宗纪》乾道四年四月条皆作"员外郎"。而《朝野杂记》甲集卷九、《本传》作"郎中",误。)

是年,占城国遣使入贡,诏受其献十分之一。既而福建市舶司言,大食国人乌师点等诉占城入贡,即所夺本国物。孝宗以争讼却之。明年春,诏学士院答敕,洪迈引崇宁五年故事,乞用白背金花绫纸写诏,贮以金镀银匣。而李焘上言当从绍兴二十五年例,用白藤纸作敕书。况今进贡非实,却而不受,岂宜更优其礼。迈以为侵官,论奏其事。孝宗曰:"礼官议礼,岂可谓之侵官。近例可凭,止从绍兴可也。"其后李焘修《四朝国史·列传》,垂就而卒。孝宗命洪迈续成之。迈笔削旧史,乃无完篇。盖素不相乐也。(《神道碑》《朝野杂记》甲集卷九、《通考·四裔考九》占城条、《宋会要辑稿》蕃夷四之八二)

虞允文抚蜀,首荐李焘次子垕应贤良方正科之试,不报。(《朝野杂记》甲集卷十三乾道制科恩数条)先是,李焘尝携所著策论见蜀帅张焘,欲应诏,不偶而止。其后同年进士晁公遡以书勉之,略云:"日者至泸上,始得足下所著《通论》五十篇读之,其言闳大而不肆,深切而不迫,多言繁称而有统要。……足下既以博习修洁多闻之才,将为诸儒倡,非主于利禄而然。虽当世莫我知者数往即焉,唯求道之行,毋怠而止,勉之! 异日得发其所存,大润泽于天下,某亦与施焉,且亡实趣名之敝,庶乎自足下而改……"(《嵩山集》卷四五)焘答以当修此学,必不从此举。既不克躬试,于是命二子垕、塾习焉。(《本传》)

是年,李心传(1167—1244)生(王德毅《李心传年谱》)。

乾道四年戊子(1168)五十四岁

四月,李焘上《长编》,自建隆元年至治平四年闰三月,凡五朝事迹,计一百八年,为一百八卷,一百七十五册,并目录一册(《神道

碑》《玉海》卷四七、《长编》进表）。进表略曰："臣窃闻司马光之作
《资治通鉴》也，先使其寮采摭异闻，以年月日为丛目。丛目既成，
乃修长编。唐三百年，范祖禹实掌之。光谓祖禹：'长编宁失于繁，
无失于略。'今《唐纪》取祖禹之六百卷，删为八十〔一〕卷是也。臣
今所纂集，义例悉用光所创立，错综诠次，皆有依凭。顾臣此书，讵
可便谓'续资治通鉴'，姑谓《续资治通鉴长编》可也。旁采异闻，补
实录、正史之阙略，参求真是，破巧说伪辨之纷纭，益以昭明祖宗之
丰功盛德。"（《通考·经籍考二〇》）又云："倘符神指，要择耆儒正
直若光者，属以删削之任，遂勒成我宋大典，垂亿万年，如神宗皇帝
所谓'博而得其要，简而周于事'者，则将与《六经》俱传，是固非臣
所能，而臣之区区小忠，因是亦获自尽，诚死且不朽矣！"（浙本《长
编》）孝宗谓辅臣曰："自建隆至治平百余岁事迹备于此矣。"（《朝野
杂记》甲集卷四）五月一日，诏李焘纂述有劳，特迁两官（《神道碑》
《玉海》卷四七）。

五月，行《乾道新历》。（《宋史·孝宗纪》《朝野杂记》乙集卷
五。而《中兴圣政》卷四七系于八月。）李焘尝承诏监视测验，值新
历太阴、荧惑两事之差，恐书成所差或多，见讥能者。六月四日遂
上言："历久必差，自当改法。今《统元历》行之既久，其与天文不合
固宜。况历家皆以为虽名《统元》，其实《纪元》，若《纪元》又多历年
所矣。历术精微，莫如《大衍》，《大衍》用于世亦不过三十四年，后
学肤浅，其能行远乎！随时改历，此道诚不可废。抑尝闻历不差不
改，不验不用。未差无以知其失，未验无以知其是，失然后改之，是
然后用之，此刘洪要言至论也。旧历差失甚多，不容不改，而新历
亦未有明效大验，但比旧稍密尔。厥初最密，后犹渐差；初已小差，
后将若何！故改历不可不重也。谨按仁宗用《崇天历》，自天圣至
皇祐，其〔皇祐〕四年十一月月食，历家言历不效，诏以唐八历及本
朝四历参定。历家皆以《景福》为密，遂欲改历，而刘羲叟独谓：
'《崇天历》颁行逾三十年，方将施之无穷，兼所差无几，不可偶缘天

139

変,轻议改移。'又谓:'古圣人历象之意,止于敬授人时,虽则预考交会,不必吻合辰刻。辰刻或有迟速,未必独是历差。'仁宗从羲叟言,诏复用《崇天历》。羲叟历学,为本朝第一,欧阳修、司马光辈皆遵承之。《崇天历》既复用,又十三年,至治平二年始改用《明天历》,历官周琮等皆迁官。后三年,课熙宁元年(原误作'三年',今据《长编》卷二六三熙宁八年闰四月壬寅条及《长编拾补》卷三上改正)七月月食不效,又诏复用《崇天历》,夺琮等所迁官。《崇天历》复用至熙宁八年,始更用《奉元历》。《奉元历》议,沈括实主之。明年正月月食,《奉元历》遽不效,诏问修历推恩人姓名,括具奏辨,故历得不废。先儒盖谓括强解,不深许其知历也。然后知羲叟所称止于敬授人时,不必轻议改移者,不亦至言要论乎!请朝廷察二刘所陈及《崇天》《明天》之兴废,申饬历官,加意精思,勿执今是旧非,益募能者,熟复讨论,更造密度,使与天合,庶几善后之策也。"诏太史局参用新旧历,仍令诸路求访精通历书之人。(《中兴圣政》卷四七,参校《玉海》卷十、《宋史·律历志十五》)

九月,李焘患时文卑弱,乞命考官取学术醇正、切于世用之文,苟涉虚浮,必行黜落。明春省试,敕榜戒谕。(《神道碑》《中兴圣政》卷四七)孝宗方励精为治,事或中出。李焘轮对,言"唐、虞、三代,专倚辅弼,汉、唐或谋卿士,今舍二途,近习必进,此治乱之机,惟圣虑过防"。盖指曾觌诸人也。(《神道碑》)

又奏言进士名额过滥,乞稍加裁定。旧特奏名,虽赐出身,罕授职任,近两榜至八百五十余人,放选注官。而贤良方正一科,则寂无应诏,当责举者。读奏毕,遂言:"天下有变,经营北方,未见可付之人。"孝宗曰:"朕当自将,此家法也。"李焘请先自治以待时,孝宗耸听不见倦。近侍皆跂倚。明日,谕三省议省额、特恩二事。有沮之者,乃已。(《神道碑》)

是年,蒋芾等上《钦宗实录》四十卷与《钦宗帝纪》(《玉海》卷四八、《中兴圣政》卷四七、《宋史·孝宗纪》)。该史书多出洪迈之手

（《书录解题》卷四）。

宰执进呈李焘《辞修钦宗实录推恩札子》，札子中论及北宋各朝正史纂修情况（《宋会要辑稿》职官十八之六九）。

乾道五年己丑（1169）五十五岁

正月，命吏部尚书兼权翰林学士汪应辰知贡举，礼部员外郎李焘与兵部员外郎晁公遡等参详（《宋会要辑稿》选举二〇之二〇）。

三月，吏部尚书汪应辰进李焘次子垕贤良词业（《朝野杂记》甲集卷十三、《宋会要辑稿》选举十一之二八）。冬，孝宗览其文称奖，命依格召试。会有沮之者，不果试。（《通考·选举考六》，时间据《朝野杂记》甲集卷十三。）

四月，李焘迁秘书少监，兼国史院编修官（《神道碑》，《南宋馆阁录》卷七、卷八）。

太史言："八月，日当食。"李焘上疏曰："天降灾异，所以儆戒人主。今经筵不访问，台谏罕论奏，大臣无赵普补缀奏目、杜衍封还内降之风，臣恐忧不在疆场。惟陛下进众正，消群阴，以应天变。"（《神道碑》）

是冬，李焘兼权起居舍人（《神道碑》）。

十二月，李焘乞刊定《徽宗实录》之疏舛者。其言曰："窃见太平兴国三年，初修《太祖实录》，命李昉、扈蒙、李穆、郭贽、宋白、董淳、赵邻几同修，而沈伦监修，五年成书。及咸平元年，真宗谓伦所修事多漏略，乃诏钱若水、王禹偁、李宗谔、梁颢、赵安仁重加刊修，吕端及李沆监修，二年书成，……视前录为稍详，而真宗犹谓未备。大中祥符九年，复诏赵安仁、晁迥、陈彭年、夏竦、崔遵度同修，王旦监修，明年书成。盖自兴国至祥符，前后凡三修。《太宗实录》初修于至道三年，再修于大中祥符九年。祖宗实录皆不但一修，此故事也。《神宗实录》初修于元祐，再修于绍圣，又修于元符，至绍兴初，凡四修。《哲宗实录》初修于元符，再修于绍兴，惟神宗、哲宗两朝所以四修、再修,则与太祖、太宗异,盖不独于事实有所漏略而已,又辄以私意变乱是非,故绍兴初不得不为辩白也。其诬谤虽辩白,而漏略固在,然犹愈乎近所修《徽宗实录》,盖《徽宗实录》疏舛特甚。史院前已得旨修《四朝正史》,窃缘修正史当据实录,实录倘差误不可据,则史官无以准凭下笔。乞用太祖、太宗故事,将《徽宗实录》重加刊修,更不别置司局,只委史院官取前所修《实录》仔细看详,是则存之,非则去之,阙则补之,误则改之。实录先具,正史便当趣成。"又言:"臣近进《续资治通鉴长编》,自建隆迄治平,凡一百八卷。其治平以来,自合依诏旨接续修进,乞特许臣专意讨论徽宗一朝事迹纂述《长编》。《长编》既具,即可助成正史。"从之。(《中兴圣政》卷四七,《宋会要辑稿》职官十八之六九、十八之五八)

是年,李焘在临安筑小楼,名以"四望"。楼成,曾置酒其中,邀友朋同赋诗。秘书省校书郎蜀人员兴宗之诗有云:"我友子真子,士以古谊征。载书来上都,结束车不胜。插架备小筑,且以觞宾朋。""交从二十年,我能识其膺。彼腹椰子大,千卷贮亦曾。"(《九华集》卷一《李巽岩四望楼》、卷五《上(孝宗)皇帝书》)

乾道六年庚寅(1170)五十六岁

正月戊辰,大雨震电。庚辰,大雨雪。(《朝野杂记》乙集卷二)李焘录仁宗景祐三年正月甲辰求言、宽赋敛二诏,以进(《神道碑》)。

二月,李焘言:"昨具奏乞重修《徽宗实录》,已得旨依。今略具元符三年正月乙卯至三月合增损事迹,凡二十一条,谨缮写进呈,仍乞下史官参详笔削。"从之。(《宋会要辑稿》职官十八之七〇)

三月二日,诏降下《长编》百七十六册,并《资治通鉴》一册,付秘书省,令依《通鉴》纸样及字样大小缮写一部,仍将李焘衔位列于卷首,依司马光衔位书写,进入。(《玉海》卷四七、《宋会要辑稿》崇儒五之三七。而《郡斋读书附志》卷上误系于正月。)

诏复开实录院,四月,首命秘书少监李焘兼实录院检讨官(《神道碑》《南宋馆阁录》卷八)。

五月,陈俊卿、虞允文等上神宗、哲宗、徽宗、钦宗《四朝会要》三百卷。李焘为序,详述编纂经过。(《南宋馆阁录》卷四、《通考·经籍考二八》《宋史·孝宗纪》《宋史·艺文志六》。而《玉海》卷五一误为二百卷。)

李焘以右相虞允文更张旧政,上言:"夏有典则,商云成宪,周云旧章,汉云故事,子孙莫之敢废。王安石变更法度,厉阶可鉴。"(《神道碑》)

五月十九日,左相陈俊卿罢知福州,俊卿之未去也,有议皇孙出外者,俊卿为李焘言之。焘出梁昭明事示俊卿,俊卿愕然而止。(《朝野杂记》乙集卷二、《宋史·孝宗纪》)

闰五月,虞允文荐李焘及范成大为金国祈请使,求陵寝地及更定受书礼。焘辞不行,谓允文曰:"今往,金必不从,不从必以死争之,是丞相杀焘也。"(《中兴圣政》卷四八)

六月十八日,李焘奏请复行明堂礼,未果(《中兴礼书》卷五一、《续资治通鉴》卷一四七)。

六月,李焘除直显谟阁、湖北转运副使。盖虞允文不乐其数论事,焘遂请去。陛辞,以"欲速""变古"为戒。又奏言:"荆(州)田多荒芜,赋亏十八。"孝宗委其条画。既至,奏言:"京(西)、湖(北)之民,结茅而庐,筑土而坊,佣牛而犁,粢种而殖。谷苗未立,睥睨已多,有横加科敛者。今宜宽侵冒之禁,依乾德四年诏书,许见佃者止输旧税。广收募之术,如咸平、元丰故事,劝课有劳者推恩。"诏从之。(《神道碑》《本传》)总赋吕游问赴临安奏计,李焘摄其职。岁饥,发鄂州大军仓贩民,僚佐争执,焘曰:"吾自任责,不以累诸君。"寻如数偿之。游问归,劾焘专辄。诏令具析而已。(《神道碑》《本传》)

秋冬间,李焘为安置淳化初湖北转运使张咏(946—1015)之画像,特在漕司衙内作"乖崖堂"。十二月,堂成,并为撰记云:"乖崖堂为忠定张公复之作也。乖则违众,崖不利物,此复之自赞其画像云尔。像故在成都仙游阁上,或摹写置鄂之部刺史听事后屋壁间,迫隘嚣尘,与像弗称。余既更诸爽垲,并书所以作堂意,揭示来者。谨按:复之,名咏,鄄城人。太平兴国五年第进士,宰崇阳,有异政。淳化初,由浚仪擢使荆湖北路,阅三岁,召拜枢密直学士,寻出守成都。大中祥符八年卒于淮阳。追谥忠定,则皇祐三年诏也。复之媺节景行,海内倾属,其居朝廷之日少,处方面之日多,不登相位,君子归讥。于时寇平仲(准)、王子明(旦)皆复之同年,皆贤者。平仲相真宗,攘却戎狄,天下至今受其赐,而复之顾谓澶渊一掷,我不能为。使复之当平仲之任,其处此必有道矣。玉清昭应宫之役,子明不能强谏,奉天书行事,每有愧色。复之独抗疏乞斩丁谓以谢天下。子明病革,真宗拟相复之,则复之亡矣。使复之无恙,丁谓何敢肆其奸欺,周怀政、雷允恭亦安从始祸。复之尝讥平仲不学无术,或谓复之太过,而平仲独心服焉。末路低回,还秉钧轴,讫与祸会,视复之学术,宁不少愧哉!复之本不欲仕,希夷子(陈抟)谓当拯民于水火,不宜辄自肥遁。复之乃仕,攘袂缨冠,诚非得已。凡所与交多方外佚人,视弃轩冕犹弃敝屣耳,其至大至刚以直之气,一生未始少屈,至今凛然也。画像服饰悉如隐者,是殆将乘星载云,挥斥八极,超无友而独存,夫孰敢吓以臭腐拘系之使从乎!惟兹江山,皆复之旧所经行,风期神会,尚能为余一来。旧史恨复之卞急躁竞,此盖当时奴婢小人私谤窃议,果不足信,要当以宋子京(祁)、赵阅道(抃)、韩稚圭(琦)、司马君实(光)所录为实。上章摄提格(庚寅)则涂(十二月)甲子,眉丹稜李焘仲仁父书。"(张咏《乖崖集》附录李焘《湖北漕司乖崖堂记》)按:李焘字仁父,此处自书作"李焘仲仁父",添一"仲"字为语助,如刘敞字原父,间亦书作"刘仲原父"。参见费衮《梁溪漫志》卷三范淳父字条。

乾道七年辛卯（1171）五十七岁

九月，次子垕应贤良方正能直言极谏科之试于中书后省。诏学士王日严（晔）考试，左史李秀叔（彦颖）参详。比试凡五通，论题有六：一曰明主有必治之道，二曰汤法三圣，三曰人者天地之心，四曰历律更相治，五曰三家言经得失，六曰扬雄、张衡孰优。十月乙巳，进呈，孝宗曰："昨览李垕程文亦好，一日之间成数千言，良不易也。"虞允文曰："记试题诚难，垕能记其五。"孝宗曰："汤法三圣，出《功臣表》，而垕以为《诸侯王表》，却是记得全文不差。"十一月甲戌，孝宗亲策于集英殿，有司以其对策近讦直，考入第四等。叶衡奏请赦其狂而取其忠，足以显容谏之盛。戊寅，孝宗特御殿引见，赐制科出身。故事，贤良方正无唱名之例，而礼部言："若仿选举进士，皇帝御殿推恩，足彰崇儒求言之盛。"从之。（《朝野杂记》甲集卷十三、《宋史·叶衡传》）李垕策论依正奏名第一甲例，誊写为册，进册及德寿宫（时高宗居此），并焚进诸陵（《通考·选举考六》）。寻授李垕左文林郎、泸川节度使推官（《朝野杂记》甲集卷十三、《宋史·地理志五》）。

按：南宋高宗时及孝宗乾道间，制科考试之六论题，仍以四通为合格，分五等，入四等以上者，天子亲策之。第三等为上，恩数视廷试第一人，第四等为中，视廷试第三人，皆赐制科出身；第五等为下，视廷试第四人，赐进士出身；不入等者与簿、尉差遣；已仕者则进官与升擢。（《宋史·选举志二》《宋会要辑稿》选举十一之二二、《朝野杂记》甲集卷十三）故事，制科分五等，上二等皆虚，惟以下三等取人（叶梦得《石林燕语》卷二）。

自绍兴元年复制科，止得李垕一人（《朝野杂记》甲集卷十三、《通考·选举考六》）。此后，制科亦无合格者（《朝野杂记》乙集卷十五）。当时礼部侍郎周必大《回李垕启》有云："博洽本于家传，精勤充乎天性。贤人事业，罔不穷探；流俗施为，未尝肯顾。积岁心潜于载籍,一朝名震于京师。"(《周益国文忠公集·省斋文稿》卷二四。题下注:此启撰于六年。与《神道碑》《朝野杂记》《宋史·孝宗纪》系年抵悟,显误。)

十一月二十八日,诏秘书省修写太祖、太宗、〔真宗〕、仁宗、英宗、神宗、哲宗皇帝《实录》,精加雠校,逐旋进呈(《宋会要辑稿》崇儒四之十四)。

乾道八年壬辰(1172)五十八岁

是年,李焘以旧官趋召。会虞允文由左相宣抚西川,力主北伐,疑焘异议,预白孝宗,改直宝文阁,帅潼川兼知泸州。抵任后,首葺石门堡,置戍以扼夷人。叙州旧市羁縻马,价颇平。比岁增其尺寸,偿直不以时。李焘言:"国计边防胥失之,乞戒茶马司互市毋溢额,戒官民勿于夷、汉禁山内伐木造舟。"又奏移锁水于开边旧池。寻皆报可。(《神道碑》《本传》)

是年,李焘有《望川亭》诗云:"潼川绕郭多名寺,都在少陵诗句中。西上飞亭更奇绝,水光山色两无穷。"又有诗云:"山绕一城藏几寺,江连二水送孤舟。"(王象之《舆地纪胜》卷一五四《潼川府·诗下》)

是年,潼川谢畴来从李焘游,编定《春秋古经》十二篇。焘为撰《后序》,称其治《春秋》极有功。《后序》见《通考·经籍考九》。

四月,朱熹等撰成《资治通鉴纲目》五十九卷(《朱文公集》卷七五、《通考·经籍考二○》)。

六月,李丙上所编《丁未录》二百卷,自治平四年(丁未)至靖康元年。诏付国史院。然纪载无法,学者弗称焉。(《朝野杂记》甲集卷六嘉泰禁私史条、《通考·经籍考二○》)

是年,陈傅良、陆九渊举进士(《宋史》)。

乾道九年癸巳(1173)五十九岁

先是,权礼部郎官陈居仁荐李焘明习典故,宜入台阁。甫数日,李焘被召。(《宋史·陈居仁传》)是年,李焘自泸州携家小乘舟循江东下,至云安,有《云安曲水留题》曰:"或言云安之西三十里许有自然曲水,闰(正)月甲午朔,泊舟横石滩上,携子垕、塈、塾、垐、壁、埨,及刘甥、卜子道、子步访之。水极峻急,不可流觞。岩头有永和三年及六年刻字十五、六行,剥落已不可读,细辨其文,俱昔人捐金以事仙佛,识金数于石尔,殆非禊饮处也。好事者因年号遂增饰之,当时必置屋庐象设,今变灭无余。然水石要可喜,姑取酒酌其旁,赏晤良久乃去。乾道九年眉山李焘书。"(《全蜀艺文志》卷六四,参校光绪《丹棱县志》)

又撰有《朐䏰记》云:"《汉志》巴郡有朐忍县。颜师古注:'朐音劬。'杜君卿《通典》乃作朐䏰,朐音蠢,䏰如尹切,与师古特异。按许叔重《说文》:'朐,脯脡也。'其俱切,无他义。朐䏰,虫名。汉中有朐䏰县,地下多此虫,因以为名。朐如顺切,䏰尺尹切,读如润蠢。君卿盖从叔重而小不同。然叔重谓朐䏰属汉中,误矣。《类编》承叔重之误,既以朐䏰属汉中,别于䏰字下注朐䏰县属巴郡,则又承师古之误。遍检地志,汉中实无'朐䏰',固当以君卿为正。然朐当作胊,从旬;不当作朐,从句。君卿犹未及辨,考职方者宜辨之。闰(正)月一日,泊舟云安之西三十里万户驿下横石滩上。土人云:今驿之左右,朐䏰故地也。乾道九年眉山李焘记。"(《全蜀艺文志》卷四〇,参校雍正《四川通志》卷四一)

吴曾《能改斋漫录》卷九辨朐䏰条载:韩退之作《韦处厚盛山十二诗序》曰:"不知其出于巴东,以属朐䏰也。"洪庆善辨曰:"〔《新唐书》〕《地理志》〔三十〕云:'山南西道开州盛山郡,本万世郡。义宁二年,析巴东郡之盛山、新浦、通川郡之万世、西流置。天宝元年更名。'朐䏰,音润蠢,地下湿,多朐䏰虫。刘禹锡《嘉话》云:'朐䏰,蚯蚓也。常至夜,江畔出其身,半跳于空中而鸣。上音屈,下音忍。'《集韵》云:'朐朒,在汉中。俗作朐,非是。'"(规按:今本《集韵》一七准韵之"朐"字条下,著录这段引文,"朐"与"朐"互易,误)以上皆洪说。予按,西汉《地理志》:"巴郡有朐忍县。"颜师古曰:"朐音劬。"《后汉郡国志》:"巴郡朐忍县。"亦只作此忍字,盖古文借用也。又按,杜佑《通典》〔州郡五〕:"开州,大唐置,或为盛山郡,〔领县三〕:盛山,汉朐朒县地。"以上三书考之,盖开州在唐为盛山,在汉为朐朒也。《汉书》不著其意,惟刘禹锡以其地出朐朒之虫,因以得名。禹锡之说,亦本许慎。《说文》云:"朐朒,虫名。汉中有朐朒县,地下多此虫,因以为名。"(规按:两"朐朒",中华书局影印陈昌治刻本《说本》作"朐朒",而段玉裁《说文解字注》作"朐朒"。此段引文乃北宋徐铉所增。)"〔朐〕,从肉,句声。"黄朝英云:"考其意,当作润蠢。朐,如顺切;朒,尺允切。"与洪氏、禹锡所音不同。然朝英、禹锡、庆善三人偶忘考西汉《地理志》耳。盖师古以朐音劬,此不可不辨。

规按:《晋书》卷一《宣帝纪》载:"〔魏明帝〕太和四年,帝(指司马懿)自西城斫山开道,水陆并进,沂沔而上,至于朐朒,拔其新丰县。"又《资治通鉴》载:"太和四年六月,诏大将军司马懿沂汉水由西城入,与〔曹〕真会汉中。"考西城在今陕西安康县西北,原属三国时汉中郡,可知汉中附近亦有朐朒县。李焘之说当有失误。

九月,梁克家等上《中兴会要》二百卷,起建炎元年,止绍兴三十二年(《南宋馆阁录》卷四、《中兴圣政》卷五二、《宋史·孝宗纪》)。

是年,李焘有《岑公洞》诗云:"隋邦危乱谁得免,虚鉴真人愿独行。道骨仙风今可想,幽栖岩洞及高明。"(《舆地纪胜》卷一七七《万州·诗》)

淳熙元年甲午(1174)六十岁

去岁,李焘奉命赴临安,适泸州城中火,上章自劾。提刑何熙志劾李焘奏焚数不实,并指《长编》记魏王食肥彘,语涉诬谤。孝宗勿听,止命成都提刑李蘩体量火事。是年初,李焘行及国门,乞祠待辨,除江西转运副使。(《神道碑》《本传》。碑、传均系李焘被召事于淳熙元年,从上引李焘《云安曲水留题》《胸臆记》两文所标之撰年,可推知其失误。)李焘于临行前(即碑所谓"临遣"),进《长编》四百十七卷,自治平四年至元符三年。藏之国子监,世谓泸州本。(《神道碑》,彭龟年《止堂集》卷一《缴进宣取续资治通鉴长编奏》、卷三《进内治圣鉴疏》附日记。卷数各书记载不同。《中兴圣政》卷五四与《玉海》卷四七系此次进书于明年,疑误。)或劝李焘方被谗勿及时事。焘谓:"圣主睿度如此,竭忠所以报也。"遂奏:"近者日食、地震,夷狄、小人,不可不虑。"又上《快箴》,引太祖罢朝,悔乘快决事,以谏。孝宗曰:"朕当揭之座右。"(《神道碑》《本传》)进秘阁修撰。旋坐火案,贬秩一等。(《神道碑》)

孝宗论史事,周必大言李焘于史学如嗜饮食,《长编》考证异同,罕见其比(《周益国文忠公集》附录卷四楼钥撰《神道碑》)。

三月,袁枢纂《通鉴纪事本末》成(《通鉴纪事本末》杨万里序)。

是年,虞允文卒(《诚斋集·神道碑》),洪遵卒(《平园续稿·神道碑》)。

淳熙二年乙未(1175)六十一岁

是年,李焘至江西,置一路财赋都簿,如潼川科约(《神道碑》)。又披辑旧闻,以修一路图经(《朱文公集》卷九一《邵武县丞谢君墓碣铭》)。

正月,李垕除秘书省正字(《南宋馆阁录》卷八)。

九月,周必大与翰林学士王淮荐李塾试贤良,札子云:"布衣李塾,博闻强记,经史百氏之学,无所不通,议论英发,有补治体,而敏识特操,蜀士所推。与其兄垕,素师慕苏轼、苏辙之遗风,是以俱有志于此。求之流辈,未易多得。"闰九月十八日,诏礼部检会施行。(《周益国文忠公集·奏议》卷五、《宋会要辑稿》选举十一之三二)

十二月,秘书省正字李垕兼国史院编修官、实录院检讨官(《南宋馆阁录》卷八)。

淳熙三年丙申(1176)六十二岁

李焘在江西,未几,召还。乞令本路毋以其去任,废财赋科约。孝宗嘉之。是年正月,擢秘书监、权同修国史兼权实录院同修撰。盖专付李焘以史事,故用侍从之礼。(《神道碑》。而《本传》谓焘进秘阁修撰,误也。秘书监,正官也;秘阁修撰,外任带职也。焘既为秘书监,不当带此职。见钱大昕《二十二史考异》卷七九。)故事,修史、修撰,皆从官为之。权同修国史兼权实录院同修撰,自李焘始。(《朝野杂记》乙集卷十三)

同月,李垕除秘书省校书郎(《南宋馆阁录》卷八)。

李焘前尝数言南郊、明堂均大礼,自宜迭行。是年三月一日,适转对,申前说,乞举行宗祀明堂之礼,历引神宗语及钱公辅、司马光、吕诲、李受等人之说。孝宗令集议,嬖近谓于德寿宫有嫌,沮不行。后淳熙六年,礼部尚书周必大始申其说,议遂定。(《神道碑》《本传》《周益国文忠公集》附录卷四楼钥撰《神道碑》《鹤山集》卷十六《论实录缺文》。李焘先后所上札子两封,见《中兴礼书》卷五一。)

三月,李焘权礼部侍郎。(《朝野杂记》乙集卷十三、《南宋馆阁录》卷七、《玉海》卷一一三、《宋会要辑稿》崇儒四之三〇《本传》皆作侍郎。独《神道碑》作尚书。然从明年"真拜侍郎"一事,推知《神道碑》记载有误。)

同月三日,李焘进呈《绍兴日历》一千卷,如进《圣政》故事。

《玉海》卷四七。而《宋史·艺文志二》作《宋高宗日历》。)李焘之序文,见《通考·经籍考二一》。

五月九日,李焘言:"现编修《四朝正史》,合要名臣墓志、行状、奏议、著述等文字照使。今询问得吏部侍郎徐度有自著《国纪》一百余卷。其子行简现在湖州寄居。乞下所属给札抄录赴国史院,以备参照。"从之。(《宋会要辑稿》崇儒四之三〇)

七月,雷震太庙柱,坏鸱尾,有司旋加修缮。李焘奏:"此非所以畏天变,当应以实。"孝宗称李焘爱君,屡有谠言。赐服金紫。(《神道碑》《本传》)

李焘尝请正太祖东向之位,条上熙宁、元符、绍兴议论。其后卒行之。(《神道碑》《本传》)

李焘进《四系录》,记女真、契丹起灭,自绍圣迄宣和、靖康,凡二十卷。孝宗曰:"朕可一日忘此虏哉!"(《神道碑》《玉海》卷五八)

九月,李焘兼侍讲,以经筵少开,录赵师民(仁宗朝说书)《劝讲箴》,以讽。并及仇士良不欲人主读书近儒生之说。会改潜邸为佑圣观,创璇玑殿于太一宫。李焘秘疏二千余言。孝宗褒答之。(《神道碑》)

同月,李垕除秘书省著作郎兼国史院编修官、实录院检讨官(《南宋馆阁录》卷七、卷八)。

十月,吕祖谦除秘书省秘书郎兼国史院编修官、实录院检讨官,以重修《徽宗实录》,用李焘之荐也。(《东莱吕太史文集》附录《年谱》。而《续资治通鉴》卷一四五系之于六月。)

冬,李焘论两学释奠,从祀孔子,当升范仲淹、欧阳修、司马光、苏轼,黜王安石父子;从祀武成王,当黜李勣。众议未之然。明年七月,止黜王雱画像。(《神道碑》《中兴圣政》卷五五、《朝野杂记》乙集卷四、《本传》)李焘乞依绍兴二十七年二月诏书,用经义、诗赋、论、策四场,如元祐时,仍采苏轼议,量收恩科(《神道碑》)。

十一月二十四日,参知政事龚茂良言:"严州近刊《资治通鉴纪事本末》一书,乃袁枢所编,其书有补治道,或〔乞?〕取以赐东宫,增益见闻。"诏严州摹印十部,仍以卿本先次来上。(《宋会要辑稿》崇儒四之三〇至三一、《玉海》卷四七)

是年,汪应辰卒(《宋史》)。

淳熙四年丁酉(1177)六十三岁

二月,孝宗幸太学,命李焘执经,祭酒林光朝讲《大学》,特转李焘一官,坚辞,不听(《神道碑》《朝野杂记》甲集卷三)。

三月,周必大缴进李塾词业五十篇,计十册(《周益国文忠公集·奏议》卷六)。诏令中书召试(《宋会要辑稿》选举十一之三二)。

同月九日,龚茂良等上《重修徽宗实录》二百卷、《考异》二十五卷、《目录》二十五卷。李焘与实录院检讨官吕祖谦之功居多。(《南宋馆阁录》卷四、《书录解题》卷四、《玉海》卷四八、《宋史·孝宗纪》《东莱吕太史文集》附录《年谱》。而《神道碑》系于八月,误。按《孝宗纪》,龚茂良已于六月罢去参知政事。七月,又责授宁远军节度副使,英州安置。)

春,王明清觅官临安,获登李焘之门。焘命其子垕与之游。明清出《挥麈录》二编,焘一见称道再三,且以宣(和)、政(和)名卿出处询之,如:黄寔,章子厚之甥,不丽其舅,而卒老于外;方轸,蔡元长之姻娅,引登言路,而首论其非,遂罹远窜;潘兑,朱勔里人,不登其门而摈斥;李森为中司,不肯观望;王黼穷邓之纲之狱而被逐;燕云之役,盖成于陈尧臣;王寀之枉,由盛章父子欲害刘炳兄弟。世皆亡其事迹,明清为冥搜伦类,凡二十余条,摭据依本末告之。焘益喜,大加敬叹。焘又云:"仆兼摄天官,睹铨榜有临安龙山监税见次,君可俯就,但食其禄,而相与讨论。徐请君于朝以助我。"明清力辞以名迹不正,且非其人而归。未几,焘父子俱去国,明清饯别于秀州之杉青闸下,舟中相持怅然。(《挥麈前录》卷四《王知府自跋》)时李垕曾有书简致王明清,略云:"宣、政从臣出处,极为详备,受赐甚多。《挥麈录》昨晚与老人伏读,共叹该洽。如垕辈可知愧矣。郑公之说甚善,切幸小留,以容乞灵龙山,俯就食其禄可也。一、二同舍郎,与凡厚善,皆以为喜。老人亦约同白庙堂,且喻意京兆。来早幸过此共饭,已约叔度(潘景宪字)款宏论。"(《挥麈前录》卷四《李贤良简》)明清又曾录家藏蔡京自辩方轸指斥其奸恶一疏,以贻李焘,载之《长编》。(《挥麈后录》卷三)

李焘力请变文体,取实学,以致人才。孝宗袖其奏疏付三省,下学官议。国子监司业郑伯熊等请如焘言。而老生晚学,诖言不便,议遂格。(《神道碑》)明年,吕祖谦致书朱熹亦论及此事云:"所论永嘉文体一节,乃往年为学官时病痛,数年来,深知其缴绕狭细,深害心术,故每与士子语,未尝不以平正朴实为先。去夏与李仁甫议文体,政是要救此弊。"(《东莱吕太史别集》卷八《与朱元晦书》)

七月,李垕为秘书省著作郎(《南宋馆阁录》卷七)。李焘父子同典史事,缙绅荣之(《神道碑》)。

《长编》自元符至靖康成,七月五日进之于朝(《神道碑》《玉海》卷四七)。

八月,李焘真拜礼部侍郎,仍兼工部侍郎(《神道碑》)。

李焘请辞礼部侍郎。八月四日,诏留之,有"卿性资简廉,学问渊博。策名委质,今四十年。潜心史家,景行先正。凡列圣之功德,一代之制度,忠邪之议论,夷狄之叛服,表年提要,总为巨编,自建隆迄靖康,成书殆且千卷。使朕览观乎家法,兴起乎治功。有臣若斯,其益多矣。所辞宜不允"等语。(《周益国文忠公集·玉堂类稿》卷六)

李焘夜直宣引,奏言:"近者蒙气蔽日,厥占不肖者禄,股肱耳目宜谨厥与。"寻诏监视太史测验天文。(《神道碑》《本传》)

同月,周必大有《走笔次李焘夜直观月韵》二首,中有"伴直径须呼苦酒"句,盖李焘嗜苦酒也(《周益国文忠公集·省斋文稿》

卷六）。

九月丁酉朔，日当夜食。李焘为社坛祭告官，伐鼓礼废，特举行之。（《神道碑》《本传》《宋史·天文志五》）

李焘感孝宗之殊遇，论事益切。每集议，众未敢言，独条陈可否，无所避。（《神道碑》《本传》）

李塾应制科，黜于阁试。李垕被旨考校上舍生，因策问本朝制科典故，亦不免错误，为御史所劾，语并及李焘。垕降一官，罢去著作郎，奉祠归蜀。焘以本官知常德府。（《神道碑》《本传》《朝野杂记》甲集卷十三、《南宋馆阁录》卷七）周必大上《举李塾贤良不应格待罪札子》。九月三日，奉御笔放罪。（《周益国文忠公集·历官表奏》卷三）

李焘赋诗送其子塾下第归，周必大次韵为赠（《省斋文稿》卷六）。吕祖谦尝云："李仁甫以仲信（垕字）上舍作策题问贤良，为言者并论，遂皆去国。此老萧散平坦，足为朝列之重，骤失此人，甚觉萧索，累日寝食为之无味也。"（《东莱吕太史别集》卷十《与学者及诸弟书》）

李焘出守常德，以史局自随，熟闻常德府教授孙逢吉之该洽，先以书约见于公安。倾盖之顷，质以数疑。逢吉了辩如响。恨得之晚。（《攻媿集·孙逢吉神道碑》）

是年，李焘有《洞庭》诗云："镜面千顷阔，修眉一带横。湖深有龙蛰，山静少人行。似与真仙约，都无世俗情。鸟啼猿叫歇，轩乐有余声。"（《永乐大典》卷二二六一页七下引）

是年秋，陈骙著《中兴馆阁录》十卷成（后称《南宋馆阁录》）。李焘尝序之曰："《中兴馆阁录》十卷，淳熙四年秋天台陈骙叔晋与其僚所共编集也。上世官修其方，故物不坻伏。后世弗安厥官，其方莫修，职业因以放失。夫方云者，书也。究其本原事迹，及朝夕所当思营者，悉书之，法术具焉。使居是官者，奉以周旋，虽百世可考尔。……六龙驻跸临安，逾四十年，三省、枢密院制度，尚稽复旧,惟三馆、秘阁岿然杰出,非百司比。自唐开元韦述所集记注,元祐间宋宣献(绶)之孙匪躬作《馆阁录》,绍兴改元程俱致道作《麟台故事》。宋氏皆祖韦氏,而程氏《故事》并国初,他则多阙,盖未知其有宋《录》也。惜最后四卷俄空焉。余屡搜采弗获,欲补又弗暇,每每太息。今所编集,第断自建炎以来,凡物巨细,靡有脱遗,视程氏诚当且密。官修其方,行古道者,不当如是耶!昏忘倦游,喜见此书,乃援笔为之序。李焘仁父。"(《南宋馆阁录》卷首。其首句二十六字,据黄丕烈《百宋一廛书录》补,引自《适园丛书》第一集。)

十一月,吕祖谦奉旨编次《圣宋文海》。(《东莱吕太史文集》卷三《进编次文海札子》《玉海》卷五四、《朝野杂记》乙集卷五。而《宋会要辑稿》崇儒五之十八系于十月五日,误。)

淳熙五年戊戌(1175)六十四岁

李焘言湖北提刑尹机行营田而迫民充刀弩手之不便。张栻时为湖北安抚使,颇是其言。辛弃疾新除湖北转运副使,议不合。李焘独与张栻具奏,请度田立额。诏从之。(《神道碑》《朝野杂记》甲集卷十八)

常德府境多茶园,异时禁切商贾,率至交兵。李焘解其禁,迄无警。(《神道碑》《本传》)

是年,周必大等被旨纂修神、哲、徽、钦《四朝国史》(《周益国文忠公集·奏议》卷八《论史事札子》)。四月,李焘奏乞责以近限(《书录解题》卷四、《玉海》卷四六)。

李璧年二十,李埴年十八,受业于刘清之,并以清之之介,从张栻游(《真西山集》卷三六《跋刘静春与南轩帖》)。

六月,陈骙上《中兴馆阁书目》七十卷,著录四万四千四百八十六卷,较王尧臣等撰《崇文总目》实多一万三千八百十七卷。(《朝野杂记》甲集卷四、《宋会要辑稿·职官》十八之三七、《玉海》卷五二、《宋史·艺文志三》《通考·经籍考三四》)。而《书录解题》卷八及《通考·经籍考三四》记《中兴馆阁书目》作三十卷,误。)

是年,吕祖谦自临安寄李焘数书,其中有云:"《长编》既已断手,莫若及此暇时参订修润,整顿凡例,刊削枝叶,两存者折衷归于一是,遂为完书。若只广记备言,以待后人,恐年祀浸远,未必能明今日去取之意,使千载有遗恨,良可惜也。""闻复刊辑《长编》,条例当益严密,第恨阻远,不得陪侍笔削尔!"(《东莱吕太史外集》卷五《与李侍郎仁父书》)

是年,刘靖之卒,李焘为其书墓(《张南轩集·墓志》《朱文公集》卷九八《刘子和传》)。是年,叶适举进士(《宋史》)。魏了翁生(《宋史》)。真德秀生(《鹤山集·神道碑》)。

淳熙六年己亥(1179)六十五岁

正月,吕祖谦编《圣宋文海》一百五十卷成,上之于朝。二月,除祖谦直秘阁,命周必大为其书作序。四月,赐名《皇朝文鉴》。祖谦因风痹病辞官回婺州。(《皇朝文鉴序》《东莱吕太史文集》附录《年谱》《玉海》卷五四、《朝野杂记》乙集卷五)

四月十八日,李焘言:"本府春秋释奠,凡所陈设,多不依式。乞下太常寺将《政和五礼新仪》内州县释奠文宣王行礼仪注及绘画尊爵簠簋制度图本颁下。"从之。(《宋会要辑稿》礼十六之一、《玉海》卷一一三淳熙释奠制度图条)

是年,李焘在常德府应四川安抚制置使胡元质(字长文)之请,为撰《贡院记》(《成都文类》卷四六)。

是年,李焘为建议澧、辰、沅、靖州所招刀弩手人数及所给田亩别行覆实事,遭湖北提刑马大同攻讦,累表乞闲,提举江州太平兴国宫,遂自常德归居眉山(《神道碑》《本传》《朝野杂记》甲集卷十八湖北土丁刀弩手条、曹彦约《昌谷集》卷十一《辰州议刀弩手及土军利害札子》、李焘《赵开墓志铭》《说文解字五音韵谱·后序》)。

七月,赵雄等上《淳熙会要》一百五十卷(《中兴圣政》卷五七、《宋史·孝宗纪》)。

九月,行明堂大礼,孝宗以李焘首建议,特除敷文阁待制(《神道碑》《朝野杂记》甲集卷二、《续资治通鉴》卷一四七)。

淳熙七年庚子(1180)六十六岁

正月,吕祖谦初撰《大事记》,自序云:"起《春秋》后,讫于五代。"仅编至汉武帝征和三年而病卒。(《东莱吕太史文集》卷六《大事记序》、卷十五《庚子辛丑日记》)

二月,张栻卒(《朱文公集·神道碑》)。先是,李埴从栻游,求道甚锐,栻移书戒以毋急于求成(《鹤山集》卷六一《跋南轩所与李季允帖》)。

四、五月间,李垕、李塾相继以忧愤卒。孝宗欲以吏事销焘忧,起知遂宁府。焘用蔡挺泾原衙教法,辟勤武堂,亲阅士卒。其杂居市廛者,茸营聚之。(《神道碑》,年月据李壁《祭季修九兄文》)

是年,李焘来遂宁后,适与余杭虞仲房相遇。仲房能为古文奇字,声溢东南,凡江、浙偏旁与其它金石刻多仲房笔。焘乘暇出《五音谱》求是正。(《说文解字五音韵谱·后序》)

十二月,赵雄等上《四朝国史志》一百八十卷。至十三年十一月,王淮等上《列传》一百三十五卷,全书始成。(《中兴圣政》卷五八、卷六三,《玉海》卷四六,《宋史·孝宗纪》,《宋史·艺文志二》,《容斋三笔》卷十三。而《宋会要辑稿》职官十八之六〇著录《列传》作一百三十卷,误。)

是年,胡铨卒(《书录解题》卷十八、《宋史》)。

淳熙八年辛丑(1181)六十七岁

二月,周必大等以《四朝国史志》成书,上疏言:"臣等伏见李焘博考旧闻,网罗逸事,修成《续通鉴长编》一千卷,其自熙宁至靖康六十年中,朝廷之所施设,群臣之所议论,推原审订,登载甚详。今之史志,摭取实多。又其间《地理》一志,全出焘手。乞与推恩。"诏减二年磨勘外,别转一官。(《周益国文忠公集·奏议》卷十一)

《四朝国史》本纪、列传,皆洪迈主修。惟《志》二百卷,多出李焘之手。迈云:"其汇次整理,殊为有功,然亦时有失点检处。盖文书广博,于理固然。"(《容斋三笔》卷十三)其中《艺文志》乃李舜臣之笔也(《朝野杂记》甲集卷四)。

李焘自奉议郎年劳赏典,积官朝议大夫,避父名,遇迁秩寄理者三,于是转通议大夫(《神道碑》)。

李焘在遂宁府,以酒课加重,奏言:"榷酤起王莽,而成于唐德宗。本朝郡酿有数,监司尚不许。今乃设法劝饮,以耗民财,纵未能尽弛,犹当用买扑旧法,罢去官监。"孝宗意向之,而计司迫赡军,月仅减三十缗。(《神道碑》)

李焘节用度,停燕会,官府肃然(《神道碑》)。

七月,吕祖谦卒(《东莱吕太史文集》附录《年谱》)。

是年前后,李焘刊行所撰《说文解字五音韵谱》十卷。此书经始于知常德府日,至是毕功。(《说文解字五音韵谱·后序》)

是年前后,李焘撰成《题崔豹古今注后》一文,云:"《古今注》三卷,晋太傅丞崔豹正熊撰。其书七篇,杂取古今名物,各为考释,颇为该极,又多异闻。孔子曰:'多识于鸟兽草木之名。'兹固学者之事,有志于博物者,于是书宜有取焉。豹虽晋人,史不著其名氏行事,然以族系考之,知其为瑗、寔之后也。曩时文昌锡山尤公(袤)守当涂,刻唐武功苏鹗《衍义》十卷,后四卷乃误剿入豹全书。然予在册府,得本书四卷,与豹今所著绝不类。尝以遗同年本郡学钱子敬,俾改而正之,庶两书并行,不相殽乱。予寻归蜀,不知子敬能从予言否?暨来灌(遂?)宁,居多暇日,因为检校抵牾,颇为精善。夫昔人著书,虽则小道,亦无为无意,岂可遽使因循泯灭?命工锓木,庶以永其传云。眉山李焘题。"其后,丁黼云:"左史李公守铜梁日,刻崔豹《古今注》,是正已备。予在上饶,得郡学本,再三参订,于第四篇以下,颇多增改,故又刻之夔门云。嘉定庚辰(十三年)四月望日东徐丁黼谨书。"(《古今注》附录《明翻宋刊本原跋》,商务印书馆1956年版;参校《宋代蜀文辑存》卷五三)

淳熙十年癸卯(1183)六十九岁

是年,李焘在遂宁府。《长编》全书修订完成,计一百六十八年事,九百八十卷,《举要》六十八卷、《总目》五卷、《修换事目》十卷。三月六日,上之于朝。(《神道碑》《朝野杂记》甲集卷四、《中兴圣政》卷六〇、《玉海》卷四七、《宋史·孝宗纪》。而《通考·经籍考二〇》系之九年,《本传》系之七年,均误。)《进表》有云:"臣网罗收拾,垂四十年;缀茸穿联,逾一千卷。抵牾何敢自保,精力几尽此书。非仰托大君之品题,惧难逃乎众人之指目。汉孝宣称制决疑,故事最高于甘露;我神考赐命冠序,《治鉴》莫毁于元符。豫席恩言,比迹先正。臣死且不朽。"(《通考·经籍考》、浙本《长编》)孝宗谓其书无愧司马光,诏藏秘阁。(《朝野杂记》甲集卷四、《本传》。而《本传》记此事,作司马迁,误。)

后叶适序《巽岩集》,谓焘之《长编》,"《春秋》之后,财有此书,信之所聚也。虽然,公终不敢自成书,第使至约出于至详,至简成于至繁,以待后人而已。"又称许李焘之文章:"大篇详而正,短语简而法,初未尝藻黼琢镂,以媚俗为意。"(《水心文集》卷十二)又在《习学记言序目》中云:"本朝则李焘史底最信而核。"(卷三七)"班彪言:'司马迁汉事,止据陆贾,无别书。'彪及固自著,亦不言所承何书,但云:'继采前史遗事,傍贯异闻'而已。今史家用官文书比次日月,犹尚错谬。则迁、固缀集所闻而成者,安得传信。故余为李焘序,以为《春秋》后财有焘书也。"(卷二五)陈傅良云:"本朝国书,有日历,有实录,有正史,有会要,有敕令,有御集,又有百司专行指挥、典故之类,三朝以上又有宝训,而百家小说、私史与士大夫行状志铭之类,不可胜纪。自李焘作《续通鉴》,起建隆元年,尽靖康(元)〔二〕年,而一代之书萃见于此,可谓备矣。"(《止斋集》卷四〇《嘉邸进读艺祖通鉴节略序》,参校《通考·经籍考二〇》)周必大亦云:"李仁甫谓'近则事详,远则事略,不当以繁省论文'。其言善矣。故《续通鉴长编》多采近世士大夫所著,如曾子宣《日记》之偏,王定国《甲申录》之妄,咸有取焉。"(《省斋文稿》卷十八《题范太史家所藏帖》)按:曾子宣《日记》即曾布《日录》,见《长编》卷三六七元祐元年二月丁亥条注文。

清人朱彝尊曾云:"宋儒史学以文简为第一,盖自司马君实、欧阳永叔书成,犹有非之者,独文简免于讥驳。"(《曝书亭集》卷四五《书李氏续通鉴长编后》)钱大昕《跋续资治通鉴长编》云:"……搜罗既博,遂有一事而重出者,如大中祥符八年六月,诏:自今〔吏部〕选人,有罪犯者,铨司未得定入官资叙,并具考第及所犯取旨云云。又见于九年六月。此类殊不少矣。其辨昭宪太后遗命传位太宗无递传光美事,又言光美非杜太后所生,则恐其有所讳避,不如《宋史》之直笔也。"(《潜研堂文集》卷二八。"吏部"二字据《长编》增补。)孙原湘《李氏续通鉴长编跋》云:"此书真一代之良史也。今即其所举最大事者数条考之:其于开宝之禅,首采吴僧文莹之言及蔡惇《直笔》,然后参以《程德元(玄)传》及《涑水记闻》,传疑也。其于涪陵之贬,引《建隆遗事》而实之,以太宗即位之初,廷美尹开封,德恭授贵州防御使,与太祖传位之迹略相似,以明传闻之说未可全弃,著实也。于澶渊之盟,则引陈莹中之言,以为寇准之功不在于主亲征而在于画百年无事之策,向使其言获用,不惟无庆历之悔,且可无靖康之祸,其意直谓靖康之事皆由景德误之,原祸始也。于西夏之封,先载富弼一疏,复载吴育边备之疏、田况边兵之奏,而实以韩琦家乘之汰边兵及分遣内臣汰诸路兵,彰国弱之本也。于英宗之复辟,则首著韩琦之谏及光献撤帘事以补实录所不载,而于蔡氏《直笔》、邵氏《见闻》、王氏《别录》所载太后不乐还政等语并削去,明臣道之权也。至于熙宁之更新,元祐之图旧,则尤旁参互审,辨异析同,使邪正心迹纤豪莫隐,尤人所难言者。凡此数事,浅识既不能言,拘儒又不敢言,而文简以宋臣言宋事,独能继南、董之笔,援《春秋》之义,发愤讨论,使众说咸归于一,厥功不在司马氏下矣。"(《天真阁集》卷四三)

《长编》卷帙浩繁,难于传写,南宋后期蜀中旧本与坊间刻本已详略不同。自元朝以来,世鲜传本。清康熙时,徐乾学始获其本于泰兴季振宜家,凡一百七十五卷(册),进之于朝。然仅至英宗治平而止。乾隆间,四库馆臣从《永乐大典》辑出此书,补入神、哲两朝,并与徐本参互校正,重加厘定为五百二十卷。因当时《永乐大典》已有残缺,故佚去治平四年四月至熙宁三年三月及元祐八年七月至绍圣四年三月的记事;又《永乐大典》原本不载徽、钦两朝史事,故辑本仅止于哲宗元符三年正月。嘉庆己卯(1819),张金吾病七阁写本得见者鲜,以阁中传钞本为据,用活字版排印。阁本不能无误,传钞益增鲁鱼,活字版本校印又不甚精。越一花甲,至光绪己卯(1879),谭钟麟抚浙,以张本为据,委黄以周等用文澜阁本校勘,付浙江书局刊刻。黄等除利用阁本外,大发宋史有关文籍,加以考核,订正颇多;又以杨仲良《皇宋通鉴长编纪事本末》本因焘书而成,故据仲良书辑录阁本所阙,为《长编拾补》六十卷。合计五百八十卷。(《四库全书总目提要》卷四七、浙本《长编》序跋及校刻举例)是为《长编》现存较完善之版本。

李焘自遂宁还朝。六月,召对延和殿,迩英讲臣方读陆贽《奏议》。李焘摭贽言切今者数十事,劝孝宗力行之。且言:"贽虽相德宗,其实不遇。今遇陛下,可谓千载一时。"又奏言:"陛下即位二十余年,志在富强,而兵弱财匮,与'教民七年,可以即戎者'异矣。"孝宗有功业不足之叹,李焘谓:"功业见乎变通,人事既修,天应乃至。"进敷文阁直学士,提举佑神观,兼侍讲、同修国史。(《神道碑》《本传》)

李焘荐尤袤、刘清之等十人为史官(《本传》)。焘尝称许尤袤好学,有云:"延之于书靡不观,观书靡不记。每公退则闭户谢客,日计手抄若干古书。其子弟及诸女亦抄书。一日,谓予曰:'吾所抄书,今若干卷,将汇而目之。饥读之以当肉,寒读之以当裘,孤寂而读之以当友朋,幽忧而读之以当金石琴瑟也。'"(《说郛》卷二八尤袤遂初堂书目条)

李焘每遇荐人,辄削稿(《神道碑》)。

七月,久旱。李焘进避殿损膳求言故事。孝宗亟施行。又奏言大臣应效法魏征之敢谏。并谓户部不足,南库有余,请如唐建中罢琼林、大盈库归左藏。孝宗以奏付外。读者失色。(《神道碑》)

一日,宣对。李焘言:"外议陛下多服药,罕御殿,宫嫔无时进见,浮费颇多。"孝宗曰:"感卿忠爱,然朕老矣,安得此声。近惟葬李婕好用三万缗,他无费也。"(《神道碑》)

李焘因转对,乞用祖宗故事,召宰执赴经筵(《本传》)。

七月丁丑(十五日),李焘奏:"臣蒙恩庀职史馆,事有当奏取圣裁者,谨列于后:一、从来修书必立年限,今《四朝正史》开院已二十四年,三次展限矣,所幸纪及志并奏全篇,其未了者止诸臣列传耳。列传既有底本,稍加之意,似不难了。乞自今更与展限明年春季,庶几史官各务协心,不致有淹日月。一、裕陵诸臣列传已经四次修改,泰陵三次,祐陵二次,靖康一次。若旧本有误处及有合添处,即当明著其误削去,合添处仍具述所据何书,考按无违,乃听修换,仍录出为考异。不然,则从旧更勿增改。所有诸臣合立传而事迹无可寻讨者,且附他处,不必强立,庶几后来寻讨得见,则不妨别立。大抵只要信而有证。一、臣闻操揖佐辕,技不两工,故史官必久居其任,少兼他职,仍可责成,若兼职太多,用志必分,虽高才任职多多益办,然人之精力有限,正恐详此则略于彼。今史官犹有缺员,自今差除,乞选兼职少者委任之,庶几专力速成大典。"从之。(原注:出《孝宗皇帝实录》)(高斯得《耻堂存稿》卷二《经筵进讲故事》)

孝宗忧荧惑尝入斗。李焘言:"天道远,惟正厥事,可以弭灾。"类次汉元鼎至宣和四十五事,以进。(《神道碑》)

十一月朔,日当食心八分。李焘言:"小人害政,夷狄窥中国之象。"复条上古今日食于是月者三十四事。明日,召对延和殿,又及晋何曾议武帝无经国远图。孝宗甚嘉奖。(《神道碑》《本传》)

同月,李焘见吕吉甫帖,命子埴题其后,考证极为精详,谓司马温公误国者,陈莹中矫枉之言云云(《省斋文稿》卷十五引)。

是年,李焘赋诗云:"明年七十吾归矣,预买北关门外舟。"至冬疾作。三省请给假十日。孝宗曰:"老者不以筋力为礼,可半月。"(《神道碑》)

是年,岳珂生(岳珂《宝真斋法书赞》卷二八《银青清白颂语跋》《桯史》卷十一番禺海獠条)。

淳熙十一年甲辰(1184)七十岁

正月,李焘因疾,表乞致仕。优诏不允。孝宗数问其疾增损,给事中乡人宇文价传旨。焘曰:"臣子恋阙,非老病,忍乞骸骨!"因叩价时事,勉以忠荩。又闻四川乞减酒课额,犹手札赞庙堂行之。(《神道碑》《本传》)

二月,李焘病革,除敷文阁学士,转一官,致仕。命下而喜,口占遗表云:"臣年七十,死不为夭,所恨报国缺然。愿陛下经远以艺祖为师,用人以昭陵为法。"初五日卒。孝宗闻而嗟悼,赙银绢三百匹两,赠光禄大夫。令临安府治后事,沿江漕司津置归舟。(《巽岩先生墓刻》《神道碑》《本传》《李壁神道碑》。而《续资治通鉴》卷一四九误系李焘卒于九月。)

是年,周必大与刘子澄(清之)书曰:"李仁父病益殆,犹力求纳禄,良可爱重。上不得已,进学士以宠之。始终无疵,在渠何憾,第世间宁复有此端正博洽君子乎?"(《周益国文忠公集·书稿》卷一)

张栻尝称李焘"如霜松雪柏,无嗜好,无姬侍,不殖产"。

（《本传》）

孝宗语宇文价曰："朕尝许焘大书'续资治通鉴长编'七字，且用神宗赐司马光故事，为序冠篇，不谓其止此也。"（《神道碑》《本传》）

十二月四日，知台州熊克进《九朝通略》一百六十八卷。诏特转一官，其书付秘书省。（《宋会要辑稿》崇儒五之四〇、《玉海》卷四七。而《朝野杂记》甲集卷四系于淳熙十二年二月。）克字子复，建宁人，尝为起居郎、直学士院。其书简要不如徐度之《国纪》，详备不如李焘之《长编》，讹舛颇多。（《朝野杂记》甲集卷四、《玉海》卷四七）

明年七月己酉（二十八日），李焘葬于丹稜县龙鹤山巽岩之阳。妻杨氏，同邑赠朝散大夫素之孙。后李焘八年（绍熙二年十月）卒，祔焉。（《神道碑》《巽岩先生墓刻》）李焘谥文简，累赠端明殿学士、太师、益国公（《李壁神道碑》）。

《长编》以外，李焘之著作尚有：

《易学》五卷

《诗谱》三卷

《春秋学》十卷

《五经传授》一卷

《尚书百篇图》一卷

《大传杂说》一卷

《七十二子名籍》一卷

《四朝史稿》五十卷

《通论》十卷

《南北攻守录》三十卷（《玉海》卷五八著录李壁《南北攻守录》五十八卷）

《七十二候图》三卷（嘉庆《四川通志·经籍志》作一卷）

《陶潜新传》三卷

《历代宰相年表》二十三卷（《玉海》卷一二〇同，而《通考·经籍考三〇》作三十四卷，《宋史·艺文志二》作三十三卷）

《唐宰相谱》一卷

《江左方镇年表》六卷（《玉海》《宋史·艺文志》作十六卷）

《晋司马氏本支》一卷

《记李梲等十事》一卷

《齐梁本支》一卷

《王谢世表》一卷

《五代三衙将帅年表》一卷

《本朝事始》二卷

《建隆遗事辨》一卷（其议论散见于《长编》卷十七、卷二二两卷附注中）

《赵普别传》一卷（《书录解题》卷十七：李焘曾编辑《赵韩王遗稿》十卷，末有刘昌言所撰《行状》，奏议止十篇，余皆表状之属。《通考·经籍考六〇》引李焘《赵韩王遗稿序》云："王禹偁尝赋诗哭普，谓其章疏与夏训、商谟相表里。《本传》独载普谏伐幽州，辞多删润，每恨弗见其全。网罗搜索，久乃得普遗文，而幽州之奏咸在，后有论星变及荐张齐贤二奏。其言谆谆，要本于仁，呜呼贤矣。禹偁褒赞，谅不为私，而史官简编，诚可叹息。乃次第其遗文，以传于世。其四六表状往往见禹偁集，盖禹偁代作也，虽禹偁代作，必普之心声云耳，因弗敢弃。顾章疏决不止此，当博求而附益之。"）

《科场沿革》一卷

《集贤学士并赐带典故》一卷

范、韩、文、富、欧阳、司马、三苏、六君子年谱各一卷

《文集》五十卷（《宋史·艺文志七》《通考·经籍考六六》作一百二十卷）

《奏议》二十卷（《本传》作三十卷，嘉庆《四川通志·经籍志》作四十卷）

《四系录》二十卷

————以上《神道碑》。书均佚。

《思陵大事记》三十六卷

《阜陵大事记》二卷

《春秋古经》一卷（与弟子谢畴同定。按谢畴，字元锡，潼川人。从李焘游，编定《春秋古经》十二篇。焘为之《后序》，称其治《春秋》极有功。《后序》见《通考·经籍考九》。）

————以上《书录解题》卷三、卷四。书均佚。

《天禧以来御史年表》

《天禧以来谏官年表》

《续皇朝百官公卿表》一百四十二卷

————以上《通考·经籍考二九、三〇》。书均佚。

《混天帝王五运图古今须知》一卷

《宋政录》十二卷（嘉庆《四川通志·经籍志》作十卷）

《宋异录》一卷

《宋年表》一卷

《谢家诗集》一卷

————以上《宋史·艺文志》。书均佚。

《谕西南夷事》一卷

《旭川图经》（与荣州教授句演同撰）

————以上嘉庆《四川通志·经籍志》。书均佚。

《六朝通鉴博议》十卷（《四库全书总目提要》卷八八云："此书详载三国、六朝胜负攻守之迹，而系以论断。案焘本传所著述无此书名，而有《南北攻守录》三十卷，其同异无可考见，核其义例，盖亦《江东十鉴》之类，专为南宋立言者。然《十鉴》徒侈地形、饰虚词，以厉战气，可谓夸张无实。此则得失兼陈，法戒具备，主于修人事以自强。视李舜臣所论，较为切实。"）

《说文解字五音韵谱》十卷（《四库全书总目提要》卷四三《小学

类存目》。有明万历刻本。)

魏了翁《答遂宁李侍郎(埴)书》云:"巽岩先生初作《五音谱》,以许叔重(慎)部叙为之。后在遂宁,出视虞仲房,仲房乃改用徐楚金(锴)《韵谱》。老先生虽勉从之,终弗惬也。故《后序》及《跋语》既云'要自别行',又云'要须各行'。大抵始一终亥,其形也;始东终法,其声也。许氏元无反切,后人渐加附益,至徐鼎臣(铉)始以孙恒《唐韵》音切为定。自音切行,人以为便于检阅,而不知字之本乎偏旁,故老先生谓偏旁一切都置,则字之有形无声者,岂不愈难检阅,盖不以《韵谱》为然也。闻《韵谱》今已不存,或使府别为刊《元本五音谱》(原注:贾端修所定者),置之学中,以广其传,亦是一事。不知台意以为如何?"(《鹤山集》卷三四)按:"始东终法",李焘《说文解字五音韵谱·后序》作"起东终甲"。

——以上两书存。

李焘与洪迈等同修之史书:

《宋四朝国史》三百五十卷(《书录解题》卷四同,而《通考·经籍考一九》作"二百五十卷"误。)

——以上《宋史·艺文志》。书佚。

李焘与吕祖谦等同修之史书:

《徽宗实录》二百卷

——以上《书录解题》卷四。书佚。

李焘与史馆官员同修之史书:

《绍兴日历》一千卷

——以上《玉海》卷四七。书佚。

李焘评述或考证他书之文,与题跋、奏疏、墓志,散见于《文献通考》《成都文类》《全蜀艺文志》《永乐大典》《名臣碑传琬琰集》《乖崖集·附录》《愧郯录》等书中。近人傅增湘编《宋代蜀文辑存》收录李焘文章八十篇(原收八十一篇,其中《武陵县善卷先生祠堂记》一文乃南宋末年人所撰),不愧为迄今最完备之李焘散文集,惜校勘不审,失误颇多。其诗,宋人陈思辑成《李文简诗集》一卷,元陈世隆又加补钞。见《两宋名贤小集》。《成都文类》《舆地纪胜》《方舆胜览》《永乐大典》《全蜀艺文志》《宋诗纪事》及《宋诗纪事补遗》各有若干首。

〔后记〕1942 春,予肄业国立浙江大学,从东莞张荫麟教授(1905 年 11 月至 1942 年 10 月)治宋史。一日,先生授予周必大文集,嘱为南宋名史家李焘编次年表。越一载,稿始就,而先生已归道山,不及求正。今岁适逢先生逝世二十周年,爰检旧稿,略加校补,藉资纪念,并期供读《长编》者知人论世之助云。

1962 年 5 月徐规于杭州大学书

〔增补〕李焘父丧服除在绍兴二十年,而还乡守服之岁,未见记载。丁母忧岁亦然。《年表》中均从其服除之年推定。

按三年之丧,前人说法不同。然据宋英宗治平二年三月壬午,礼院奏称:

> 谨按《礼》学:王肃以二十五月为毕丧,而郑康成以二十七月;《通典》用康成之说,又加至二十七月终,则是二十八月毕丧,而二十九月始从吉。盖失之也。祖宗时,据《通典》为正,而未讲求故事。天圣中,更定《五服年月敕》,断以二十七月,今士庶所同遵用。(《长编》卷二〇四)

其后,司马光在《书仪》卷九禫祭条亦云:

> 《三年问》曰:"三年之丧,二十五月而毕。"(中略)历代多从郑说。今律、敕三年之丧,皆二十七月而除,不可违也。

可见宋人毕丧以二十七月为通例。考诸事实亦如此。程颐父珦,元祐五年正月十三日病卒。七年三月四日延和殿奏事,三省进呈:程颐服除,欲与馆职,判检院。(姚名达《程伊川年谱》)吕祖谦于乾道二年十一月一日丁母艰,五年二月从吉(《东莱吕太史文集》附录《年谱》)。但间有超出二十七月者,如李弥逊于"建炎元年七月,遭鲁国太夫人艰,解官。建炎四年,服除。四月,奉太平观祠"(《筠溪集》附录《筠溪李公家传》)。不及者当亦有之。据此,则《年表》中将李焘丁父忧还乡守服一事置于绍兴十七年,似尚近理。

清人阎若璩《咏刘敞、李焘、王应麟、马端临》诗云:"原父复仁父,经奇史更奇。(中略)有宋虽烟海,斯人独羽仪。网罗遗失尽,异代即同时。"自注:"余尝集四公逸事为一帙,足补《宋史》列传之略,及马无传。"(《潜邱札记》卷六)可知阎氏辑有李焘等逸事,惜未梓行(见清阮葵生《茶余客话》卷二一潜邱遗书条),无从获睹。

近时日本周藤吉之教授亦著有《南宋李焘与〈续资治通鉴长编〉之成立》一文,刊布《驹泽史学》(1957 年 12 月号,见日本《史学杂志》六七编一二号《论文要目》),惜未览及。

昔人谓:"观天下书未遍,不得妄下雌黄。"予实深有愧乎斯言!

1964 年 3 月补正于杭州道古桥畔

附　记

本文初稿为大学学士学位论文,经陈乐素教授(1902—1990)斧正后,于 1943 年获全国大学生毕业论文优等奖。初稿曾刊于《文史》第二辑,1963 年 4 月出版。后又撰《〈李焘年表〉补正》(刊于《文史》第四辑,1965 年 6 月出版)与《〈李焘年表〉再补正》(《文史》第十六辑,1982 年 11 月出版)。1986 年 8 月,重加整理,被收载于中华书局 1995 年 4 月出版的《续资治通鉴长编》第一册。收入本集时又略加补正。

1996 年 1 月中旬于道古桥宿舍

《续资治通鉴长编》评介

《续资治通鉴长编》（以下简称《长编》）是我国古代编年体史书中的名著，作者是古代杰出的史学家。该书取法司马光《资治通鉴》义例，记载北宋九朝 168 年史事，征引广博，内容丰富，考订翔实，为研究北宋历史最基本的文献，被当代和后世所推重。

（一）

李焘（1115—1184），字仁甫，一字子真，号巽岩，谥文简，宋眉州丹稜（今属四川）人。其父李中登北宋徽宗大观三年（1109）进士第，历任州县官，熟悉本朝掌故，家富藏书。南宋高宗绍兴二年（1132），李焘中眉州解魁。八年，考取进士，奉命任成都府华阳县（治所在今成都市）主簿，未赴，在家乡龙鹤山读书。十年，宋廷下诏州郡荐举贤良方正，李焘携所著策论五十篇往见成都府路安抚使张焘，不果荐。十二年秋，李焘赴华阳主簿任，开始了仕宦生涯。

自绍兴十二年至孝宗乾道三年（1167），李焘除先后守父母丧五六年外，一直担任四川地方官达 20 年之久。乾道三年，他受到四川制置使汪应辰（1118—1176）的荐举，被孝宗召赴京城临安（今浙江杭州市），授以兵部员外郎兼国史院编修官，又兼礼部员外郎。乾道六年之后，外放湖北、四川、江西等地充当路一级长官。淳熙二年（1175）冬，在江西转运副使任内被召回京，专领史局。四年深秋，出知常德府（治所在今湖南常德市），以史局自随。六年，曾短期归居故乡,未几起知遂宁府(治所在今四川遂宁)。十年三月,《长编》全书重加修订完成,上之于朝。因修书有功,奉命回京,进敷文阁直学士兼侍讲、同修国史。次年,晋升敷文阁学士,致仕,在临安病逝。

李焘在地方官任内,关心民瘼,抑制豪强,兴修水利,宽减科敛,政绩显著。南宋初年,民族矛盾非常尖锐,金兵不断南下,中原沦亡,生民涂炭,当国者采取妥协苟安政策,不惜向女真贵族称臣纳贡,这对李焘刺激甚深。绍兴五年,他追念靖康之难,著《反正议》14篇,皆救时大务。八年,在参加礼部试后曾上献给朝廷。后来,宰相秦桧闻其名,尝遣人谕意,欲得李焘一通问,即召用之。李焘恶其误国擅权,不肯屈就。他"博览经传,独不乐王安石学"(周必大《周益国文忠公集·平园续篇》卷二六《李文简公神道碑》,下称《神道碑》)。他曾对孝宗提出"毋欲速、毋变古"的告诫,反对急于求成和轻率更改祖宗之法。

李焘天资聪颖,毕生勤奋,精通史学,尤以熟习宋朝典故著称。早岁在蜀中,初修太祖《长编》时,并未取得朝廷认可,后以卓越的成就,受到朝廷注意。汪应辰在《荐李焘与宰执书》中称赞他"笃志学问,无他外慕,安贫守分,不妄取予。凡经传、历代史书,以至本朝典故,皆究极本末,参考异同,归于至当,随事论著,成书不一,皆可以传信垂后"(《文定集》卷一三)。终于成为孝宗朝享有盛名的史官。

李焘治学谦虚好问,直到晚年成为史学大师之后仍不断向同辈以至晚辈学者求教。如淳熙四年春,李焘63岁,曾向当时尚未知名的《挥麈录》作者王明清(1127—?)询问有关徽宗朝史事,"明清为冥搜伦类,凡二十余条,摭据依本末告之"(《挥麈录·前录》卷四《王知府自跋》)。是年秋冬间,李焘出知常德府,熟闻府学教授孙逢吉(1135—1199)之该洽,"先以书约见于公安,倾盖之顷,质以数疑。公(指孙逢吉)了辨如响。恨得之晚。"(楼钥《攻媿集》卷九六《孙公神道碑》)又李焘在《长编》卷二二二熙宁四年四月丁卯条著录判亳州富弼有关亳州不散青苗钱事的奏疏,并于其下附注云:"此章当删取,汪应辰云此章恐当存之,今悉具载。"可见李焘也曾邀请汪应辰审阅过《长编》稿本的。李焘和家富中原文献之传的婺州学者吕祖谦(1137—1181)交情颇厚,在淳熙三、四年间曾共同参与重修《徽宗实录》,也常有所请益。

李焘著作弘富,约有50种,3000多卷,涉及范围亦极广泛,对史学、文学、音韵学、方志学以至先秦典籍均有研究。遗著惜多散失,现存除《长编》外,还有《六朝通鉴博议》10卷,《说文解字五音韵谱》10卷。另有评述、考证之文与序跋、书启、奏疏、墓志以及一些诗作,散见于《文献通考》《成都文类》《名臣碑传琬琰集》《宋会要辑稿·职官十八》《五百家播芳大全文粹》《乖崖先生集·附录》《愧郯录》《永乐大典》《全蜀艺文志》《舆地纪胜》《方舆胜览》《两宋名贤小集·李文简诗集》《宋诗纪事》《宋诗纪事补遗》等书中。近人傅增湘编辑的《宋代蜀文辑存》中收录了李焘分散的文章80篇(原收81篇,其中《武陵县善卷先生祠堂记》一文系南宋末年人所撰),可以说是迄今最完备的李焘散文集。

《宋史·李焘传》对他的一生作了很好的总结:"焘性刚大,特立独行。早著书,〔秦〕桧当路,桧死始闻于朝。暨在从列,每正色以订国论。张栻尝曰:'李仁甫如霜松雪柏,无嗜好,无姬侍,不殖产。'平生生死文字间,《长编》一书用力四十年,叶适以为《春秋》以后才有此书。"

(二)

《长编》是李焘最重要的历史著作,毕生精力几尽此书。盖以当时学者论述本朝历史,各信所传,不加审核,纷错难据,故发愤编写此书。他广搜史料,悉力研讨,使众说咸会于一,以供当代资治之鉴。

李焘为纂修此书,创造了资料编年分类法,据南宋人李献可说:"昔李仁甫为《长编》,作木厨十枚,每厨作抽替匣二十枚,每替以甲子志之。凡本年之事有所闻,必归此匣,分月日先后次第之,井然有条。"(周密《癸辛杂识》后集修史法条引录)撰写编年体著作,这无疑是积累和利用资料的好办法,迄今仍有参考价值。

《长编》的编纂方法,李焘在乾道四年的《进表》中说:"臣窃闻司马光之作《资治通鉴》也,先使其寮采摭异闻,以年月日为丛目(即按时间顺序列出事目,在各事目之下分注实录、国史、杂史、笔记、文集等史料)。丛目既成,乃修长编(将各事目之下所列史料尽数检出一阅,经过鉴别取舍写成的通鉴初稿,或称'草卷')……臣今所纂集,义例悉用光所创立,错综诠次,皆有依凭。"(《文献通考·经籍考二十》)这种体例,司马光在《答范梦得书》(《司马文正公传家集》卷六三)中有详尽的叙述。司马光等人为作《资治通鉴》而修的长编早已散失,惟李焘《长编》则是这种编纂体例流传下来的第一部范本。

李焘《长编》在历史编纂学上也有它的特色。第一,强调"宁失于繁,无失于略"。这个编纂方针是司马光在给范祖禹(字梦得)的信中提出的,李焘在《长编进表》中也着重谈到并忠实地履行。如《长编》卷二〇太宗太平兴国四年(979)八月丁巳条载:"初,刘继业为〔刘〕继元(北汉主)捍太原城,甚骁勇。及继元降,继业犹据城苦战。上素知其勇,欲生致之,令中使谕继元俾招继业。继元遗所亲信往,继业乃北面再拜,大恸,释甲来见。上喜,慰抚之甚厚,复姓杨氏,止名业,寻授左领军卫大将军。丁巳,以业为郑州防御使。"注文:"据《国史·杨业传》,乃云孤垒甚危,业劝其主出降以保生聚。继元既降,上遣中使召业,得之,喜甚,以为领军大将军。师还,乃除郑州防御使。制辞云'百战尽力,一心无渝,疾风靡摇,迅雷罔变。知金汤之不保,虑玉石以俱焚,定策乞降,委质请命,忠于所事,善自为谋(规按:指善为北汉谋)。'与《九国志》大不同。按

《五代史》,垂涕劝继元出降者,但马峰一人耳,非杨业也。若业劝降,则当与继元俱出见,何用别遣中使乎?然当时制辞,不应便失事实,又疑制辞意有所在,故特云尔。今但从《九国志》,更须考之。"李焘在正文中虽采取北宋路振(957—1014)《九国志》的说法,但在注文中又著录《三朝国史·杨业传》的异说。我们再结合《长编》卷十太祖开宝二年(969)六月末所载:"时契丹遣其将南大王为援,屯于太原城下,刘继业言于北汉主曰:'契丹贪利弃信,他日必破吾国。今救兵骄而无备,愿袭取之,获马数万,因籍河东之地以归中国,使晋人免于涂炭,陛下长享贵宠,不亦可乎?'北汉主不从。"可见杨业在开宝二年宋太祖亲征北汉时,早有"籍河东之地以归中国"之议,故日后劝刘继元降宋乃符合其本人一贯之立场。若李焘不详载其事,则今日已难于窥知当时的真实情况。

第二,是详近略远。李焘认为写史书应该"年近则事详,远则略"(《资治通鉴跋》,见《文献通考·经籍考二十》)。据南宋赵希弁《郡斋读书志·附志》编年类载,《长编》一书,共 946 卷(按:赵希弁所藏已缺钦宗朝 34 卷)。太祖至英宗五朝 108 年,175 卷;神宗朝18 年,228 卷;哲宗朝 15 年,220 卷;徽宗朝 24 年,323 卷。又从清乾隆年间四库馆臣重加厘定卷数的七朝《长编》来看太祖、太宗两朝是每年 1 卷,太宗末期(淳化五年到至道三年,除去至道元年外)是每年 2 卷,真宗、仁宗、英宗朝平均每年 2 卷多,神宗朝上升到平均每年约 9 卷,哲宗朝平均每年增到约 15 卷。徽宗、钦宗两朝早已遗失,这里无从比较。总之,时代愈近,则记载愈详。

第三,采用考异的方法来编写史书。李焘在《长编》注文中对于各种资料的出处、取舍、异同和真伪,以及一时尚无法考辨清楚的史料,都尽可能给予说明,使人们不但可以了解他对史料取舍的根据,而且可以借此来判断他的根据是否正确。如《长编》卷十七开宝九年(即太宗太平兴国元年)十二月载:"上初即位,诏罢河东之师(按指太祖末年最后一次进攻北汉之役)。癸卯,宣徽南院使潘美、侍卫马军都指挥使党进,皆自行营归阙。"注文:"《十国纪年》云十一月宋师失利,烧营而归。与此不同,当考。"李焘在正文中的叙事是根据官修实录写成的,而在注文中特为标出北宋著名史学家刘恕(1032—1078)《十国纪年》的异说,留待后人考定。又如托名王禹偁(954—1001)撰的《建隆遗事》,涉及北宋初年赵氏皇室大事,而此书之作者与内容颇多可疑之处。李焘在《长编》卷二、卷十七、卷二二注文中曾有引录,并加以考辨云:"谨按世所传《建隆遗事》十三章,此其第十一章也。事尤悖谬不可信。……臣焘尝反覆推究此章,盖〔赵〕普之怨家仇人〔卢〕多逊亲党所为,欲肆其诋毁,故托名禹偁窜寄《遗事》中,实非禹偁作也。禹偁事太宗坐直言屡黜,故群小因之,然禹偁素识道理,忠义人也,决不敢凿空驾虚,污蔑君父,若此不顾。且禹偁集所载表章多代普作,禹偁传(指《三朝国史》中的列传)亦称普雅爱重禹偁,纵禹偁书恶不为普隐,亦须验实传信。方太祖晏驾时,普不在相位,士大夫孰不知之,而此章乃云与卢多逊同入宫,其非禹偁所著,盖明甚。必多逊亲党不习朝廷之故者所妄作也。且非独此章为不可信,其它章要不全是,盖禹偁用文章名天下,今所传《遗事》语多鄙俗,略不似禹偁平日心声。故臣焘窃有疑焉,特信其可信耳。学士大夫以书托名禹偁则遽信之,不复推究,此最害义者。故不可不辨,以晓来世云。"(卷十七)又云:"按:禹偁《遗事》既与《〔三朝〕国史》不同,要不可信。然廷美(太宗弟)尹开封,德恭(廷美子)授贵州防御使,颇与太宗(应是'太祖'之误)传位之迹相似,恐昭宪(太祖之母杜太后)及太祖意或如此,故司马光《记闻》亦云太后欲传位二弟,盖当时多有是说也。今两存之。……故不可遽信,然亦不可全弃也。"(卷二二)李焘从王禹偁的为人品德、与赵普的关系以及书中记事和王禹偁身份不相称等方面考定该书乃伪作,"不可遽信",但亦采用其中某些合乎情理的说法。这种实事求是的处理史料方法,值得重视。

第四,重视保存有价值的史料。《长编》给后人研究北宋提供了丰富的资料,这是李焘在史学上的最大贡献。《长编》记事,以实录、国史为主要依据,并参考日历、时政记、会要、敕令、宝训、御集等各种官方文书,还尽量利用野史、奏议、文集、笔记、家谱、行状、碑志等私家著述。如记载熙宁变法,除采用反对派司马光、文彦博、韩琦、苏辙、陈瓘、邵伯温等人的记录外,也留意摘抄变法派王安石《熙宁奏对日录》、吕惠卿《日录》《吕惠卿集》、曾布《日录》、沈括《自志》等著作(上列变法派的著作早已散失)。又如沈括于熙宁八年(1075)使辽,交涉重划代州以北地界事,据李焘云:"沈括自有《乙卯入国奏请》并《别录》载使事甚详,今掇取其间辩论地界处,具注括《自志》下,其紧要亦不出括《自志》也,恐岁久不复见括《别录》,故且存之。"(《长编》卷二六五熙宁八年六月壬子条注文)可见李焘为了保存沈括这次出使辽国折冲樽俎取得重大胜利的事迹,有意把《乙卯入国别录》摘抄在《长编》注文中。否则,我们今日就无从见及沈括此书。诚如南宋学者陈傅良(1137—1203)所说:"自李焘作《续通鉴》(按:指《长编》),起建隆元年,尽靖康元(当为'二'之误刊)年,而一代之书萃见于此,可谓备矣。"(《止斋集》卷四〇《嘉邸进读艺祖通鉴节略序》,参校《文献通考·经籍考》二十建隆编条引陈傅良自序)

(三)

《长编》是记载本朝事迹的史书,以本朝人修本朝史,易于触犯时忌,冒着很大风险。宋代文网虽较宽弛,但亦有因撰史而获重谴者。如高宗绍兴十四年(1144)秦桧当权时,有私史之禁。不久,李光(1078—1159)因作《小史》,"语涉讥谤",遂遭秦桧陷害,"李公一家,尽就流窜",胡寅、张焘、宗颖等八人亦受到连坐和黜降的处分(李心传《建炎以来系年要录》卷一六一、《宋史·高宗纪》)。而李焘在孝宗乾道八、九年(1172—1173)间知泸州日,也曾被同僚攻许,谓"《长编》记魏王(指太祖子德昭)食肥彘,语涉诬谤"(《神道碑》)。故李焘撰写《长编》时,落笔亦多讳避。如太平兴国四年(979)夏秋间,宋太宗亲率大军进攻幽州城(今北京市宣武区)被辽兵击溃于高粱河一带,而李焘在《长编》卷二〇却说:"七月甲申,上以幽州城逾旬不下,士卒疲顿,转输回远,复恐契丹来救,遂诏班师。车驾夕发,命诸将整军徐还。"把这次北伐军惨败、溃逃说成是自动班师,顺利南归。据南宋初年学者王铚在其所撰《默记》(约撰于绍兴五年至十五年间)卷中载,神宗尝同滕元发(1020—1090)谈到此战败状:

> 神宗初即位,……滕章敏(元发谥号)首被擢用,……一日,〔神宗〕语及北虏事,曰:"太宗自燕京(即幽州)城下军溃,北虏追之,仅得脱。凡行在服御宝器尽为所夺,从行宫嫔尽陷没。股上中两箭,岁岁必发。其弃天下竟以箭疮发云。"……章敏公为先子(指铚父王莘)言。

而李焘竟据《太宗实录》加以掩饰,盖有不得已的苦衷。

然李焘治史的直书求实精神在《长编》中还是随处可见的。在高粱河战败的次月,李焘记载说:

> 初,武功郡王德昭从征幽州,军中尝夜惊,不知上所在,或有谋立王者,会知上处,乃止。上微闻其事,不悦。及归,以北征不利,久不行太原之赏,议者皆谓不可,于是德昭乘间入言,上大怒曰:"待汝自为之,赏未晚也。"德昭惶恐,还宫,谓左右曰:"带刀乎?"左右辞以宫中不敢带。德昭因入茶酒阁,拒户,取割果刀自刎。

据李焘自注云:此条记事乃据司马光《涑水记闻》卷二。又言:"〔《三朝国史》〕本传云德昭好啖肥猪肉,因而遇疾不起。今不取。"这段记述不仅对高粱河败绩事有所透露,而且敢于揭出了太宗赵光义和魏王赵德昭等叔侄、君臣之间的深刻矛盾。此事虽已为司马光所笔录,但在史书中正式采用,乃始于《长编》。

又李焘在《长编》卷二九端拱元年（988）十一月记述宋军大破契丹于定州唐河（今河北定县附近）条下自注云：

> 《〔太宗〕实录》又云："契丹累岁寇边，颇为民患，国家乃于镇、定、高阳关大屯兵甲，以犄角之。遣将之日，上亦授以成算。至是，果克捷焉。"按此乃史臣归美之辞，恐非事实，今不取。

李焘宁肯忠于史实，在正文中不取本朝官修史书归美皇上之谀辞，并于注文中加以说明。这种对本朝皇帝"不虚美"的精神，值得称许！

李焘的史德修养也是很高的。南宋人多把北宋亡国归罪于王安石变法，因而对王安石本人肆意诋毁。李焘对熙宁变法也持否定态度，曾建议孝宗把王安石、王雱父子的画像从太学里撤出去。然而他在《长编》中叙述熙宁年间事迹时，不全为自己的成见所限制，大批采用了王安石以及其他变法派一些著作的记事，使熙宁变法的真实情况得到较多的反映。这是难能可贵的。

记载北宋事迹的史书，以《长编》为最详备而精审，正如南宋著名学者叶适（1150—1223）所说："本朝则李焘底史最信而核。"（《习学记言序八》卷三七）但其中亦有不少失实的地方。南宋著名史学家李心传（1167—1244）在《旧闻证误》中曾加以驳正多处，清代考据学大师钱大昕（1728—1804）在《潜研堂文集》卷二八《跋续资治通鉴长编》一文中亦有所批评，近时史家也屡有订误。兹举三例如下。

《长编》卷二建隆二年（961）六月甲午条记载所谓"昭宪（杜太后）顾命"（又称"金匮誓书"或"金匮之盟"），说杜太后临终时命太祖日后当传位其弟光义，由赵普写成誓书，藏之金匮云云（见卷二二太平兴国六年九月丙午条）。此事先师张荫麟教授（1905—1942）曾撰《宋太宗继统考实》一文（载《文史杂志》第一卷第八期，1941年8月）加以探讨，指出其中有五大破绽，断为是后来宋太宗与赵普所伪造,不可信据。

《长编》卷十四开宝六年(973)九月末记南唐内史舍人(即中书舍人的改称)潘佑事多沿袭宋初南唐降臣诬蔑之词,把他描写为一个怪诞狂妄的人物,实则潘佑是当时一位刚直敢言、颇有识见的士大夫。陆游(1125—1210)在《南唐书》卷十三《潘佑传》中对之有较翔实的记述与公正的评论。后来清人毕沅(1730—1797)编修的《续资治通鉴》即采取陆说入书。

《长编》卷二〇八治平三年(1066)六月壬辰条载:"嘉祐(1056—1063)初,王安石名始盛,党友倾一时,欧阳修亦善之,劝〔苏〕洵与安石游,而安石亦愿交于洵,洵曰:'吾知其人矣。'安石母死,士大夫皆吊,洵独不往。作《辨奸》一篇,其文曰:(略)。洵既没三年,安石用事,其言乃信。张方平尝论洵曰:'定天下之臧否,一人而已。'"注文:"安石丁忧乃嘉祐八年(1063)八月。"据清初李绂《穆堂类稿·书辨奸论后二则》和蔡上翔《王荆公年谱考略》卷十的考证,苏洵《辨奸论》、张方平《文安先生墓表》及苏轼《上张太保(方平)书》三文都是伪作。而李焘却信从南北宋之际一些士大夫的诬词,未加深究,录入史书。

总之,李焘在淳熙十年的《长编进表》中就已经说过"缀葺穿联逾一千卷,抵牾何敢自保"(《文献通考·经籍考二十》)的话,更何况这些缺失,对巨著《长编》来说,不过是白璧微瑕而已。

(四)

《长编》全书最后修订完成是在孝宗淳熙十年(1183),即李焘逝世之前一年,据李焘当年《进表》说"臣网罗收拾垂四十年",推知他在华阳县主簿任内(1142—1145)便开始了收集资料等准备工作。不久,他追继司马光所撰《宋兴以来百官公卿表》补修成142卷的《续皇朝百官公卿表》。该表始于建隆,止于宣和(或作靖康),

为编纂《长编》奠定了基础。周必大（1126—1204）所谓"《长编》之书，盖始于此"（《神道碑》），正是这个意思。

接着，李焘便动手编写《长编》。孝宗隆兴元年（1163），李焘在知荣州（治所在今四川荣县）任内奏进太祖一朝《长编》17卷。乾道四年（1168），在礼部员外郎任内，又呈上建隆元年（960）至治平四年（1067）闰三月的五朝《长编》108卷，对第一次进呈的太祖事迹稍有增益。淳熙元年（1174），第三次进呈神宗、哲宗两朝《长编》417卷。四年，在礼部侍郎任内，第四次进呈徽宗、钦宗两朝《长编》。以后经过全面的修订，北宋九朝《长编》才算定稿，详记168年（960—1127）史事，分980卷，其内容重点与司马光《通鉴》相同，即以政治、军事为主，并略记经济、文化等事迹。又以该书"文字繁多，本末颇难立见"，另编《举要》68卷、《总目》5卷，"略存梗概，庶易检寻"（《文献通考·经籍考二十》）。《举要》一书乃仿司马光《通鉴目录》和《通鉴举要历》（后者已佚）而作。并遵照孝宗旨意，依据元丰三年（1080）王安石修订《三经新义》格式，对累次所进《长编》的失误处加以损益修换，计4450余条，编成《修换事目》（即修换史事的目录）10卷。以独力修成1063卷的史书，可谓举世无双。

关于第三次奏上神、哲两朝《长编》的年代，目前史学界仍有异说。有的根据《皇宋中兴两朝圣政》卷五四和《玉海》卷四七夹注中的记载，断为淳熙二年投进。我曾在1943年草成的《李焘年表》一文中系之于淳熙元年。其理由申述如下：

李焘于乾道八年（1172）被任命为知泸州事，因权礼部郎官陈居仁的荐举，遂被召来京（《宋史·陈居仁传》）。乾道九年正月，李焘自泸州携家眷乘舟循江东下，闰正月初一日，泊舟云安（今四川云阳）之西三十里许万户驿下横石滩上，撰有《云安曲水留题》和《胸臆记》两文，文内均有年月可考（明人杨慎《全蜀艺文志》卷六四、卷四〇，雍正《四川通志》卷四一及光绪《丹稜县志》有著录）。估计当年冬天或次年即淳熙元年（1174）初春以前可到达临安，不久被任命为江西转运副使。在离京以前,投进了神、哲两朝《长编》(《神道碑》)。由于这两朝《长编》是在泸州定稿的,故被称为"泸州本"。是年冬间或二年春季,李焘已抵江西任所,在江西,置一路财赋都簿,又披辑旧闻,以修一路图经(《朱文公文集》卷九一《邵武县丞谢君墓碣铭》)。二年冬,又被召还。三年正月,李焘已在临安担任史职(《神道碑》)。《皇宋中兴两朝圣政》系李焘进神、哲两朝《长编》于淳熙二年,颇疑"二年"为"元年"之误系①。《玉海》所记亦同此误。

《长编》全书于淳熙十年三月六日进呈朝廷,诏藏秘阁。由于卷帙浩繁,难于传写刊刻,南宋后期蜀中旧本与书坊刻本已详略不同。自元代以来,世罕传本。清康熙时,徐乾学始获其本于泰兴季振宜家,凡 175 卷,进之于朝。然仅至英宗治平而止。乾隆间,四库馆臣从《永乐大典》辑出此书,补入神、哲两朝,并与徐本参互校正,重加厘定为 520 卷。因那时《永乐大典》已有残缺,故佚去治平四年四月至熙宁三年三月及元祐八年七月至绍圣四年三月的记事;又《永乐大典》原本不载徽、钦两朝史事,故辑本仅止于哲宗元符三年正月。嘉庆己卯(1819),张金吾病七阁写本得见者鲜,以阁中传抄本为据,用活字版排印。阁本不能无误,传抄益增鲁鱼,活字版本校印又不甚精。越一花甲,至光绪己卯(1879),谭钟麟任浙江巡抚,以张本为据,委黄以周等用文澜阁本校勘,付浙江书局刊刻。以周等除利用阁本外,大发宋史有关文籍,加以考核,订正颇多;又以南宋杨仲良《皇宋通鉴长编纪事本末》本因焘书而成,故据仲良书辑阁本所缺,为《长编拾补》60 卷,合计 580 卷(《四库全书总目提要》卷四七,浙江书局本《长编》序跋、校刻举例),是为《长

---

① 《皇宋中兴两朝圣政》卷六二系王称进《东都事略》于淳熙十二年,但据《宋会要辑稿》崇儒五之四十、《建炎以来朝野杂记》甲集卷四及《玉海》卷四六东都事略条的记载,"淳熙十二年"应是"淳熙十三年"之误。此可作为旁证。

编》现存较完善之版本。近来中华书局新点校本已陆续出版 19
册,起太祖建隆元年,迄于神宗元丰元年九月,共 292 卷,比之浙江
书局本有所改善。1985 年,上海古籍出版社又将浙江书局本《长
编》和《拾补》影印行世,以便读者。

　　(原载仓修良主编《中国史学名著评介》第二卷,山东教育出版
社 1990 年 2 月初版。该书已由里仁书局 1994 年重版)

《王禹偁事迹著作编年》序

王禹偁（954—1001），字元之，济州巨野（今山东巨野）人，出身"磨家儿"①，官至翰林学士。他是北宋政治改革派的先驱，是关心民瘼、敢说敢为的好官，是诗文革新的旗手，是据实直书、不畏时忌的史家。在中国封建社会中，这样的士大夫真是凤毛麟角，少有其匹。

（一）

王禹偁于宋太宗太平兴国八年（983）考取进士，开始走上仕途。这时候，北宋政府已经结束了五代十国的分立局面，中央集权势力终于战胜了地方割据势力。从宋太宗两次伐辽失败之后，契丹军队常常南下掠夺；西北的党项贵族时叛时降，并与契丹结成掎角之势，共同对付北宋，民族矛盾相当尖锐。同时，阶级矛盾也趋向激化，农民起义相继出现。旧的法制已难以适应新的形势。为此，北宋统治集团内部不断有人提出变法的主张，王禹偁就是其中一位杰出的代表。

端拱元年（998），宋太宗下诏求直言。当时王禹偁初拜右拾遗（谏官）、直史馆（史官），先后奏上《端拱箴》与《三谏书序》。在《箴》

---

① 毕仲游《西台集》卷十六《丞相文简公（毕士安）行状》。"磨家"是指以磨麦制面为生的贫苦人家。

中,请求重视农业生产,节约财政开支,任用贤能官吏,抑制豪强兼并。王禹偁切直地向太宗提出忠告:"无侈乘舆,无奢宫宇,当念贫民,室无环堵。无崇台榭,无广陂池,当念流民,地无立锥。"又说:"勿谓丰财,经费不节,须知府库,聚民膏血。勿谓强兵,征伐不息,须知干戈,害民稼穑。"最后,建议"计口授田,兼并何有,是谓仁政,及于黔首。约人署吏,侵渔则少,是谓能官,惠于无告"。① 在《序》中,主张端饬士行,沙汰僧尼,并省官吏。②

就在这一年的十一月,契丹骑兵又南下攻掠;次年正月,契丹进陷易州(今河北易县),边境危急。宋太宗下诏群臣命各陈备边御戎之策,王禹偁又上《御戎十策》,再次提出变法主张,并警告说:若不进行改革,"则寇不独在外而在乎内也"。这个奏策深得当时名相赵普(922—992)的赞赏。③

至道三年(997),太宗病死,真宗即位,下诏求直言。王禹偁那时担任知扬州事,应诏上疏,要求真宗"治之惟新,救之在速",并提出五项政治改革主张。一是"谨边防,通盟好,使辇运之民有所休息";二是"减冗兵,并冗吏,使山泽之饶稍流于下";三是"艰难选举,使入官不滥";四是"沙汰僧尼,使疲民无耗";五是"亲大臣,远小人,使忠良謇谔之士知进而不疑,奸恹倾巧之徒知退而有惧"。④ 这个奏疏是王禹偁平生最重要的政论,最足以代表其政治思想。奏疏上达后,王禹偁被召回朝,第三次担任知制诰,替皇帝起草诏令。

咸平元年(998)的岁除日,王禹偁被排斥,出知黄州(今湖北黄

---

① 王禹偁《小畜外集》卷十。

② 王禹偁《小畜集》卷十九。

③ 李焘《续资治通鉴长编》卷三十,以下简称《长编》;司马光《涑水记闻》卷三引宋敏求撰《王禹偁神道碑》。

④ 吕祖谦《皇朝文鉴》卷四二。

冈）。由于各地不断爆发农民起义和士兵暴动，王禹偁在咸平三年又上疏言事，大胆地指出太祖、太宗推行的中央集权措施，"虽则尊京师而抑郡县，为强干弱枝之术，亦非得其中道"；迫切要求真宗"改辙更张，因时立法"；呼吁加强各郡县的地方武装力量。①

王禹偁具备了"少苦寒贱，又尝为州县官，人间利病亦粗知之"②的条件，面临着阶级矛盾和民族矛盾日益激化的局势，他站在地主阶级改革派的立场上，提出了一系列的变法主张和具体措施，希望对国计民生有所裨补。可是他的主要建议与宋初实行"不抑兼并""不立田制"以及加强专制主义中央集权的政策相违背，当然不会被宋太宗、宋真宗所采纳。后来，宋仁宗时，范仲淹（989—1052）等人进行的"庆历变法"（1043—1044），其基本内容还是王禹偁所提出的那些办法。王禹偁不愧为北宋政治改革派的先驱。

（二）

王禹偁关心民众疾苦，遇事敢说敢为。太宗雍熙二年（985），王禹偁任苏州长洲知县时，就在给上级长官的书信中，陈述苏州地区赋税特别苛重，"无名之租息，比诸江北，其弊犹多"，要求减免当地民户的酒税负担，"今若又以榷酒之数，益编户之赋，何异负重致远者未有息肩之地而更加石焉，何以堪之，谅阁下必不尔为！"③雍熙四年，他又在《为长洲令自叙》一文中诉说长洲县"土甚瘠而民不懈，吏好欺而赋愈重"，清廉正直的官吏难以立脚，"廉其身而浊者忌之，直其气而曲者恶之"。并谈到上一年，该县境内稻禾歉收，政府催税，急如星火，人民挨饥饿而受鞭打的，"日不下数百辈，菜色

---

① 《长编》卷四七、《宋史纪事本末》卷十六。

② 《小畜集》卷十八《上太保侍中（赵普）书》。

③ 《小畜集》卷十八《上许殿丞论榷酒书》。

在面而血流于肤"。禹偁目睹这种惨状,"因出吏部考课历,纳质于巨商",得钱一万七千贯,买来白米代替贫民输纳,准许他们在下一年陆续归还。①

王禹偁在知黄州任内,看到监狱里的犯人,"每有患时疾者,互相浸染,或致死亡",就向朝廷建议:在各路设置病囚院,"持杖劫贼,徒、流以上有疾者"即留病牢中将养治疗,其他各类罪犯都允许具保出外医治。咸平四年(1001),这个人道的建议被北宋政府所采纳。②

端拱元年(988)十二月,王禹偁在京城任谏官、史官,撰写《对雪》诗一篇,记述当时农民和士兵的苦难境况说:

因思河朔民,输税供边鄙。车重数十斛,路遥几百里。羸蹄冻不行,死辙冰难曳。夜来何处宿,阒寂荒陂里!

又思边塞兵,荷戈御胡骑。城上卓旌旗,楼中望烽燧。弓劲添气力,甲寒侵骨髓。今日何处行,牢落穷沙际!

接着,又针砭自身说:

自念亦何人,偷安得如是!深为苍生蠹,仍尸谏官位。謇谔无一言,岂得为直士?褒贬无一词,岂得为良史?不耕一亩田,不持一只矢;多惭富人术,且乏安边议。空作对雪吟,勤勤谢知己。③

王禹偁谪官州郡多年,比较接近下层,对人民的疾苦和群众的力量逐步有所了解。他于淳化五年(994)写的《送毋殿丞赴任齐州》诗中,有"三齐号难治,民瘼待良医。勿谓人多诈,须教吏不欺"之句。④ 可见他对官吏与人民相互关系的认识,显然有别于一般士

---

① 明代钱谷《吴都文粹续集补遗》著录。
② 《宋会要辑稿》刑法六之五二、《长编》卷四八。
③ 《小畜集》卷四。
④ 《小畜集》卷十。

大夫。至道二年(996),王禹偁于贬官滁州(今安徽滁县)任内撰的《唱山歌》诗中,描绘当地人民特别是青年男女在新春佳节盛行歌舞晚会,有"男女互相调,其词非奔淫。修教不易俗,吾亦弗之禁","乃知国家事,成败因人心"等句子。① 这种顺民俗、因人心的思想,不仅在诗中充分表达出来,而且在他一生的政治生活上也是有所反映的。

王禹偁不畏权势,不计个人利害,是当时著名的刚直之士。他在初任谏官兼知制诰期间,由于直言敢谏,"兼磨断佞剑,拟树直言旗";再加撰写制诰的词句,多不虚饰,因此遭到权臣和一些同僚的憎恶。② 淳化二年,富有权势的尼姑道安诬陷著名学者徐铉(917—992)与妻甥姜氏通奸,姜氏是道安的嫂子。这时王禹偁判大理寺事,他执法为徐铉雪诬,抗疏论道安告奸不实罪,被贬为商州(今陕西商县)团练副使,不得签书公事。③ 因俸禄微薄,租典园圃来种菜自给。④ 这是王禹偁第一次受到贬官的打击。

至道元年,王禹偁在担任翰林学士的一百天内,"制敕有不便,多所论奏"。又因宋太祖的皇后宋氏之丧,群臣不成服,禹偁有所议论,触犯太宗忌讳,坐"轻肆"的罪名,罢为知滁州事。⑤ 这是王禹偁第二次受到贬官的打击。至道三年,他在给刚即位的真宗的表文中谈到自己两度被贬谪是由于"虚名既高,忌才者众。直道难进,黜官亦多"。又说:"始贬商於,实因执法。后出滁上,莫知罪

---

① 《小畜集》卷五。

② 《小畜集》卷八《谪居感事》。

③ 《宋史·王禹偁传》《宋史·徐铉传》《宋史·张去华传》《皇朝文鉴》卷四二《应诏言事疏》,参阅清钱大昕《二十二史考异》卷七一。

④ 《小畜集》卷九《自咏》,《种菜了雨下》,《偶置小园,因题二首》之一。

⑤ 《长编》卷三七、《宋会要辑稿》后妃一之一、《小畜集》卷五《北楼感事》诗序、《宋史·王禹偁传》《宋大诏令集》卷二〇三。

名。"①可见他对于皇帝和权臣的威势,也没有丝毫的畏惧和退缩。

至道二年,王禹偁在滁州期间,太子中允、福建路转运使丁谓(966—1037)来书,认为禹偁的贬官是由于秉性"高亢刚直"所招致,规劝他要改变作风。禹偁在覆书中陈述自己生平志趣,认为丁谓的说法是"以成败为是非,以炎凉为去就者说之云",并坦率地指出丁谓"第一进士,得一中允,而欲与世浮沉,自堕于名节,窃为谓之(丁谓字)不取也"。② 禹偁即使处于逆境时,仍坚持自己平素操守不变;而丁谓未能听从禹偁的忠告,后来终于走上趋炎附势、取媚当朝的邪道。次年,王禹偁又在给朋友晁迥(951—1034)的回信中,对当日官场情况与自身性格、遭遇,慨乎言之:"某褊狷刚直,为众所知,虽强损之,未能尽去。夫今之领藩服、当冲要者,必先丰厨传以哝人口,勤迎劳以悦人心,无是二者,虽龚、黄无善誉矣。某皆不能也,惟官谤是待。"③咸平二年(999),王禹偁贬官到黄州去,这是第三次受到贬官的打击。当时他曾寄诗给宰相李沆(947—1004),其中有"贫有妻贤须薄禄,老无田宅可归耕。未甘便葬江鱼腹,敢向台阶请罪名"之句④;又作《三黜赋》以明志,说自己"屈于身兮不屈其道,任百谪而何亏!吾当守正直兮佩仁义,期终身以行之"⑤。他的倔强性格和百折不挠精神,跃然纸上。节操凛然,令人敬佩!

---

① 《小畜集》卷二二《谢转刑部郎中表》。
② 《小畜集》卷十八《答丁谓书》。
③ 《小畜集》卷十八《答晁礼丞书》。龚遂、黄霸是西汉时的循吏,见《汉书》卷八九《循吏传》。
④ 《小畜外集》卷七《出守黄州上史馆相公》。
⑤ 《小畜集》卷一。

188

（三）

王禹偁有鉴于唐末五代以来的颓靡纤丽文风，早在宋太宗淳化元年（990）所撰《送孙何序》及淳化三年的《五哀诗》中提出了改革意见。① 至道元年（995），他在写给张扶的两封回信中，详细陈述自己的文学理论。他首倡文以传道而明心之说，主张文句必须通俗易懂——"句易道，义易晓"②。禹偁平生最推崇韩愈的古文，而韩愈论文章，原有"怪怪奇奇""佶屈聱牙"与"文从字顺""惟师是"两种说法。禹偁取其后者，在自身创作实践上，确能贯彻始终，因此他的作品不仅思想性和艺术性较强，而且语言也流畅明白。就他对宋代古文的影响来说，不愧是欧阳修（1007—1072）等人的先导。其最著名的代表作有《待漏院记》《黄州新建小竹楼记》③、《唐河店妪传》《录海人书》④以及《答张扶书》等篇。《录海人书》是一篇寓言，与晋代陶渊明《桃花源记》具有同样的理想，反映了中国封建社会里小农的要求。《答张扶书》堪称直追韩愈的典型作品。

近人章士钊说："宋初，先于穆伯长而以开古文涂径自豪者，柳姓名开，字仲涂，其文之不从，字不顺，臃肿滞涩，几使人读之上口不得。"⑤柳开（947—1000）和王禹偁同为宋初古文运动的先导，但

---

① 《小畜集》卷十九、卷四。

② 《小畜集》卷十八。道是指政治主张、道德准则、哲学观点等等，心是指作家个人的精神世界和思想感情。

③ 《小畜集》卷十六、卷十七。前者作于太宗雍熙四年冬，后者作于真宗咸平二年秋。

④ 《小畜集》卷十四。《传》作于端拱二年或淳化初，《书》是在直史馆时作，至迟不晚于淳化二年。

⑤ 《柳文指要》下册卷八宋初古文条。穆修，字伯长。章士钊在宋初古文条没有提到王禹偁。

柳开在文学上的建树是比王禹偁逊色的。

王禹偁以诗歌驰名当世，北宋大诗人林逋（和靖，968—1028）对他的诗歌极为钦佩，曾有"纵横吾宋是黄州"之句。① 禹偁晚年谪官黄州，后人敬称他为"王黄州"。他平生爱读杜甫、白居易的作品，推尊杜甫开辟"诗世界"的功绩，可谓独具只眼。他实践白居易"歌诗合为事而作"的主张，开宋诗革新的先声。他在端拱元年写的《对雪》诗，淳化三年的《感流亡》《竹㿹》诗以及四年的《对雪示嘉祐》歌行，不独勇于揭示现实，而且严于针砭自身，继承和发扬了杜甫《三吏》《三别》与白居易的《秦中吟》《新乐府》的现实主义精神，求之宋人诗集中，是很少见到的。

禹偁的诗，写景抒情，引人入胜。如淳化三年八月在商州创作的《村行》诗：

> 马穿山径菊初黄，信马悠悠野兴长。
>
> 万壑有声含晚籁，数峰无语立斜阳。
>
> 棠梨叶落胭脂色，荞麦花开白雪香。
>
> 何事吟余忽惆怅，村桥原树似吾乡。②

又他在淳化二年冬末写的《畲田词》七绝五首，着意描绘商州农村生活，歌颂山区人民"更互力田"的良好习俗，语调平易，别树风格。③ 王禹偁确为北宋诗文革新的旗手。

王禹偁不但长于文学，而且史学造诣亦深。早年在担任史官期间，曾编纂端拱元年春季《日历》一书。④ 咸平元年，又以知制诰的身份参预重修《太祖实录》，因据实直书，不畏时忌，被谪官黄州。

---

① 《林和靖诗集》卷三《读王黄州诗集》。
② 《小畜集》卷九。
③ 诗见《小畜集》卷八。
④ 《小畜集》卷二二《请撰大行皇帝实录表》。日历为编年体史书之一种，根据时政记、起居注编成。

接着,撰成《五代史阙文》一卷,自序云:"臣读五代史总三百六十卷,记五十三年行事,其书固亦多矣。然自梁至周,君臣事迹传于人口而不载史笔者,往往有之。或史氏避嫌,或简牒漏略,不有纪述,渐成泯灭,善恶鉴戒,岂不废乎?因补一十七篇,集为一卷,皆闻于耆旧者也。"①清初王士禛(1634—1711)《香祖笔记》称赞此书"辨证精严,足正史官之谬"。《新五代史》多采取其文字,《新唐书·司空图传》亦全用其论辩,"虽篇帙寥寥,当时固以信史视之矣"。②

北宋初期的史家对吴越钱氏的统治颇多溢美,而王禹偁在苏州长洲知县任内,对此事做过一番调查研究以后,曾有总结性的评论:"钱氏据十三郡垂百年,以琛赆为名而肆烦苛之政,邀勤王之誉而残民自奉者久矣。"③宋太祖开宝七年(974)官修的《五代史》(即《旧五代史》)也大肆吹捧闽国君主王审知的德政,说他"起自陇亩,以至富贵,每以节俭自处。选任良吏,省刑惜费,轻徭薄敛,与民休息,三十年间,一境晏然"。④ 而王禹偁于太宗至道三年前后在《柳府君墓碣铭》一文中记载了王审知据福建"残民自奉,人多衣纸"的事实。⑤ 特别是王禹偁在淳化三年写的《金吾》一篇古调长诗中,敢于揭露北宋初年大将曹翰攻下南唐江州实行屠城的暴行,并记述其平生做尽坏事,"所在肆贪残,乘时恃勋伐"的罪恶。⑥ 禹偁身为宋臣,对其皇家大将的罪行直书不讳,殊属难能可贵!

---

① 撰成时间,据《五代史阙文》卷末王朴条考定,应在咸平二年六月宰相李沆等上《重修太祖实录》之后。
② 《四库全书总目》卷五一史部·杂史类·五代史阙文条。
③ 《小畜集》卷十八《上许殿丞论榷酒书》。原刊本作"钱氏据十三郡垂百余年",误衍"余"字,今删。
④ 《旧五代史》卷一三四《王审知传》。
⑤ 《小畜集》卷三十《建溪处士赠大理评事柳府君墓碣铭并序》。
⑥ 《小畜集》卷四。

　　总之,王禹偁具有济世拯民的抱负,刚正不阿的品德;他的政论,多切中时弊,不同凡响;他在文学和史学上的造就,也是第一流的。北宋杰出的文学家苏轼(1037—1101)颂扬他"以雄文直道独立当世,……耿然如秋霜夏日不可狎玩,至于三黜以死"[1]。又说:"元之为郡守(指黄州知州),有德于民,民怀之不忘,固宜。"[2]南宋永嘉事功学派领袖叶适(1150—1223)也曾对王禹偁的至道三年所上《应诏言事疏》大加赞赏[3],更推许他的文章"简雅古淡,由上三朝未有及者,而不甚为学者所称,盖无师友论议之故也"[4]。

　　长期以来,王禹偁的事迹和著作不大被人们所留意研究,故为之考订、阐发。疏误之处,尚盼读者指正! 一九七九年十月,徐规于杭州大学,时年六十。

　　　(原载徐规《王禹偁事迹著作编年》,中国社会科学出版社1982年版,第1—10页)

---

　　①　《经进东坡文集事略》卷五九《王元之画像赞并叙》。
　　②　《东坡七集·东坡集》卷二三《书韩魏公黄州诗后》。
　　③　《习学记言序目》卷四八皇朝文鉴·奏疏条。
　　④　《习学记言序目》卷四九皇朝文鉴·记条。"上三朝"是指太祖、太宗、真宗三朝。

陈傅良宽民力说

孙仲容先生尝代其尊人琴西太仆撰《薛浪语集序》云："南北宋间，吾乡学派，元丰九先生昌之，郑敷文、薛右史赓之。其学类皆通经学古，可施于世用。永嘉经制之儒，所以能综经义治事之全者，诸先生为之导也。敷文之学，没而无传。右史之学，传于其子艮斋先生，益稽核考索，以求制作之原，甄综道势，究极微眇，遂卓然自为一家。其没也，止斋陈先生实传其学。《宋元学案》表章吾乡学术列为五派，而以先生及止斋为永嘉诸儒之宗。衣言曩在京师，与方闻之士论当时门户之弊，常以为欲综汉、宋之长而通其区畛者，莫如以永嘉之学。"琴西先生喜谈经济，固远绍赵宋乡先儒之传；而仲容先生生平著作，又以《周礼正义》卷帙为最巨，殆亦止斋《周礼说》十二篇之志欤？是则永嘉之学，继往开来，其未有艾也。盖经世济民，时不以古今，地不以中外，其事不可废，其术不可不讲，而是即止斋生平之所重。全谢山为《止斋学案》，言其所得较艮斋更平实，诚非过言。而楼攻媿撰碑铭，痛其赍志以终；叶水心之墓志，叹其收功之薄。此南宋之式微所以尤甚也欤！在不以民为重，在不能用以民为重之士耳。值兹为仲容先生（1848—1908）百岁纪念之会，试略究止斋宽民力之说，聊以见永嘉学统所志之切于实云。

（一）

读《止斋集》卷四六《祭令人张氏文》、卷四八《承事郎徐公迪哲墓志》、卷五十《族叔祖元成墓志》《令人张氏圹志》，与夫《叶水心集》卷十四《张令人墓志》等，则知止斋（1137—1203）幼孤贫，而其娶也晚。昨岁新婚，今年登第，此固人生之乐事；然在止斋，其时年已三十五、三十六矣。致此之由，多为贫耳；综其一生亦多与贫为伍。高风亮节，士固安贫，然生民疾苦，亦惟安于贫者而后能知之深且切也。个性环境，益以师传力学，此其所以发为宽民力之说。又深痛国势衰微，失土未复，尝言："今敌国之为患大矣！播迁我祖宗，丘墟我陵庙，膻腥我中原，左衽我生灵，自开辟以来，夷狄乱华未有甚于此者也！"（本集卷二八《经筵孟子讲义》）又谓"夷狄安能一旦入中国哉？民心离则天心不享，则其祸必及于此。而渡江诸臣不惟尽循宣和横敛之旧，又益以总制、月桩，令项起发。王朴有言，以此失之，以此兴之可乎？"（本集卷十九《赴桂阳军拟奏事札子第二》）。嗟乎！止斋之所以穷研《春秋》《左氏传》，敌国外患激之也；而用事之臣，方且以重税虐民，其危孰有甚于此者，故力主政府施政，须以收人心为本。

兹且先言止斋治学精神。水心所作墓志曰："古人经制，三代治法，与薛公（艮斋）反复论之。而吕公（东莱）为言：本朝文献相承，所以垂世立国者，然后学之本末内外备矣。公犹不已，年经月纬，昼验夜索，询世旧，翻吏牍，搜断简，采异闻，一事一物，必稽于极而后止。"可知其学务为缜密，而重考验理论与实际之是否相应。又云："公既实究治体，故常本原祖宗德意，欲减重征，捐末利，还于民，省兵薄刑，期于富厚。"要归于减轻人民负担而已。

止斋于孝宗时，尝通判福州，蔡幼学撰《行状》载："公在三山（即福州），阅故府所藏累朝诏条，凡财赋源流，国史所不尽载者，考之悉得其要领。"陈振孙《书录解题》卷五，有《长乐（即福州）财赋志》十六卷，云："知漳州长乐何万一之撰。往在鄞学，访同官薛师雍，几案间有书一编，大略述三山一郡财计，而累朝诏令申明沿革甚详，其书虽为一郡设，于天下实相通。问所从得？薛曰：'外舅陈止斋修图经(按:指《淳熙三山志》),欲以为财赋一门,后缘卷帙多,不果入。'因借录之,书无标目,以意命之曰《三山财计本末》。及来莆田,为郑寅道之。郑曰:'家有何一之《长乐财赋志》,岂此邪?'复借观之。良是。其间亦微有增损。"然则何书盖本之止斋旧稿也。是又其验实之证。

止斋尝谓:"吾辈为汉民将十余世,而使吾君忍耻事雠,垂六十年,而学校乡党晏然无进志,其大者则率其徒为清谈,次摘章句,小则学为诗文自娱。"(本集卷三六《答丁子齐书》)又其弟子曹叔远曾与朱熹言:"乡间诸先生所以要教人就事上理会,教着实,缘是向时诸公多是清谈,终于败事。"(《朱子语类》卷一二三)所谓清谈,殆指道学而言。而止斋为薛艮斋作行状有云:"公告学者曰毋为徒诵语录。"(本集卷五十)是其师弟子之学,虽导源伊洛,然于斯派之末流,盖有所不惬也。故止斋务为实事求是,不愿与人争论是非,标立异同,更不肯树植党与,曲相附和,尝言:"吾党亦有患,自相推尊患太过,与人无交际患不及。"(本集卷三八《答赵南书》)又《答刘公度书》曰:"年来笃信六艺之学,兢业为本,彼此纷纷,亦恐吾人躬未自厚而责人不薄,有以致此。"其持论与吕东莱略同。当是时陈同甫与朱熹争论王霸,止斋《答同父书》有"其间颇近忿争,养心之平,何必及此"之语(本集卷三六)。又《与元晦书》亦言:"每怀企慕,二十年间,不在人后。会并差池,未有瞻侍之幸,闻见异同,无从质正,间欲以书扣之,念长者前有长乐之争,后有临川之辨。又如永康往还,动数千言。更相切磋,未见其益,学者转务夸毗,浸失本指。盖刻画太精,颇伤易简,矜持已甚,反涉吝骄。"(本集卷三八)同甫、元晦均有复书,不服其说(《龙川集》卷二一及《朱文公集》卷三八)。而《朱子语类》卷一二三亦尝及此事,略云:"陈君举谓某前番不合与林黄中、陆子静诸人辨,以为相与诘难,竟无深益。不知更何如方是深益,若孟子之辟杨、墨,也只得恁地辟。他说刻画太精,便只是某不合说得太分晓,不似他只恁地含糊。他是理会不得，被众人拥从，又不肯道我不识，又不得不说，说又不识，所以不肯索性开口道这个是甚物事，又只恁鹘突了。"乾淳学者之不肯苟同，与作风之异，于此可征。止斋《答长溪王佐之书》云："某无以愈人，独博交当代贤俊之心，出于天然，虽以之得谤讪，或相背弃，不悔！"（本集卷三五）虽未审为何人而发，要亦可知其胸怀洒落也。

　　李心传《朝野杂记》乙集卷十二载："近岁吕伯恭最为知古，陈君举最为知今。伯恭亲作《大事记》，君举亲作《建隆编》，世号精密。"《建隆编》据蔡撰《行状》及陈振孙《书录解题》卷四，止一卷之书，本集卷四十《嘉邸进读艺祖通鉴节略序》云："自李焘作《续通鉴》，一代之书，萃见于此。然篇帙浩繁，文字重并，未为成书，难以观览。今略依汉司马迁《年表大事记》、温公司马光《稽古录》与焘《举要》，撮取其要，系以年月，其上谱将相大臣之除罢，而记其政事因革于下方。夫学之为王者事，非若书生务多而求博，虽章句言语皆不忍舍也。诚能考大臣之除罢，而识君子小人进退消长之际；考政事之因革，而识取士养民治军理财之方；其后治乱成败，效出于此。故今所节略《通鉴》，如群臣奏疏与其他言行，与一时诰令出于代言之臣，苟非关于当年治道之大端，即不抄录；或见于它书，实系治体，不可不闻，而通鉴偶遗，即据某书添入；至于《通鉴》登载万一有小小违误，亦略附著其说于下；若夫列圣深仁厚泽，垂裕后人，传之万世，尤当循守者，必为之论，但存本指，不加文采，深有冀于省察也。"《通考·经籍考二十·编年类·建隆编》引止斋自序即此文，是则一书也。又《行状》云："公以为王者之学，经世为重，祖宗成宪，尤当先知，乃纂次建隆以来行事之要，每至立国规摹，必历叙累朝因革利害，附见其下，本末粲然，如示诸掌。"是书之内容如此，其有裨于治道，固无疑矣。如心传所云，当世已深重之，惜乎传本之已佚耳。虽然，《通考》载宋太祖时事，每引止斋语，前后不下三十条，尚可见其生平用心所在，今移录数条于下：

　　《通考·国用考一》开宝元年诏诸道给舟车辇送上供钱帛条，

引止斋之语曰："国初上供，随岁所入，初无定制，而其大者在粮帛银钱诸路米纲。《会要》：开宝五年令汴、蔡河岁运江、淮米数十万石赴京充军食。太平兴国六年制岁运三百五十万石。景德四年诏淮南、江、浙、荆湖南北路以至道二年至景德二年终，十年酌中之数，定为年额，上供六百万石，米纲立额始于此。银纲，自大中祥符元年诏五路粮储已有定额，其余未有条贯，遂以大中祥符元年以前最为多者为额，则银纲立额始于此。钱纲，自天禧四年四月三司奏请立定钱额，自后每年依此额数起发，则钱纲立额始于此。绢绵纲虽不可考，以咸平三年三司初降之数，则亦有年额矣。然而前朝理财务在宽大，随时损益，非必尽取。上供增额起于熙宁，虽非旧贯，尤未为甚。崇宁三年十一月始立上供钱物新格，于是益重。宣和元年户部尚书唐恪稽考诸路上供钱物之数，荆湖南路四十二万三千二百二十九贯匹两，利州路三万二千五百一十八贯匹两，荆湖北路四十二万七千二百七十七贯匹两，襄州路一十二万三百八十九贯匹两，江南东路三百九十二万四百二十一贯匹两，福建路七十二万二千四百六十七贯匹两，京西路九万六千三百五十一贯匹两，河北路一十七万五千四百六十四贯匹两，广西路九万一千九百八十贯匹两，京东路一百七十七万二千一百二十四贯匹两，广南东路一十八万八千三十贯匹两，陕西路一十五万七百九十贯匹两，江南西路一百二十七万六千九十八贯匹两，成都路四万五千七百二十五贯匹两，潼川路五万二千一百二十贯匹两，两浙路四百四十三万五千七百八十八贯匹两，淮南路一百一十一万一千六百四十三贯匹两，而斛斗地（'地'字疑衍）杂科不与焉。其取之民极矣。方今版图仅及承平之半，而赋入过宣和之数，虽曰饟军出不得已，要非爱惜邦本之道，此宽民力之说所以为最先务也。"马端临言此段足以尽宋朝上供之委折。《通考·市籴考一》述宋代和买、折帛，又引其言曰："和预买始于太平兴国七年，然折钱未有定数，如转运使辄加重，诏旨禁绝之。熙宁理财多折见钱，而诸郡犹有添起贯陌不等之弊,朝廷随即行遣。今之困民莫甚于折帛,而预和市尤为无名之敛。然建炎初行折帛,亦止二贯。户部每岁奏乞指挥,未为常率。四年为三贯省,绍兴二年为三贯五百省,四年为五贯二百省,五年七贯省,七年八贯省,至十七年有旨稍损其价。两浙绸绢每匹七贯文,内和买六贯五百文,绵每两四百文。江东路绸绢每匹六贯文。则科折之重至此极矣,不可不务宽之也。"据端临言,折帛原出于和买,其始也,则官给钱以买之;其后也,则官不给钱而白取之;又其后也,则反令以每匹之价,折纳现钱,而谓之折帛。故止斋力主减免此类苛税。《通考·征榷考一》建隆元年诏所在不得苛留行旅,又诏榜商税则例条,引其言:"此薄税敛初指挥也。艺祖开基之岁,首定商税则例,自后累朝守为家法。凡州县小可商税不敢专擅创取,动辄奏禀,三司取旨行下。至淳化三年令诸州县有税,以端拱元年至淳化元年收到课利最多钱数,立为祖额,比校科罚,盖商税额比较自此始。及王安石更改旧制,增减税额,所申省司,不取旨矣。熙宁三年九月中书札子详定编敕,所参详自来场务,课利增亏,并自本州保明,三司立定新额,始牒转运司令本处趁办。往复经动年岁,虚有留滞,莫若令本州自此立定祖额比较。有旨从之。而本州比较自此始。商税轻重皆出官吏之意,有增而无减矣。政和间,漕臣刘既济申明于则例外,增收一分税钱,而一分增收税窠名自此起。至今以五分充州用,五分充转运司上供,谓之五分增收钱。绍兴二年令诸路转运司,量度州县收税紧慢,增添税额三分,或五分,而三、五分增收税窠名自此始。至今以十分为率,三分本州,七分隶经总制司,谓之七分增税钱。而商税之重,极于今日。"此外所引,如《征榷考》二、四、五之论盐钞、酒课岁额及榷茶等条,于宋代税制,多能探其本末,指陈利弊。通晓当代财政史实者,信无出其右也。又通观马端临所引,盖采《建隆编》之文也。

（二）

止斋虽云受知三朝，惟淳熙间知桂阳军稍能展其抱负耳。然即此已可见其仁爱于民。《行状》载："治桂阳，蠲民宿负及县月输之未入者。凡廪藏受输以例取，赢者悉裁之。"又上书孝宗，请求减免苛税（详见本集卷十九《桂阳军乞画一状》）。孝宗内禅，故事，桂阳守臣须贡白金三千两，申请减损三分之二。得旨可其奏，实惠遂及一方（本集卷四二《跋张魏公南轩四益箴》及《神道碑》）。此关于省赋敛也。《行状》载："岁小旱，预出钱籴于旁郡，置数场以粜，粜已复籴，循环不乏。又听民以薪易官粟，或就役于官食其力，民无饥者。连帅潘公时以缗钱五千助籴，公益以郡钱，立式贷之，约岁登偿，及期不复索。"此关于讲荒政也。又作《劝农文》鼓励农民努力耕耘，增加生产（本集卷四四）。尝有《劝农诗》云："雨耨风耕病汝多，谁将一一手摩挲。幸因奉令来循垄，恨不分劳去荷蓑。凉德未知年熟不？微官其奈月桩何。殷勤父老曾无补，待放腰镰与醉歌。"（本集卷六）此关于重农事也。乾道八年，止斋《廷对》有云："今也州县之赋，一按故籍，无秋毫加益焉。而有司巧为斡旋，暗相资奉，旁缘科色，诛求锱铢。"（本集卷二九）彼掊克之吏，虐民自奉，视止斋判若泾渭。人民因税重，无力供奉，或不免有骚动，则州县官每视同叛逆，而止斋深识其所以然之故。尝《与〔弟子〕林懿仲书》云："桂阳本一县，置吏养兵与赋输，视他大郡，民力重困，至于甚不能平，则或骚动，非其俗喜乱也。"（本集卷三六）《行状》言，止斋升任提举湖南常平茶盐事，去郡日，老稚遮送不绝。其为人民所爱戴，可以想见。

绍熙二年，初觐光宗，即奏上三札，专论民力之困。其言曰："艺祖深仁厚泽，垂裕后人，专以爱惜民力为本。臣案故牍，自建隆至景德四十五年，南征北伐，未尝无事，而金银钱帛粮草杂物七千一百四十八万，计在州郡不会，古所谓富藏天下，何以尚此。当是时诸道上供，随所输送，初无定额。盖至大中祥符元年三司始奏立诸道上供岁额，熙宁新法增额一倍，崇宁增至〔十〕数倍，其他杂敛，熙宁则以常平宽剩、禁军阙额之类，令项封桩；元丰则以盐酒、香矾、铜锡之类，凡十数色，合而为无额上供；宣和则以赡军、籴本与凡应奉司无名之敛，合而为经制；绍兴则又以税契、添酒、茶盐之类，凡二十余色，合而为总制；最后又以系省不系省、有额无额上供、赡军等钱，均拨为月桩大军，迄今为额。而折帛、和买不与焉。夫取之之悉如此，而茶引尽归都茶场，盐钞尽归榷货务，秋苗斛斗十八九归于纲运。州县无以供则豪夺于民，于是取之斛面，取之折变，取之科敷、抑配、赃罚，无所不至，而民困极矣。方今之患，何但夷狄，盖天命之永不永，在民力之宽不宽耳，岂不甚可畏哉！陛下知畏，则宜以救民穷为己任；陛下以救民穷为己任，则大臣不敢苟目前之安；大臣不敢苟目前之安，则群臣陈力何向不济。"（本集卷二十）此即楼攻媿所谓旧欲奏之孝宗者也。诸税沿革，当日财政当局固不能尽悉，即税类之繁之细，与夫技术上之种种弊害，恐亦多未了了。深居九重者则更无论矣。而人民方呻吟于此重压下而无可赴诉，故止斋不惜穷寻本末，未得达于孝宗，遂不得不诉于光宗，以求民病之能去也。其后转对则乞议免役钱，进故事则乞除身丁钱，其论尤详，以为"折帛固宜减，不如身丁切于穷民"。苛税应去者多，止斋姑先就最苦贫下者为言，治之以渐尔。及宁宗亲政，则又乞出内帑，助版曹经费，少宽催理，以纾民力。然皆言之卒不得见于用。（本集卷二一《转对论役法札子》，卷二六《乞蠲放身丁钱札子》《中书舍人供职后初对札子》及《行状》）

曹叔远序《止斋集》，言书未脱稿者有《周汉以来兵制》及《皇朝财赋兵防秩官志稿》，然今传其《历代兵制》，或即《周汉以来兵制》也。《志稿》虽未悉其内容，然推其旨要，所谓兵防，殆亦从编制上研究，以求减少兵额，而改善兵质。盖兵费为宋累朝财政上最大支出,兵费能大减,则税于民者自可减轻。本集卷十九《赴桂阳军拟奏事札子第三》云:"自州郡各有禁军,而三司之卒不出,不出则常坐食于京师,常坐食于京师,则必尽天下之利归之公上,利尽归之公上,而州郡之益兵已多,则其势必巧取阴夺而后足,于是养兵始为大患。"盖宋代士兵家属衣食,皆仰给县官,竭全国之力以奉之,犹感不足,故主张汰其猥而精其质,以纾民困。然此事处置极难,止斋曾上书光宗论处置之道,略云:"天下之力竭于养兵,而莫甚于江上之军。故每欲省赋,朝廷以为可,则版曹不可;版曹以为可,则总领所不可;总领所可,奈何都统司不可也。都统司谓之御前军马,虽朝廷不得知;总领所谓之大军钱粮,虽版曹不得与。于是中外之势分,而事权不一,施行不专。欲宽民力,其道无由。诚使都统司之兵与向者在制置司时无异,总领所之财,与向者在转运司无异,则中外为一体;中外一体,则宽民力可得而议矣。"(本集卷二十)光宗极赞许其议论,然终未能用。

止斋既力主宽民,故评论政策之良窳,亦全视其能否减轻人民负担为准则,如对于熙宁新法,本极表不满,然于募役法,似颇推重,本集卷二一《论役法札子》尝云:"所谓免役钱,本以恤民,使出钱雇役而逸其力也。……夫使民出钱募役而逸其力,未为非良法也。"司马温公为相,将荆公若干良法一并撤废。止斋亦深为惋惜,其《与刘清之寺簿书》云:"温公元祐变法匆匆,亦是十七八年心力尽在《通鉴》,不肯更将熙丰诸事细心点检。到得天人推出,虽以许大规摹,终少弥密,未为恰好,前辈多恨焉耳。"(本集卷三七)又《跋苏黄门论章子厚疏》云:"余每读章氏《论役法札子》,言温公有爱君爱国之心,而不知变通之术,尝叹息于此,使元祐君子不以人废言,特未知后事如何耳!"(本集卷四二)此种公正不偏、以民为重之态度,在当日士大夫中诚未多觏者也。

以其志切于民生也,故知有能增进人民幸福之地方官,每力予推荐。如绍熙元年八月湖南提举司任内,上状云:"近者朝廷集议蠲减,臣实奉行宽大之诏,数内永州减月桩钱五千贯,亦是知州赵谥率先他郡将所蠲减之数,分为等第,均与诸邑,必欲上泽下及于民。今之州郡,大抵上欺监司,而下不恤民。自非谥有志爱民,安能如此。臣以为若谥者可谓不负陛下使令矣。知全州施广文虽本书生,顾为鄙猥之计,及此垂满,略无顾惮,自上供军须至官吏之俸,一切勿问。臣尚以为行且受代,或是储积以遗后人。比及体访,累月以来,郡帑并无见管钱物,且财赋若不在官即须在民,而广文已将今年民户秋苗创行预借一半。方禾未登场之时,民正艰食。奈何有此暴敛。全之民力,自是困矣。臣以为若广文者可谓负陛下使令矣。至如知武冈军王公弼,亦有治状。武冈虽小垒,自公弼为之,阖郡之事,井井有条,士人悦之,军人安之,旁及猺峒,悉听约束。观其才有过人者,但视永州不为甚难,劳效差小耳。"于是止斋主张朝廷应赏功罚罪,以为官吏之劝诫。十月二十七日有旨,赵谥、王公弼各减二年磨勘,施广文与宫观。此外,湖广贤士宋文仲、吴猎、蒋砺、杨炤诸人,为官能行惠民之政,皆荐之于朝(本集卷二十)。又以帅、漕、总领及税官权轻恩薄,卑于士议,故多不乐为之,然所司关系民生甚切。尝上札子于宁宗,极论其弊,其言曰:"今天下亦多故矣。独念民力之困,于此为极,而莫与陛下救之者耳。贤士大夫不为不多,曾莫与陛下救斯民者何也? 势不行也。何谓势不行? 欲救民穷必为帅、为漕、为总领而后可,而三数官者,虽贤士大夫不乐为之故也。外权太轻,虽有所设施而不得骋故也。是故不为法令之所束缚,则为浮言之所动摇,不为时政之所讳恶,则为宦游于其处而不得志者之所中伤。有是四患,虽贤者亦忍事苟岁月耳,而况其余人乎! 且夫人情谁不喜迁而恶滞,谁不好伸而耻屈,谁不趋利而避害。……如前四患则是事权太轻,虽贤者犹不乐为之;如后三说,则是恩数太薄,人人不乐也。窃以为今日之势,莫若稍稍重外。重外之术,必使帅、漕、总领皆可驯致于从官,可以驯致于从官,而后可久任,可久任而可责事功。如此则帅、漕、总领始晓然知朝廷委寄不轻矣。则夫前四患者次第自去,而有为陛下出力救斯民者矣。"(本集卷二六)赵宋累朝相承,重内轻外,如上所言,不过积弊之一端耳。止斋又代胡少钦监酒《上婺守韩无咎书》,略云:"筦库之士,自古卑之,而今为甚。今之田赋视古有损,而征榷之入,累数十百倍于古,则筦库云者,不但籍出入、校余欠而已。其督办也有课,其输送也有程。督办之弗集,输送之弗继,在位顾缺然无以为计。故凡物之不登,经费之不支,转而为有司之责,而勾稽肩镃度藏之细不与焉。劳亦累十百倍于古矣。仕乎此者,虽欲徒禄食而无悔咎如古者,不可复得。今夫皆州县官也,皆得以察举于其长,而由幕职、教授若曹官、令佐得之,则人以为宜。由仓库务官,则人以为怪。皆在京官也,皆得以选用于其上,而由检、鼓诸院得之,则人以为宜。由审计、榷货之官,则人以为怪。名实未有分也,而取舍若是,岂一日积哉?夫以征榷之入,岁累十百倍于古,而其官司之劳,亦累十百倍于古,国家方加利焉,而卒卑于士议如此,则自爱者宜知所择矣。"(本集卷三八)缘此之故,税官势多为猥鄙者所窃据,其为生民之病,固不待言。要之,止斋一生所拳拳者乃在宽民力,盖累世相承,至于乾、淳,病民实甚,先去其病,民乃得息,得息而后能养,能养而后能健,民力既健,则敌国外患,不足为虑,此止斋之深旨也。

(原载《浙江学报》第一卷第一期,《瑞安孙仲容先生百岁纪念专号》,1947年9月出版)

汉河西四郡建置年代辨证

汉武帝初收河西地入版图，为国史上一大事。然建郡之年，因《史记》《汉书》记载抵牾，且《汉书》本纪、志、传又相乖戾，迄未有定论。近人考订此一问题，以张维华、劳榦二先生文为最详（张文题为《汉河西四郡建置年代考疑》，见民国三十一年九月齐鲁等三大学出版之《中国文化研究汇刊》第二卷；劳文见《居延汉简考释》考证之部，民国三十三年九月出版）。然鄙意以为尚有当辨证者，爰述于下，幸祈方闻君子进而教之！

请先言酒泉郡。酒泉之建郡，据《汉书·武帝纪》载："元狩二年（公元前121）秋，匈奴昆邪王杀休屠王，并将其众合四万余人来降，置五属国以处之，以其地为武威、酒泉郡。"而《地理志下》则云："酒泉郡，武帝太初元年（前104）开。"纪、志之文，既相违异。其后，《资治通鉴·汉纪》乃据《史记·大宛传》，改系酒泉建郡于元鼎二年（前115）乌孙王不肯东还、张骞返自西域之后。唯《通鉴考异》未详其故，近张维华氏始表而出之。兹录其要指于下：

> 酒泉之建，地志言在太初元年，为时固属太迟，然本纪言在元狩二年，为时亦未免过早。《史记·大宛传》载张骞献连乌孙之策，有此数语："臣居匈奴中，闻乌孙王号昆莫，昆莫之父，匈奴西边小国也。……今单于新困于汉，而故浑邪地空无人。蛮夷俗贪汉财物，今诚以此时而厚币赂乌孙，招以益东，居故浑邪之地，与汉结昆弟，其势宜听，听则是断匈奴右臂也。"张骞以连乌孙事说汉武，《史记》叙其事在元狩四年之后，

推其时,当在元狩五年前后也。此时张骞所见河西地带之情形,为"故浑邪地空无人"。河西之地既空,故欲"厚币赂乌孙,招以益东,居故浑邪之地,与汉结昆弟",以行其断匈奴右臂之政策。夫元狩五年前后,河西故浑邪王地,尚空无人居,而欲招乌孙以居之,则此时必无建郡置县之事可知。且河西土地辽阔,为以前中国势力所不及,欲裂土建郡,必当大量移民,方能保守其土。然余考昆邪王降汉后,移民之事,固为常有,然均不及河西之地。(引证从略)如元狩二年果有建郡之事,则移民之政令,即不发动于建郡之先,亦必发动于建郡以后数年之内,元狩三、四两年大量移民,均不及河西之地,则元狩二年建郡之说,实至可疑。

自张骞说武帝语,及元狩间移民之事论之,知元狩二年必无建郡之事,本纪之说,殆出之臆想。余考酒泉郡之建,当为元鼎初年之事,后于元狩二年建郡之说,凡六、七年。《史记·大宛传》叙酒泉建郡事,在张骞出使乌孙归还之后,……其言自属可信。而其确实建置之年代,虽不能作肯定之判断,大体论之,总在元鼎二、三年间也。

按张氏所论,极有见地。惜尚未能进而考定酒泉建置之确年,兹就所见推断如次。

《史记·匈奴传》载:"是时汉东拔秽貉、朝鲜以为郡,而西置酒泉郡,以隔绝胡与羌通之路。"《汉书》所载同。是条叙于汉灭南越后。按南越之平为元鼎六年(前111)事,见《史记》《汉书》本传及《汉书·武帝纪》。而朝鲜之设郡,据《史记》《汉书》本传及武纪,均在元封三年(前108)。又《史记·大宛传》载:"汉始筑令居以西,初置酒泉郡以通西北国。"《汉书·张骞传》同。此事述于张骞卒后与汉平南越之间。骞卒于元鼎三年(详日本学者桑原骘藏著《张骞西征考》)。又《史记·平准书》云:"南越反,西羌侵边为桀。于是天子为山东不赡,赦天下。因南方楼船卒二十余万人击南越,数万人发三河以西击西羌,又数万人渡河,筑令居。初置张掖、酒泉郡。"《汉书·食货志》略同。按伐南越在元鼎五年,击西羌在元鼎六年,均见《史记》《汉书》本传及武纪。故徐广注:"初置张掖、酒泉郡之事,曰'元鼎六年'。"(见《史记·平准书》集解引)然则酒泉之开,盖元鼎六年事也。此一问题不特文献可征,即以常理推之,武帝于元鼎二年获悉乌孙不肯东还后,遂经始筑塞及移民屯田工作,其后数年乃下令建置酒泉郡。此实为一妥当之解释。

论酒泉之建年,余与张氏取径略同。而劳榦氏转信《汉书·武帝纪》之说,谓《史记·大宛传》不可据,略云:

> 《通鉴》记元鼎二年张骞西使事本于《史记·大宛传》,《大宛传》谓张骞欲招乌孙使居昆邪故地,而乌孙不肯来。今假定其地尚空可以招乌孙,则汉未于此置郡可知。于是温公遂以汉立酒泉郡在乌孙不来,张骞返自西域之后矣。然《史记》此节实不可据。《汉书·张骞传》亦载此事,而其异文凡有数处。《史记》未记乌孙王昆莫父之名,《汉书》记其名为难兜靡;《史记》言乌孙始为匈奴所破,而《汉书》言乌孙始为大月氏所破;《史记》言乌孙为匈奴西边小国,而《汉书》言乌孙与大月氏俱在祁连、敦煌间;《史记》言故浑邪地空无人,《汉书》言昆莫地空;《史记》言招以益东,居故浑邪之地,《汉书》言招以东居故地。凡此诸端具见《汉书》在《张骞传》与《史记·大宛传》异者,皆有新史料增入。班氏世在西州,其于乌孙事必别有所据。《乌孙传》与《史记》之异文,应为以新史料匡正《史记》违失之处。故应据《汉书》而不应据《史记》。《通鉴》除对乌孙西徙事大加删节外,所据全为《史记》之文,似未能择善而从也。

(页四至五)

今将劳氏所论,条辨于后:

(1)"《史记》未记乌孙王昆莫父之名,《汉书》记其名为难兜靡。"此固无关宏旨。

（2）"《史记》言乌孙始为匈奴所破，而《汉书》言乌孙为大月氏所破。"按《汉书》时代后于《史记》，若谓《史记》谬误，应提出有力之反证。且日本学者泷川龟太郎著《史记会注考证》，于《大宛传》此条下，曾谓《汉书》所载与《史记》异，《史记》近是。

（3）"《史记》言乌孙为匈奴西边小国，而《汉书》言乌孙与大月氏俱在祁连、敦煌间。"按二说并不矛盾。乌孙本与月氏俱在祁连、敦煌间，乌孙居东，月氏居西（详《张骞西征考》）。然则《史记》言乌孙为匈奴西边小国，至为正确也。

（4）"《史记》言故浑邪地空无人，《汉书》言昆莫地空。"按乌孙王昆莫之父本居祁连、敦煌间，后匈奴浑邪王亦处其地。《史记》以后期领主名其地，而《汉书》以前期领主名之，其所指之地则一也。又日本学者藤田丰八所著《西域研究》第七篇《月氏乌孙之故地》亦云："昆莫之居张掖，在月氏西移后；而浑邪王之居此间，则在昆莫西移后，可知昆莫之故地与浑邪王之故地，实属相同。"（杨炼译本）

（5）"《史记》言招以益东，居故浑邪之地，《汉书》言招以东居故地。"按二说仅文句之异，其实一也。

要之，《汉书·张骞传》本于《史记·大宛传》，劳氏列举之异文，在本题上非关重要。以常理而论，史料自以在先者为胜，除非后人立论有充分新证足以驳倒前人，因此鄙见以为《史记》价值高于《汉书》。劳氏谓"应据《汉书》而不应据《史记》"，而未提出《汉书》驳倒《史记》之有力证据。且最关紧要之张骞所言浑邪地空无人，欲招乌孙东归一节，《张骞传》与《大宛传》并同。如无反证，则酒泉郡断不置于元鼎二年以前也。

此外，劳氏所考，尚有当斟酌者：

如云："张骞欲徙乌孙之处，乃乌孙故地，即班氏所言：'祁连、敦煌间'，约当今嘉峪关以外之区，不得包括酒泉也。"（页五）按《史记·匈奴传》索隐引《西河旧事》记祁连山云："山在张掖、酒泉二郡（郡字据《太平寰宇记》卷一五二甘州张掖县条引《西河旧事》补）界上。"又《大宛传》正义曰:"祁连山在甘州西南。"甘州即张掖地,可知祁连山在张掖附近。且据桑原骘藏之研究,乌孙故土在张掖郡。今劳氏谓乌孙故地约当今嘉峪关以外之区,不得包括酒泉云云,显见舛误。

又言:《史记·大宛传》云:"初,天子发书《易》,云'神马当从西北来'。得乌孙马好,名曰'天马'。及得大宛汗血马,益壮,更名乌孙马曰'西极',名大宛马曰'天马'云。而汉始筑令居以西,初置酒泉郡以通西北国。"此又以酒泉之置在得宛马以后。武帝得宛马在太初四年,是以为酒泉设郡之时,且在《地理志》所记太初元年之后矣。(页三)今考《大宛传》不过因叙武帝得乌孙马,遂连带及于其后得大宛马事,初非谓得宛马在置酒泉之前也。且其下文明载:"是时汉既灭越,而蜀、西南夷皆震,请吏入朝。于是置益州、越嶲、牂柯、沈黎、汶山郡。"此皆元鼎六年事,见《史记》《汉书》本传及武纪。果如劳氏言,则灭南越、平西南夷亦在太初四年之后矣。且《大宛传》末段曾详述伐宛取马事,其次第极为明显。

又谓:"《史记·大宛传》云:'汉遣骠骑破匈奴西(城)〔域〕数万人,浑邪王率其民降汉,而金城、河西西并南山至盐泽,空无匈奴。匈奴时有候者到,而希矣。'言'匈奴时有候者到',正可证汉得其地即设烽燧以候望匈奴,否则何以知到与不到乎?故昆邪降汉,汉即于昆邪之故地设酒泉郡。"(页五)按浑邪降而汉于其地立烽燧,固事所宜有,设郡则条件尚不足也。

又云:"武帝平越,平西南夷,平朝鲜,皆得其地旋即置郡,当时往往不于其地屯田。""汉得酒泉,沃野千里,而地复接京师上游,万无不即置郡之理。其后更增屯卒,徙贫民,乃逐步为之,非一时之事。由是言之,汉得河西即立酒泉郡,事所宜有,不得依《史记·大宛传》之单文孤证,遂有所置疑矣。"(页六)按南越、西南夷、朝鲜等地,多有居民,灭其国,即可置郡。而河西之地,本游牧民族所居。及浑邪王来降后,汉廷迁其民于河之南,其地遂空。《汉书·西域传上》载:"骠骑将军击破匈奴右地,降浑邪休屠王,遂空其地。"可为佐证。若非先在其地筑塞与移民屯田,则设郡殊无意义。故不当以河西与南越、西南夷、朝鲜之地相提并论也。

要之,司马迁为武帝当时之史官,所作《大宛传》又多据谙悉西域情形之张骞之报告,后人所述除非能提出有力之反证,指正其误,否则仍应以《史记》为准也。且《史记·平准书》及《匈奴传》叙酒泉之建郡,均置于灭南越事件附近(《汉书·食货志》及《匈奴传》同),正可为《大宛传》之佐证,更可断定张骞之言确切。劳氏谓"不得依《史记·大宛传》之单文孤证,遂有所置疑",盖未深考耳。

至于张掖之建郡,据《汉书·地理志》曰:"张掖郡,故匈奴昆邪王地,武帝太初元年(前104)开。"然武纪则谓元鼎六年分武威置。张、劳二氏同以武纪所记之年代为是。实则武纪所载酒泉郡之置年,既不可信,而张掖郡由武威分出云云,亦不足取。故吾人言张掖之置年,仍应以《史记·平准书》所载"初置张掖、酒泉郡"(《汉书·食货志》同)一语为依据。且地志载酒泉、张掖之建郡,同在一年,可为参证。张掖之置年当亦在元鼎六年前后也。

敦煌建郡,武纪系于元鼎六年,与张掖同时,且由酒泉分出。而《地理志》则曰:"敦煌郡,武帝后元元年(前88)分酒泉置。"张、劳二氏亦同取武纪之说。张氏最主要之论据为《汉书·地理志》敦煌郡效谷县下师古注云:"本鱼泽障也。桑钦说:孝武元封六年(前105),济南崔不意为鱼泽尉,教力田,以勤效得谷,因立为县名。"其解释以为:"效谷为敦煌属县之一,元封六年,既有济南崔不意在此任鱼泽尉,又因教民力田,改名鱼泽为效谷,则敦煌建郡,必在其先。"劳氏考证页七略同。然鄙意此条不能为敦煌郡在元封六年以前已建之确证,盖效谷县可以属于酒泉郡也。颇疑敦煌不置于元鼎六年,因敦煌本由酒泉分出,酒泉之开,既在元鼎六年,则敦煌建郡当在其后。武纪所载,殆不可信。又据《史记·匈奴传》载:"乌维单于立十岁而死,子乌师庐立为单于,是岁元封六年也。自此之后,单于益西北,左方兵直云中,右方直酒泉、敦煌郡。"其下述及李广利伐大宛事。《汉书》所载略同。又《汉书·武帝纪》载:"太初元年(前 104)秋,蝗从东方飞至敦煌。"(《史记·大宛传》及《汉书·李广利传》略同;《汉书·五行志》中之下"秋"作"夏")则敦煌之置年,不应晚于太初元年也。太初元年之后十六年,始为后元元年(前 88),次年二月武帝卒。其先征和四年(前 89),武帝曾下轮台之诏,深悔昔日开边事,此后当无复添置新郡。然则《地志》之说亦不足据。

武威建郡,《武纪》系于元狩二年(前 121),与酒泉同时。而《地理志》则曰:"武威郡,故匈奴休屠王地,武帝太初四年(前 101)开。"张、劳二氏谓纪、志之说均不可据,其言谅矣。综其考定,武威之建置,乃昭帝元凤三年(前 78)十月至宣帝神爵元年(前 61)以前间事也。

总上所论,河西四郡之建置,酒泉、张掖同在元鼎六年前后,亦可能张掖稍后。敦煌由酒泉分置,至迟不应晚于太初元年。武威出自张掖,约在昭帝元凤三年十月与宣帝神爵元年之间。

(原载《浙江学报》第二卷第二期,1948 年 6 月出版)

张鲁是农民起义军的领袖吗?

　　近来讨论中国历史上农民起义问题的,颇多涉及东汉末年张鲁的事迹,其中有很多人把张鲁看作是农民起义的领袖[1],有的更进而断言张鲁建立的政权是农民政权[2],而表示异议者则还没有看到,故不辞浅陋,试对张鲁问题作一探讨,请同志们教正!

　　张鲁是张陵的孙子,张衡的儿子,他们一家,世代为蜀郡(今四川成都一带)五斗米道教主,结交官府,进行传教。晋人常璩的《华阳国志》卷二载:"张鲁以鬼道见信于益州牧刘焉,鲁母有少容,往来焉家。"[3]张鲁获得封建军阀刘焉宠信后,在东汉献帝初平元、二年间(190—191)被任为督义司马,领兵前往汉中开拓疆土。他掩杀汉中太守苏固,断绝斜谷阁(在今眉县西南),杀害汉使,为刘焉在益州"阴图异计"奠定了基础[4]。刘焉死后,子璋代为益州牧。

---

　　① 　侯外庐《中国封建社会前后期的农民战争及其纲领口号的发展》,见《历史研究》1959年第4期;孙祚民《中国农民战争问题探索》页73;杨宽《论中国农民战争中革命思想的作用及其与宗教的关系》,见《学术月刊》1960年7月号。

　　② 　蒋文杰《关于张鲁及五斗米道》,见《解放半月刊》1959年第2期;宁可《中国农民战争史上的农民政权问题》,见《新建设》1964年10、11月号;李光璧在天津师范大学历史系第一届学术讨论会上的发言也有同样看法,见《历史研究》1960年第1、2合刊,页134。

　　③ 　《三国志·刘焉传》载:"张鲁母始以鬼道,又有少容(规按:指长生不老之术),常往来焉家,故焉遣鲁为督义司马,往汉中。".

　　④ 　张鲁被派往汉中一事,《华阳国志》卷二系于初平(190—193)中,《后汉书·刘焉传》叙于初平二年之前,《资治通鉴》卷六十系于初平二年。

建安五年(200),张鲁因刘璋阇弱,不再服从命令,并袭杀刘璋的别部司马张修而并其众。于是刘璋就杀死张鲁的母亲和弟弟。从此,张鲁才与刘璋集团公开决裂,正式在汉中建立封建割据政权。次年,又攻取了刘璋的巴郡(今四川阆中、南充一带),占有巴、汉两大郡之地①。

蒋文杰先生在《关于张鲁及五斗米道》一文中说:"中平元年(184)二月,张角领导的太平道首先发难,举行黄巾起义,各地农民纷纷响应。同年七月,张鲁领导的五斗米道也在汉中起义,与张角桴鼓相应。"按张鲁到汉中是在初平元、二年间,后于张角起义有六、七年之久,而且张角起义早在中平元年冬天被东汉军队和各地豪族地主武装联合镇压下去了,何来张鲁在汉中起义响应张角的史实②? 这里恐是蒋先生误把张鲁到汉中的年代弄错的缘故吧!

张鲁占领汉中后,为了加强统治,便大力提倡五斗米道,实行政教合一制度,自号"师君",为全地区的最高政教首领,下设若干"祭酒",充当各地方的政教首领。他们拥有很多部曲,史载:"鲁部曲多在巴西(今阆中一带)",并贮置不少"宝货、仓库"③。这个政权里面,还设有各种官职,如巴西阎圃就曾担任过张鲁的"功曹"。以曹操为首的东汉朝廷还任命张鲁为镇民中郎将,领汉宁(汉中改名)太守。张鲁还不断向汉廷"通贡献"。建安六年(201),部下曾要求张鲁自立为汉宁王,但阎圃谏阻道:"汉川(指汉中郡)之民,户出十万,财富土沃,四面险固;上匡天子,则为桓、文,次及窦融,不失富贵。今承制署置,势足斩断,不烦于王。愿且不称,勿为祸先。"④因此,张鲁便不敢称王了。

---

① 参阅《三国志·刘焉传》《刘璋传》,《资治通鉴》卷六三、六四。
② 参阅《后汉书·灵帝纪》《资治通鉴》卷五八汉灵帝中平元年七月条。
③ 《三国志·刘璋传》《张鲁传》。
④ 《三国志·张鲁传》。

从上面的叙述中,可知张鲁和他的谋士阎圃等人的意图,是要在名义上接受东汉朝廷的官爵,并利用这个名义来稳定自己的割据局面。他们的最高愿望,不过是想效法春秋时代的霸主齐桓公和晋文公;退而求其次,能够做到像更始皇帝时割据河西、后来归附东汉光武帝的贵族窦融那样,也就心满意足了。他们连独立称王的勇气都没有,更谈不上抱有推翻东汉政权的雄心壮志。这个集团的作风与张角兄弟领导的黄巾军截然不同,黄巾军的行动,据《后汉书·皇甫嵩传》载:"所在燔烧官府,劫略聚邑,州郡失据,长吏多逃亡,旬日之间,天下响应,京师震动。"黄巾军是用革命的暴力去摧毁当时各地腐朽的封建统治,这是真正的革命行动。没有这个行动,决不能算作农民起义,只有这样做,才符合当时农民群众的利益。而张鲁集团却和军阀势力及东汉朝廷关系十分密切,更从未采取张角等人的革命手段,与我国历史上大小数百次的农民起义没有共同之处。

正因为张鲁的政权是封建割据政权,所以它能够"雄据巴、汉"达十六年(200—215)之久①。假使它是农民政权,当时统治阶级岂能不合力进剿吗?东汉朝廷还能承认它的合法地位吗?请看东汉末年各地军阀联合对付黄巾军的行动,就可清楚。

或许有人认为张鲁政权能够比较长期地存在是由于当时其他农民军势力相当强大和北方尚处在军阀混战之中。这个说法也不能解释下面的事实。建安十年(205),即张鲁政权建立后的第五年,黑山起义军被曹操搞垮。到此,东汉末年农民大起义完全失败了。再过二年(270),曹操又扫清大敌袁绍集团的残余势力,统一了北方。如果张鲁的政权是农民政权,照理这时以曹操为首的东汉地主政权应首先进攻它,可是曹操却在建安十三年亲率大军去

---

① 如果从初平元、二年间(190—191)张鲁初入汉中起算,那么这个政权曾存在二十五年。《三国志·张鲁传》说"雄据巴、汉,垂三十年",就是这样计算的。

南伐荆州与江东的两个封建割据政权。当时这两个割据政权并没有出兵讨曹,而曹操也非立刻解决他们不可的。至于曹操西征张鲁,是在刘备占领益州,并打算北攻汉中的时候(建安二十年,公元215年)。曹操企图从汉中南下巴、蜀,消灭刘备势力[①]。从这里可以看出张鲁政权并非当时最高统治集团的死敌,它的存在是无害于地主阶级的利益的。

又《三国志·张鲁传》载:

> 建安二十年,太祖(曹操)乃自散关出武都征之,至阳平关。鲁欲举汉中降,其弟卫不肯,率数万人拒关坚守。太祖攻破之,遂入蜀。鲁闻阳平已陷,将稽颡〔归降〕,〔阎〕圃曰:"今以迫往,功必轻;不如依杜濩、赴朴胡相拒,然后委质,功必多。"于是乃奔南山,入巴中。左右欲悉烧宝货仓库,鲁曰:"本欲归命国家,而意未达。今之走,避锐锋,非有恶意。宝货仓库,国家之有。"遂封藏而去。太祖入南郑(即汉中),甚嘉之。又以鲁本有善意,遣人慰喻。鲁尽将家出,太祖逆拜鲁镇南将军,待以客礼,封阆中侯,邑万户。封鲁五子及阎圃等皆为列侯。为子彭祖取鲁女。鲁薨,谥之曰原侯。子富嗣。

张鲁对待曹操集团的态度,以及曹操优遇张鲁等人的行为,都充分说明了张鲁集团与曹操集团的阶级利益是没有多大差异的。同时,这里也证实了张鲁一生确是沿着窦融的道路前进的。因此,可以断言,张鲁的政权不是农民政权,而是封建割据的政权。

许多学者对于张鲁政绩的评价,也是很难令人首肯的。他们认为张鲁的政治措施是代表农民利益的,因而判定他的政权为农民政权。如蒋文杰先生说:"张鲁在以汉中为根据地后,就建立了农民政权。……在张鲁政权初建时,曾受到汉中地主阶级的破坏,

---

① 参看《后汉书·献帝纪》《资治通鉴·汉献帝纪》。

所以历史上说张鲁'曾杀州中豪强王咸、李权等十余人,以立威刑'。"这个说法是不符合历史事实的。《三国志·刘焉传》载:"焉托他事杀州(益州)中豪强王咸、李权等十余人,以立威刑。"此外,《华阳国志》卷五、《后汉书·刘焉传》和《资治通鉴》汉献帝初平二年条的记载都是如此。可见杀豪强王咸等人的是刘焉,而不是张鲁。即使张鲁曾经杀过豪强,也不足以证明他的政权是代表农民的利益。因为在历次农民大起义之后,不少封建统治者为了巩固自己的政权都曾推行过抑制豪强的政策。就是和刘焉、张鲁同时的东汉辽东太守公孙度也曾"以法诛灭郡中名豪大姓百余家"[①]。

此外,有的学者把张鲁集团的某些政治措施说成是"反映了他们的革命理想"(杨宽先生语),或"要求财产公有"(侯外庐先生语),甚至有的竟说:"汉中一带的人民,在张鲁政权的保卫下,……过着世外桃源式的幸福生活。"(蒋文杰先生语)他们举出的证据,主要有三个。第一个证据是张鲁置义舍。在远比现代的社会生产力低下的封建社会里,特别是在长期兵荒马乱、天灾流行、哀鸿遍野的东汉末年,是否能够实行"诸祭酒皆作义舍,……又置义米、肉,悬于义舍,行路者量腹取足"的办法,是值得怀疑的。我认为,这个量腹取足的权利,可能只限于张鲁集团中人方能享受;或者仅在巴、汉某些地区偶尔为之,点缀门面,以邀虚誉。后者的可能性似乎较大,但前者的推想也还不是毫无根据的。因为《三国志·张鲁传》曾说:"诸祭酒皆作义舍,如今之亭传。"按亭传只有官员才能在里面住宿用膳,一般老百姓是无福享受的。这个传舍(又名"驿舍")制度在后来的宋朝曾经普遍推行而且大有发展,南宋人王明清的《挥麈后录》卷一载:"太祖(赵匡胤)既废藩镇,命士人典州,……于是置公使库,使遇过客必馆置供馈,欲使人无旅寓之叹。下至吏卒(随从)批支口食之类,以济其乏食。承平时,士大夫造

---

① 《资治通鉴》卷五九汉献帝初平元年条。

朝,不赍粮,节用者犹有余以还家。归途礼数如前,但少损。"宋代公使库所款待的只是旅行中的士大夫,不是一般老百姓,而且也只有在"承平时"方能办到。张鲁的义舍,也可能是这样的。

第二个证据是"市肆贾平"和"犯法者,三原,然后乃行刑"。蒋文杰先生据《华阳国志》记载的"其(张鲁)市肆贾(价)平"一语,断言:"当时,汉中的商品交换是公平交易的,没有投机牟利之风。不图《镜花缘》中君子国做买卖之风,在我国历史上居然也曾成为事实。"又据"犯法者,三原,然后乃行刑"一语,就说:"张鲁对待人民内部矛盾是采取民主的说服的方法的。"

我认为,在封建社会里,市场上能做到"没有投机牟利之风",确难置信。"君子国"做买卖之风,在阶级社会中,只是文学家的空想,决不能实现。尤其认为张鲁对待人民内部矛盾是采取民主的说服的方法,更是违反历史主义的原则。因为在旧社会里,不但统治阶级不会采取,就是农民阶级也无法推行这个办法。

在中国封建社会中,每次农民大起义以后,统治者行施刑罚,一般说来,总是比较谨慎,社会经济也较繁荣。如汉文帝"专务以德化民,是以海内殷富,兴于礼义,断狱数百,几致刑措"[①]。我们能说汉文帝的政权是代表农民的利益吗?又史载唐太宗贞观四年(630)的情况是:"商旅野次,无复盗贼,囹圄常空,马牛布野,外户不闭。又频致丰稔,米斗三、四钱,行旅自京师至于岭表,自山东至于沧海,皆不赍粮,取给于路。入山东村落,行客经过者,必厚加供待,或发时有赠遗。此皆古昔未有也。"[②]我们能把做到"囹圄常空""频致丰稔"、人民生活比较安定、物价比较平稳便宜的唐太宗政权算作农民政权吗?答案当然是否定的。我们要注意,这些记载都是出于当代封建史臣之手,对皇家祖宗的政绩自多浮夸之辞,

① 《汉书·文帝纪赞》。
② 《贞观政要》卷一《政体》,参阅《资治通鉴》卷一九三。

不可尽信。对张鲁的这项政绩,我的看法就是如此。

第三个证据是"关西民从子午谷奔之者,数万家"。蒋文杰先生对张鲁的政绩曾作了一个总结说:"五斗米道实行的这些政治、经济纲领,大受汉族和兄弟民族的欢迎,《三国志·张鲁传》中也不得不据实直书'民夷便乐之'。而且吸引了汉中周围的汉族和兄弟民族群众,一家一家地迁移而来,据《张鲁传》说:'关西民从子午谷奔之者,数万家。'"

张鲁接受黄巾大起义的教训,为了缓和阶级矛盾,保证对农民的剥削,曾经实行一些有利于生产的政治、经济措施,这是事实。但决不能渲染过甚,尤其是运用史料,不应该断章取义。我们不禁要问:这批关西人民究竟为什么要奔向汉中呢?《三国志·张鲁传》说是由于"韩遂、马超之乱"。蒋先生却删去这句话,显然有意替张鲁夸炫功业。汉末乱离,中原人民避难边地,见于史书记载是不少的,如《华阳国志》卷五载:"刘焉既到州,移治绵竹,抚纳离叛,务行小惠。时南阳、三辅民数万家避地入蜀,焉恣饶之,引为党与,号东州士。"(《后汉书·刘焉传》作"东州兵")又《后汉书·刘虞传》载:"虞(时任幽州牧)务存宽政,劝督农植,开上谷胡市之利,通渔阳盐铁之饶,民悦年登,谷石三十。青、徐士庶避黄巾之难归虞者百余万口,皆收视温恤,为安立生业,流民皆忘其迁徙。"我们是否可以说,这些边地州牧的政治、经济措施,是代表农民的利益?他们的政权是农民政权?我们是否需要对这些"务行小惠"的封建统治者多方加以颂扬?这个道理十分浅近,似乎不必在此多费笔墨了。

魏晋南北朝时期,地主阶级代表人物对于五斗米道的教主张陵、张鲁祖孙与太平道张角兄弟的不同态度,也可为我的说法作旁证。

晋葛洪和北魏寇谦之是道教理论的主要奠基人,也是那时地主阶级利益的代表者。葛洪为了稳定晋朝的统治,曾参加镇压张昌、石冰等领导的农民起义①；后来在《抱朴子》一书中，又指斥"张角、柳根、王歆、李甲之徒"是"招集奸党，称合逆乱"②。寇谦之出身贵族，"少修张鲁之术"③。后来，他编造出来一套神话，说太上老君下凡对他说："往辛亥年，嵩岳镇灵集仙宫主表天曹称：'自天师张陵去世以来，地上旷诚修善之人，无所师授。嵩岳道士寇谦之立身直理，行合自然，才任轨范，首处师位。'吾故来视汝，授汝天师之位，赐汝《云中音诵新科之诫》二十卷。……汝宣吾新科，清整道教，除去三张（指张角、张宝、张梁）伪法。"④这些地主阶级的代言人对张角兄弟是如此深恶痛绝，但对张鲁及其祖父张陵却那般竭诚膜拜。从这里也可旁证张鲁不是农民军的领袖，而是地主阶级利益的保卫者。

或者有人反问，史书上不是明白记载着，说东汉末年有人称张鲁为"米贼"吗？他若不是农民起义军的领袖，怎样会被戴上这顶"帽子"呢？我认为，在封建社会里，地主阶级固然诬蔑农民军为"贼"，但是两个敌对统治集团也是相互指斥对方为贼的。诸葛亮在《后出师表》中，不是也曾辱骂过曹操父子为贼吧？所谓"先帝虑汉、贼不两立，王业不偏安，故托臣以讨贼"⑤。我们如因此就说曹氏父子是农民军的领袖，这岂非成了笑话？张鲁之被称为"米贼"，应作如是观。

张鲁的事迹，史书里某些记载，确有虚美。因为张鲁投降后，得到曹操集团的优待，子孙袭爵；魏晋间文人学士，又多五斗米道（时又称"天师道"）信徒，所以赞美张鲁的人一定不少。而且张鲁

① 《晋书·葛洪传》《资治通鉴》卷八五晋惠帝太安二年条。
② 《抱朴子·内篇道意》卷九。
③ 《魏书·释老志》。
④ 《魏书·释老志》。近人释"三张"为张陵、张衡、张鲁三人，这是错误的。
⑤ 《三国志·诸葛亮传》裴松之注引。

的后裔,世袭"天师"的职位,为道教的最高教主,历代统治者都想利用该教来麻痹和愚弄人民,岂有不尊张天师及其祖宗之理? 我们探讨张鲁问题时,必须留意及此。

(原载《光明日报·史学》1961 年 9 月 27 日)

朱仙镇之役与岳飞班师考辨

（一）

匹马南来渡浙河，

汴城宫阙远嵯峨。

中兴诸将谁降虏？

负国奸臣主议和。

黄叶古祠寒雨积，

青山荒冢白云多。

如何一别朱仙镇，

不见将军奏凯歌！

——于谦诗①

岳飞抗金的战功，据岳珂《鄂王行实编年》及《宋史·岳飞传》记载，以朱仙镇之役最为著名。在过去，流布广阔，影响深远。每当国家危难之秋，更能鼓舞人心，激励士气。可是从 20 世纪初年

---

① 见《万历钱塘县志·纪制·忠烈庙》及明万历年间张应登编的《汤阴精忠庙志》卷十。而清嘉庆八年冯培编的《（杭州）岳庙志略》卷七"谁降虏"作"思平敌"，当系清人所改。

以来,国内外史学界相继有人提出怀疑,说岳飞绝无进军朱仙镇之事①;或断言朱仙镇之役是出于岳珂的"凭空虚构"②。主要理由是绍兴十年(1140)的宋高宗诏札和岳飞捷奏里,以及《三朝北盟会编》《建炎以来系年要录》(以下简称《系年要录》)、《中兴十三处战功录》三书中都没有提到朱仙镇之役。这一派的说法,在我国史学界颇占地位③,但我认为尚有值得商榷的。

首先,他们的论证方法是需要斟酌的。这是因为有关岳飞的文件与记录岳飞事迹的书籍,曾遭摧残和散落,今凭借不完备的资料而运用默证,恐难得出正确的结论。

其次,再看他们的具体论据。有人说:岳珂已把高宗皇帝赐给

①　1904年,日本学者市村瓒次郎撰成《岳飞班师辨》一文,刊布日本《史学杂志》第十五编第二、三两期。他认为宋高宗时事,莫详于李心传之《系年要录》与徐梦莘之《三朝北盟会编》,但两书中绝无岳飞进军至朱仙镇的记载。又说岳飞的捷奏和高宗的"上谕"中,亦不见有关朱仙镇者。最后,从岳飞的驻军地点、行师路程和日期等方面提出疑点,断言:"余诚不能信《行实编年》之说,谓飞进至朱仙镇为确有其事也。"(转引自陈裕青的译文,载1929年9月南京中国史学会编的《史学杂志》第一卷第四期)1905年,江阴缪荃孙在跋南宋李壁撰的《中兴十三处战功录》(藕香零拾本)中说:"论者谓岳鄂王朱仙镇一役,至今啧啧人口,而《三朝北盟会编》不载其事,遂疑秦氏所恶,史官不敢直书。至开禧元年(1205)始撰是录,正值定议伐金,追封飞为鄂王之时,如果实有战绩,焉有不叙入之理。昔人亦有言:'倦翁(岳珂别号)所记,过于铺张,孝子慈孙之用心,有不尽实事者。'予观此录,亦不敢以此言为过刻矣。"(陈裕青译载市村之文时,在前言中亦用缪氏这番议论)

②　见邓广铭先生著的《岳飞传》,1955年10月,生活·读书·新知三联书店版,第284页。

③　邓先生在《岳飞传》第214—220页中,详述绍兴十年岳飞北伐战绩,但对进军朱仙镇一事,不着点墨。后来,沈起炜先生著的《宋金战争史略》(湖北人民出版社1958年4月版)第121页和北京大学历史系编的《中国史纲要》中册(人民出版社1963年版)也都是如此。

岳飞的诏札悉数收录于《金佗粹编》和《续编》当中了①。事实并非如此。据岳珂撰的《高宗皇帝宸翰跋》载：

> 臣追述先志（指继承其父岳霖汇编诏札的遗志）纂辑次第，端拜摹刻，凡为诏札七十有六。若淮西始终十有五札，复以甲子系日，盖辨明疑似，不敢不详。其他轶在人家、散之族党者，臣不能究悉，誓毕此生搜访，以补其遗。②

岳珂在这里已清楚地谈到高宗赐给岳飞的诏札是有散佚的。又宋宁宗时史官章颖撰的《鄂王传》也载：

> 方虏寇河南（指绍兴十年夏季之役），诏飞助刘锜，凡两月而飞拜御札二十有三，多于淮西时矣。淮西十五札，飞之子霖尝抗章丐赐还。孝宗皇帝从之，取之左帑，复以畀霖。③

章颖在此地也提及岳霖取回的诏札，仅绍兴十一年颁发的淮西十五札的全部，并未说绍兴十年和以前颁发的已毫无遗失了。

至于岳飞的捷奏，有人说："岳飞在绍兴十年北上迎击金人，其历次战役的奏报，全都被岳珂收录在《金佗粹编》的《经进鄂王家集》当中。"④这一说法，尚无确证。岳珂在《家集序》中曾说：

> 都上游之奏，止班师之疏，捣京、洛之策，出蕲、黄之请，亦仅详其一二；而散佚不可考者，则盖不能究知其几也。⑤

岳飞的历年奏疏既然多有残缺和散佚，又安知绍兴十年的捷奏均一无遗失呢？

据此，则《金佗粹编》《续编》中收录的诏札、奏疏，原已不全，怎能依据其中未见提及朱仙镇而断定当时必无朱仙镇之役？又怎能

---

① 邓著《岳飞传》第 279 页。

② 见《金佗粹编》卷三。

③ 《金佗续编》卷二一。

④ 邓著《岳飞传》第 282 页。

⑤ 《金佗粹编》卷十。

因此断言岳飞绝无进军朱仙镇之事呢?

此外,其他论据也缺乏说服力。如他们拿《中兴十三处战功录》未列入朱仙镇之役作为否定这次战役的论据之一。如果照此类推,则该书亦未将郾城之捷、柘皋之捷列入,我们也可以把该两次战役否定了。这岂非成为笑话![①]

下面再谈两点粗浅的看法:其一,关于进军朱仙镇的可能性问题。据宋孝宗淳熙十五年(1188)王自中[②]撰的《鄞州忠烈行祠记》说:

> 其后,一出(绍兴六年)而平虢略(河南灵宝西南),下商於(河南淅川西面);再出(绍兴十年)遂取许昌(即颖昌,河南许昌市),以瞰陈留(指开封府)。[③]

可见岳家军在取得颖昌后,其用兵的主要目标是企图进击北宋故都开封的。朱仙镇位于开封西南四十五里,颖昌又在朱仙镇西南一百七十里。从颖昌到开封去的大路,是通过朱仙镇的。这一带皆平原旷野,无高山大川的险阻,行军极为利便。据《系年要录》卷一三六的记载,绍兴十年闰六月二十日,张宪部攻克颖昌;二十四日,岳飞又遣牛皋等部与张宪部会合收复了淮宁(即陈州,河南淮阳)。其间经过几场战斗,为时还不到四天。颖昌东北距朱仙镇尚较去淮宁近五十里许,行师日期当可缩减。又七月八日郾城之战(即岳飞率部击败金将兀术带领南下的一万五千骑之役)以前,金方主力军尚未同岳家军接仗过。这是因为兀术所部"长胜军"十余万人在六月中旬顺昌(安徽阜阳)战败退回开封后,金方正忙于调兵遣将,暂时无力反攻。在此期间,岳家军乘虚而入,进抵朱仙镇

---

① 参看清代毕沅《续资治通鉴》卷一三九乾道二年八月甲午条《考异》。

② 王自中生于高宗绍兴四年(1134),卒于宁宗庆元五年(1199)。见魏了翁《鹤山集》卷七六《墓志铭》。

③ 见《金佗续编》卷三十。

是有可能的。

即从岳家军的整个军事部署来看，也可以说明这一点。当他们取得颍昌后，就分兵两路，东出攻淮宁，西北攻郑州、洛阳，并企图以主力直捣开封，东西两翼为中路军的辅助，最后迫使兀术大军北撤。在这样形势之下，驻颍昌及其附近的岳家军曾一度攻抵朱仙镇的可能性也是存在的。

其二，关于《鄂王行实编年》记载朱仙镇之役的真伪问题。《行实编年》成书于宁宗嘉泰三年（1203），上距朱仙镇之役仅六十三年，其时亲见亲闻岳家军战绩的老人尚有健在；岳珂又是南宋的一位学者，他可能夸大这次战役的战绩，也可能记错进兵时间、出发地点及领兵主将姓名，但很难断其出于凭空虚构。且宁宗嘉定二年（1209）知襄阳府事刘光祖辑的《襄阳石刻事迹》与同时章颖撰的《鄂王传》也都提及此役。有人认为《鄂王传》系根据《行实编年》写成，这固然是事实；但断定《襄阳石刻事迹》也是"显为《金佗粹编》成后，据《行实编年》而作者"①，尚欠确证。因《金佗粹编》初刻于嘉定十一年（1218），后于刘光祖撰文九年，刘氏撰文时，岂能见及？更值得注意的，刘氏生于绍兴十二年②，去朱仙镇之役，时间很近；且襄阳离河南不远，这里又曾是岳家军驻防的重镇，熟知岳飞战功的人，为数当不少，故其记载的可靠性自属较高。即使本诸《行实编年》，亦适足以证明朱仙镇之役已为当代所承认。

比岳珂长二十二岁的南宋史学家李埴（1161—1238）在《皇宋十朝纲要》绍兴十年九月条载："是秋，岳飞军至朱仙镇，距东京四十五里，被旨班师。"李埴于宋理宗端平二年（1235）曾以吏部尚书

---

① 引市村瓒次郎语。

② 刘光祖生于绍兴十二年（1142），卒于宁宗嘉定十五年（1222）。见真德秀《西山集》卷四三《墓志铭》及《宋史·刘光祖传》。

兼修国史、实录院修撰的身份,专门提领《高宗皇帝正史》的编修事宜①。他对高宗朝的史实较为熟悉,其记载当属可信。又理宗淳祐七年(1247)进士吕中也在《〔中兴〕大事记》中说:"岳飞捷于郾城,乘胜逐北,兵至朱仙镇,距东京四十五里矣。"②吕中为南宋进步思想家叶适的学生,"惯熟国史",曾充任理宗朝史官③。元代初年著名史学家马端临撰的《文献通考·舆地考一》亦载:"绍兴十年秋,岳飞兵至朱仙镇,距东京四十五里。诏班师。"其记事与《十朝纲要》《中兴大事记》相符,足见宋元间人也是确信岳家军曾到过朱仙镇的。

综上所述,我认为断言朱仙镇之役是出于岳珂的虚构,尚缺乏有力的反证。至于说岳飞绝无进军朱仙镇之事,更是主观武断,不足凭信。

(二)

岳飞班师的原因,有人不信高宗曾下班师诏的说法。他列举绍兴十年夏秋之交的高宗诏书为据,断言"朝廷无强令班师之证"。又说:

> 然据《行实编年》,飞连战连胜,进至朱仙镇。秦桧惧其成功,请于高宗,下班师之诏。飞抗疏论其不可。……此种记事,盖出于岳珂之附会。……且所谓抗疏累千百言者,检《家集》止八十余字。信如珂言,则班师诏与抗疏,与飞一生有至大关系,何以所提出者,非真令班师之诏,而抗疏又仅数十字

---

① 《宋史全文》卷三二、《续资治通鉴》卷一六八。

② 见通行本《系年要录》卷一三六绍兴十年闰六月己亥条下附注所引。文中"东京"二字,原误倒,今改正。

③ 见清代张金吾撰《爱日精庐藏书志》卷二十类编大事记讲义条及近人余嘉锡遗著《四库提要辨证》卷九大事记讲义条。

也。……珂之说尚能信乎?①

我在上文已经谈到岳珂所收录的高宗颁给岳飞的诏札和岳飞的奏疏尚有残缺、散落。岳珂在《家集序》中也早已声明"止班师之疏,亦仅详其一二"。据绍兴十年七月下旬,高宗在给岳飞的一道诏书中说:

> 得卿〔七月〕十八日奏,言"措置班师,机会诚为可惜"。卿忠义许国,言词激切,朕心不忘。②

可知高宗在七月十八日以前,确曾下过班师诏的。否则,岳飞奏疏中语将成为无的放矢了。又高宗在六月下旬到七月中旬历次颁给岳飞的御札中,屡以"卿可轻骑一来相见"为言。再与岳家军大举北伐之初(六月二十二日),司农少卿李若虚抵达德安府(湖北安陆)见岳飞,"谕以面得上旨,兵不可轻动,宜且班师"③一事联系起来看,足证高宗是力图阻止岳家军深入敌境的。

当然,岳珂在《行实编年》里记载岳飞班师事,也有不确切的地方。如他说:

> 及是朱仙镇之捷,……自燕〔京〕以南,〔金〕号令不复行。兀术以败故,复签军以抗先臣,河北诸郡无一人从者。乃自叹曰:"自我起北方以来,未有如今日之挫衄。"……时〔岳飞〕方画受降之策,指日渡河。……〔秦桧〕知先臣之志,必不可和,乃先诏韩世忠、张俊、杨沂中、刘锜各以本军归,而后言于上,以先臣孤军不可留,乞姑令班师。

他又在高宗付岳飞一道诏书(绍兴十年八月上旬发出)的附语中说:"前诏(指七月下旬发出的诏书)未至,诸大帅各已退师。秦桧

---

① 市村瓒次郎《岳飞班师辨》。
② 《金佗粹编》卷三。
③ 《系年要录》卷一三六。

复请休兵观衅，亟趣先臣退。"①后来，《宋史·岳飞传》即沿袭此说，迄今我国史学家仍采取这项记载。

这里有两个问题需要辨明的。一个是当时开封附近地区宋金双方兵力对比问题，另一个则是宋方诸将班师先后问题。先谈后一问题。

张俊先于岳飞而班师，确为事实。《系年要录》卷一三六绍兴十年闰六月庚子(二十八日)条载：

> 淮西宣抚使张俊既破亳州，遇大雨，士皆坐于水中，俊遂引军还寿春。留雄胜军统制官宋超守亳州，以兵千人与之。民皆失望。

据此，可知张俊的主力部队已于岳飞班师(七月二十一日)之前，从淮北的亳州(安徽亳县)撤回淮南的寿春(安徽寿县一带)了。这个行动的后果是十分严重的，当时吏部司勋员外郎张嶷就曾上疏指出：

> 今年(绍兴十年)夏，敌人攻顺昌之时，陛下屡降宸翰，使〔张〕俊援刘锜。俊但奏起发，初无引道之意。朝廷于是遣雷仲、王德援顺昌，俊苟留不遣。敌人既退(指顺昌大捷之后)，然后徐徐渡江，全军而出，仅能取已降之宿、亳，又不能经理，复不俟命而擅退，使岳飞军孤，敌人复振。此俊之罪也。②

这样，就使得金兀术能够集中兵力来对付正在开封附近地区孤军奋战的岳飞军。后来，岳飞被迫班师，显然与此有关。

而其他将帅呢？据《系年要录》卷一三七载：

> 绍兴十年七月癸丑(十二日)，太尉、保成军节度使、殿前副都指挥使杨沂中为淮北宣抚副使。沂中自行在(即临安府，

---

①　《金佗粹编》卷三。
②　《紫微集》卷二五《为张俊乞赏缴奏》。

今杭州市）引兵出泗上（即泗州，在江苏盱眙北面）。

又《金佗续编》卷十《丝纶传信录》载："杨沂中除淮北宣抚副使，于今（七）月二十五日起发。"①《宋史·高宗纪》载："绍兴十年八月丁亥（十六日），杨沂中自宿州夜袭柳子镇，军溃，遂自寿春渡淮归。"可知杨沂中在岳飞班师之前尚未出兵；岳飞班师之后的第四天，才从临安起发；岳飞班师二十五天之后，在宿州（安徽宿县）柳子镇被金兵打败，方渡淮河南归的。刘锜在顺昌之战时，虽曾奉"择利班师"之诏，但始终坚守阵地未退；而且在金兀术反扑颍昌时，还曾应岳飞之请，出兵太康（离颍昌二百余里）去援助岳家军；直到九月一日，才从顺昌回师江南。淮东韩世忠部至八月上旬仍奋战于淮阳军（江苏邳县东面）、沂州（山东临沂）一带。陕西胡世将所辖吴璘、杨政等部迟至八九月间也还在长安西面作战。这些事实在《三朝北盟会编》卷二〇四、《系年要录》卷一三七和《宋史·高宗纪》中，均有记载。岳珂说韩世忠、杨沂中、刘锜等也都在岳飞班师以前就已经撤兵了，显然不符史实。

至于另一方面，即当时开封附近地区宋金双方兵力对比发生变化的问题，我认为这是涉及岳飞班师的主要问题，值得仔细研究。据《系年要录》卷一三九绍兴十一年正月庚戌（十日）条载：

> 先是，金都元帅宗弼（即兀术）自顺昌战败而归，遂保汴京，留屯宋（宋州，即北宋的南京应天府，今河南商丘）、亳，出入许（许州，即颍昌）、郑之间；复签两河军与蕃部凡十余万，亦（以？）谋再举。

又高宗在绍兴十年闰六月二十七日给岳飞的诏书中也说：

> 近据诸处探报及降虏面奏，皆云："兀术与龙虎〔大王〕议定，欲诱致王师相近汴都，并力一战。"卿切须占稳自固，同为

---

① 参看《金佗粹编》卷三所录的绍兴十年七月下旬的诏书。

进止。①

可知绍兴十年六月中旬顺昌战后，兀术主力军退守开封一带，又相继在河北、河东与少数民族地区征集大批部队，合力以抗宋军，并准备大举南侵。

而宋方东路诸将帅的兵力呢？绍兴十年前后，刘锜所部有二万人左右②，杨沂中部三万人③，韩世忠部四万人左右，张俊的兵力与韩世忠不相上下④。

关于中路军岳飞的兵力，与韩、张两帅大致相等⑤。绍兴八年，即伪齐刘豫被金人废掉的次年，金方内部斗争激化，岳飞曾上疏请求增兵，以图早日恢复中原，高宗却认为：

> 上流地分（指岳飞管辖的湖北、京西地区）诚阔远，宁与减地分，不可添兵。今日诸将之兵，已患难于分合。"末大必折，尾大不掉"，古人所戒！⑥

这充分表明高宗与北宋历朝皇帝一样，也是秉承他们祖宗的"家

---

① 《金佗粹编》卷二。

② 《系年要录》卷一三五绍兴十年五月庚寅条、卷一三九绍兴十一年正月己未条。

③ 《三朝北盟会编》卷二〇五、《系年要录》卷一三九绍兴十一年正月己巳条。

④ 《系年要录》卷六九绍兴三年十月己亥条载，淮东宣抚使韩世忠的兵力为四万四千余人。又《三朝北盟会编》卷二〇六载："绍兴十一年六月，张俊、岳飞至楚州（江苏淮安），抚谕韩世忠兵。……飞点簿，方知世忠止有三万余人。"参阅《系年要录》卷六八、卷九六。

⑤ 绍兴三年九月，江西安抚制置大使赵鼎在《措置防秋事宜》奏状中说："今计岳飞兵数二万一千有余。"（《忠正德文集》卷二）此后不久，傅选、李山、赵秉渊、任士安等部陆续拨归岳飞统领（参阅《三朝北盟会编》卷一五五及《系年要录》卷六八、卷九六），其兵力有所增多。又周必大于孝宗淳熙十一年任枢密使时，在给荆鄂都统郭杲的札子中说："绍兴初，岳忠烈（即岳飞）独当一面，所统兵不满六万。"（《周益国文忠公集·书稿》卷十一）

⑥ 《系年要录》卷一一八。

法",生怕武人兵权过大,威胁王室的统治。而且当时宋金双方军事力量已进入相持阶段,高宗认为只要取得"议和"(实际上是投降)条件,能够维持南宋小朝廷的苟安局面,便不惜削弱抗金将领的兵力,因此,岳家军终未得到扩充。绍兴十年夏天,岳家军大举北伐,除留守后方外,用之于前线的兵力,恐亦不到四万人。更值得注意的,岳家军从六月二十二日大举北伐,中经闰六月,到七月二日西京河南府(洛阳市)之捷,为期仅四十天,接连收复了蔡州(河南汝南)、郾城、颍昌、淮宁、郑州、西京等许多重镇及其附近地方。占领区骤然扩大,兵力随之分散。到七月八日郾城之战开始,兀术则已集结重兵进行多次反扑,而岳飞东邻友军张俊部却又早已撤离淮北。刘锜虽未退兵,但只是采取守势。岳家军当时处境之不利,可以想见。《系年要录》卷一三七绍兴十年七月乙卯(十四日)条载:

> 初,岳飞以重兵驻颍昌(岳飞本人在郾城),欲为久驻之计。会张俊自亳州南归,金人谍知飞孤军无援,于是并兵以御飞。飞不能支吾,告急于淮北宣抚判官刘锜。锜遣统制官雷仲出兵牵制,抵太康县。是役(指颍昌之役)也,飞将官杨再兴、王兰、高林皆战死。获再兴之尸,焚之,得箭镞二升。会天大雨,溪涧皆溢,虏骑不得前,官军乃还。

这段记事,据李心传的附注是"以赵甡之《遗史》《岳侯传》《淮西从军记》参修"的,当属可信。又《三朝北盟会编》卷二〇四叙述这场颍昌战斗的激烈情况道:"杨再兴、王兰以五百骑直入虏阵,杀数千人,再兴与兰皆阵殁,高林亦死。闻者惜之。"[①]又据张嵲《紫微集》

---

① 杨再兴是岳家军中一员最著名的勇将,据《系年要录》卷一三七记述郾城之役说:"是役也,统制官杨再兴单骑入敌阵,欲擒宗弼。不获,身被数十创,犹杀数百人而退。"又按《行实编年》和《宋史·高宗纪》均谓杨再兴等是在七月十三日(甲寅)战死于郾城北面三十里的小商桥。

卷十九,当时战死的将官尚有罗彦等人。这次颍昌之役,岳家军王贵等部已遭受金兵猛烈的反击,损兵折将,几陷失败,势力消长,渐露端倪。此后,岳家军转取守势,其间虽曾几度击退金兵进攻,但开封附近的占领区始终没有扩展。况时已入秋,弓劲马肥,开封以南,平原千里,利于金兵骑战,而不利于宋兵步战①。处此艰难形势下,高宗又于七月中旬发出一道御札,内云:

> 览卿七月五日及八日两奏,闻虏并兵东京,及贼酋(指兀术)率众侵犯,已获胜捷(指郾城之捷)。卿以忠义之气,独当强敌,志在殄灭贼众。朕心深所倾属。已遣杨沂中悉军起发,自宿、亳前去牵制;闻刘锜亦已进至项城。卿当审料事机,择利进退,全军为上,不妨图贼,又不坠彼奸计也②。

杨沂中于七月十二日奉命宣抚淮北,迟至岳飞班师之后四天(七月二十五日),才从临安引兵北上;当时刘锜也并未亲自赴援。岳家军又碍于高宗旨意,沮于秦桧奸谋,无法得到扩充和增援。而且这时"诏书不许深入"③,要"全军为上",无异强令班师了。

岳飞班师的原因,已如上述。但我国学者每多根据《鄂王行实编年》和《宋史·岳飞传》记载,过于铺张岳家军威力,把班师原因完全归诸高宗的诏命,无视当时开封附近地区宋金双方兵力对比发生变化的事实。这是难以令人信服的。因为岳家军大举北伐之初,高宗即已命令班师(时刘锜指挥的原八字军已在顺昌打败金兀术的主力军),岳飞并未顺从。而且在岳家军大举出师以前,即顺

---

① 宋军的马匹远较金人为少,据《系年要录》卷一三九载:"绍兴十一年正月己未,淮北宣抚判官刘锜自太平州渡江以援淮西。锜有兵二万,马数百。"又吴璘尝自著兵法二篇,上篇《兵要》,大略谓金人有四长:曰骑兵,曰坚忍,曰甲重,曰弓矢。见王晔《吴顺王璘安民保蜀定功同德之碑》,引自《名臣碑传琬琰集》上编卷十四。

② 《金佗粹编》卷二。

③ 《系年要录》卷一三七绍兴十年七月壬戌条。

昌之战时,刘锜也曾接奉"择利班师"之诏,亦未撤兵南归。这些客观事实,岂能熟视无睹! 岳飞班师的原因必须从七月间开封附近地区宋金双方兵力对比发生变化问题入手分析的道理,就是在此。至于有人既否定高宗曾下班师诏,又极力夸大当时金方力量,说什么"金之国力,虽已过全盛时代,但宋尚非其敌"①,也是远离事实的。叶适说:"兀术再出,大败于顺昌、柘皋,始稍惧我,而盟约遂定。"②这个论断是符合当时实际情况的。我认为,绍兴六年春天,刘光世、张俊继韩世忠之后,从江南移屯淮上,岳飞从鄂州进驻襄阳,宋金战争形势转入相持阶段(指宋方有力量守住淮河一线),金方的军事压倒优势时代已一去不复返了。

此外,有人认为当时岳家军有直捣燕云的条件,而岳飞为了保持个人禄位,却不顾民族、国家利益,违反"将在军,君命有所不受"的明训,于胜利在望的关键时刻,竟屈从高宗的诏令,班师回来,因此对岳飞横加指责,说什么班师是"愚忠""误国"的行为。这不仅对当时开封附近地区宋金战争形势缺乏认识,而且是别有用心的诽谤。为了澄清历史真相,并去除诬蔑岳飞抗金事迹的借口,有必要对岳飞班师的原因作进一步的探索。

(原载《杭州大学学报》1978 年第 1 期)

---

① 市村瓒次郎《岳飞班师辨》。
② 《水心别集》卷十五《终论四》。按:绍兴十一年二月,刘锜、杨沂中、王德等部打败金兀术铁骑十余万人于柘皋(安徽巢县西北),史称"柘皋之捷"。见《系年要录》卷一三九。

畲族的名称、来源和迁徙[①]

畲(原作畲,音奢,shē)族的名称,据现在所知,最早出现在南宋末年即公元 13 世纪中期的汉文书籍上。南宋著名学者刘克庄(1187—1269)的《后村大全集》卷九三《漳州谕畲》载:"畲民不役,畲田不税,其来久矣。"文天祥(1236—1283)的《文山全集》卷一一《知潮州寺丞洪公行状》载:"潮与漳、汀接壤,盐寇、峯民,群聚剽劫。"可知当时"畲民"和"峯民"两词并用。到了明代,"畲民""峯民""畲猺""峯猺"等称呼都有使用;不过畲民一词,比较多见。以后,畲民这个名称,更是流行。但其他的异称,也还时常出现。[②]

"峯"与"畲",字异而音同。峯是广东汉人的俗字,意思是指在山间搭棚居住[③]。畲字在古代原指"刀耕火种",唐刘禹锡撰的《竹

---

① 本文于 1959 年夏天草成,曾经杭州大学历史系浙江畲族史调查研究组集体修正。

② 明谢肇淛的《五杂俎》载:"吾闽山中有一种畲人。"明王守仁的《王文成公全书》卷二五《平浰头碑》载:"正德丁丑(1517)冬,峯猺既殄,益机险阱毒,以虞王师。"明末顾炎武的《天下郡国利病书》广东下猺獞条载:"潮州府畲獞,……我朝设土官以治之,衔曰峯官,所领又有峯,峯当作畲,实录谓之畲蛮。"民国《福建通志·风俗志》引清人纂修的地方志,以及清人纂修的《处州府志》《丽水县志》等都用"畲民"一词。

③ 胡曦《兴宁图志考》峯人条载:"峯,本粤中俗字,或又书作畲字,土音并读如斜。"《天下郡国利病书》广东上引《博罗县志》:"其(指猺人,实即畲民)在邑者,俱来自别境,椎结跣足,随山散处,刀耕火种,采实猎毛,食尽一山则他徙。粤人以山林中结竹木障复居息为峯,故称猺所止曰峯。"

233

枝词》有"山上层层桃李花,云间烟火是人家。银钏金钗来负水,长刀短笠去烧畲"(《刘宾客文集》卷二七)之句;北宋陈彭年等重修的《广韵·九麻》载:"畲,烧榛种田也";又清初屈大均著的《广东新语》卷七载:"澄海山中有峯户,其人耕无犁锄,率以刀治土,种五谷,曰刀耕;燔林木,使灰入土,土暖而蛇虫死,以为肥,曰火耨。是为畲蛮之类。"闽浙一带的汉人看到从广东迁来的峯民大多数还是采取刀耕火种的原始耕作方法,因此同音相转,就称他们为畲民了。刘克庄的《漳州谕畲》一文载:"西畲隶龙溪,南畲隶漳浦,其地西通潮、梅,北通汀、赣。二畲皆刀耕火耘,崖栖谷汲。"清嘉庆时,丽水教谕屠本仁《咏畲客诗》有"斫畲刀耕举,烧畲火种趾"(光绪《处州府志》卷三〇)之句。总之,不管是侧重于居住形式的"峯"字或着眼于农耕技术的"畲"字,都与畲族人自称为"山客"(音 shan-ha)有关系,因"山"和"畲"音相近,而"山客"两字急读仍和"畲"音不远。

畲族人一般自称为"山客"或"生客",乃因为他们原来是从外地迁住山区的人,而不是土著。在畲族的宗谱或祖图图说中也有自称为"徭人"或"徭家"的。

"畲客"一词,无论在汉文书籍中或闽浙等地民间都很流行,意思和山客大致相同。后来汉族地主豪绅用音近"畲"的"蛇"字来侮称他们为"蛇客",有的甚至把"畲"字妄改为"畲"(意指从番而入),因此,"畲客"也就变成侮辱性的称呼了。

中华人民共和国成立以来,在党的民族政策的光辉照耀下,尤其是 1951 年 5 月 16 日中央人民政府政务院颁布了《关于处理带有歧视或侮辱少数民族的称谓、地名、碑碣、匾联的指示》之后,这些带有侮辱性的称谓,便很快地消失了。1956 年,国务院又正式确定了"畲族"这个名称①。畲族人民多年盼望的民族平等的理

---

① 畲族的名称,中华人民共和国成立初年曾有争论,经慎重调查研究后,才正式确定。

想,终于在中国共产党的领导下真正实现了。

畲族的来源,说法很多。有人认为畲族是春秋时代越王句践的子孙;有人认为是秦汉时代百越人的后裔;有人认为起源于苗;有人认为畲、瑶同源;也有人认为畲是瑶的一支,而同为"五溪蛮"之后。就现有的资料来看,我们认为最后一种说法较能令人信服。

在远古时代,长江中游一带住着许多被称为"蛮"(原作"蠻",即"民"字的音转)的部落。其中江汉流域的"荆蛮"(即楚人),在春秋战国时代与中原的华夏已经有了较为广泛的接触,后来逐渐同化,成为秦汉时汉族组成的一部分;但是洞庭湖西南溪洞间的"武陵蛮"(即"五溪蛮"),在汉晋之际仍然过着较原始的生活①,他们经常受到汉族封建统治阶级的迫害,其中一部分陆续向附近地区迁徙。至迟在隋朝,今湖南长沙一带已住有自称"莫徭"的瑶人,这种瑶人的习俗与武陵等地的蛮族相同②。唐宋时,湘、桂、粤、赣一带经常出现所谓"徭乱"③,可见当时瑶人部众多,分布广。南宋时,今粤、赣、闽三省边界又开始有一种名叫"畲民"(或称"輋民")的部族在活动④。

"蛮"、瑶、畲三族,就他们分布的地区来考察有着密切的联系;就出现的时代来说,"蛮"族最早,瑶族次之,畲族最后。三族之间,都盛行着槃瓠(亦作"盘瓠"或"盘护")的传说,自认为盘瓠的子孙,直到中华人民共和国成立前不久,散居在各地的畲、瑶两族和滇越边境上的"蛮"族(亦称瑶族)中,许多人家都置有盘瓠画像,祭祀很

---

① 《后汉书·南蛮传》《三国志·蜀志·刘备传》章武元年条、《南史·夷貊传》荆雍州蛮条。

② 《隋书·地理志》。

③ 《宋史·蛮夷传》。

④ 见刘克庄《漳州谕畲》、文天祥《知潮州寺丞洪公行状》。原文已引入正文第一段。

虔诚①；瑶族的《迁徙榜牒》（又名《过山榜》）和畬族的《开山公据》
（又名《抚徭券牒》）同样记载着盘瓠的传说，都称有一个皇帝赐给
他们券牒，写明只许居住青山之中，刀耕火种，准予"永免差役，不
纳粮税"②；畬、瑶两族多姓盘、蓝、雷三姓③。这些事例，都证明他
们之间是有着共同的渊源乃至血缘关系。五代后晋时，湖南的瑶
族，还被称为"蛮徭"④，宋、明、清学者多认为瑶是"五溪蛮"的后
裔⑤，并有称"徭人"为"莫客"的⑥；明清学者有称畬族为"畬蛮"或
"畬徭"的，清代粤闽两省地方志中也多认为畬民是"徭族""徭种"
或"徭人"⑦；尤其重要的，清末以来编修的畬族宗谱和祖图中，畬

---

① 近人凌纯声著《畬民图腾文化的研究》，载中央研究院历史语言研究所
集刊第十六本，1947 年出版。

② 《迁徙榜牒》，见近人徐松石著《粤江流域人民史》附录二；《开山公据》，
见清同治十二年(1873)纂修的《泰顺雷氏族谱》及中华人民共和国成立前景宁县
景星石印局出的《盘瓠世考》。

③ 明末邝露著《赤雅》卷上猺人祀典条载："猺名莫客，……蓝、胡、槃、侯四
姓，槃姓居多。"按邝氏广东人，曾在广西瑶族地区工作。书中记述多系在广西时
所目睹耳闻的情况。参看《天下郡国利病书》广东下猺獞条及近人刘锡蕃著《岭
表纪蛮》页 8。

④ 《宋史·蛮夷传》。

⑤ 南宋范成大著《桂海虞衡志》载："猺本五溪槃瓠之后。"明田汝成著《炎
徼纪闻》卷四载："猺人，古八蛮之种也，五溪之南，穷极岭海，迤连巴蜀，皆有之。"
清檀萃著《说蛮》载："蛮始五溪，出自槃瓠，蔓延于楚、粤，称猺。当日以有功免其
徭，曰莫徭。后讹为猺。"

⑥ 同注③。

⑦ 清乾隆《潮州府志》卷一二载："潮州有山莫，其姓有三：曰盘，曰蓝，曰
雷，皆猺种。"嘉庆《云霄厅志》卷三载："畬寇，猺种。"道光《龙岩州志》卷二○载：
"畬客，即猺人。"

族人也往往自称为"徭人"或"徭家"①；直到中华人民共和国成立后，广东增城、博罗一带的汉人还叫畲民为"山瑶"。由此可见，畲族是出于唐宋时代住在五岭东端的"徭人"，而远源于汉晋时代的"五溪蛮"。

"徭人"的一支，约在唐初进入今粤、赣、闽三省交界地区，据嘉庆福建《云霄厅志》卷一一唐宦绩陈政条载："唐高宗总章二年（公元 669 年），泉、潮间蛮、獠啸乱。"又陈元光条载："总章二年，随父（陈政）领兵入闽，父卒（仪凤二年，即公元 677 年）代领其众，会广寇陈谦连结洞蛮苗自成、雷万兴等进攻潮阳，陷之。守帅不能制。元光以轻骑讨平之。已而蛮寇雷万兴、苗自成之子纠党复起于潮，猝抵岳山，元光闻报，遽率轻骑御之，援兵后至，为贼将蓝奉高刃伤而卒，时景云二年（711）十一月也。"可见唐初粤、闽边界已有雷、蓝等姓的蛮族居住。唐宋时，蛮、徭混称，所谓"蛮"或"洞蛮"，实即徭人，也就是畲民的祖先。他们在这里繁衍生息，和当地汉族接触频繁，被称为畲民②，其中一部分人又陆续向各地移居。迁徙的原因，一方面由于他们处在粗放农业经营阶段，难于定居一地；另一方面，也是主要的，则是由于他们不堪历代封建统治阶级的迫害，只得离乡他徙，形成"大分散、小集中"的居住特点。因此，原来住在广东潮州的部分畲族便是在这种情况下逐步向闽南、闽北、浙南、浙西一带人烟稀少的山区迁移。根据畲族的许多族谱来看，迁到浙江来的主要路线是：广东潮州—福建漳州—安溪—连江—罗源—浙江景宁—云和—遂昌—宣平（已分别并入丽水和永康、武义

---

① "徭人"，见光绪三十一年（1905）再修《宣平钟氏宗谱》卷一《钟氏历朝敕赐目录》、1917 年重修《松阳蓝氏宗谱》卷一及凌纯声著《畲民图腾文化的研究》一文附图二十六。影印同治五年《蓝姓祖图图说》有"初立徭户三千八百户口，为作徭家"之语。

② 清杨澜著《临汀汇考》卷三，参看正文第一段的引文。

县)—龙游①。此外,还有从罗源直接迁来平阳,再迁瑞安、泰顺和青田的②;或从景宁分移龙泉、青田和泰顺的③;或从青田移居桐庐的④。其间各地的畲族又曾多次往返迁徙。他们进入浙江境内,最早约在明朝初年,即公元 14 世纪后期;最先移居的地点是在景宁。清道光三年撰的《宣平钟氏家谱新序》载:"大明洪武乙卯(八年,即公元 1375 年),日章公由福建而迁处州景宁。"(引自光绪三十一年重修的《宣平钟氏宗谱》卷一)又 1915 年重修的《平阳雷氏宗谱行第》载:"始祖景云、景通二公,原籍罗源,洪化(应是'洪武'之误)十二年(1379),徙居处州景宁县岭根而居焉,是为来浙肇基之始祖也。"按谱内记载,第十六世雷君友生于公元 1691 年,由此上推十五世,每世以二十年计算,共三百年,迁入景宁当在 14 世纪后期,即明洪武年间(1368—1398)。明朝一代,浙江畲族人数较少;到了清代,由于长期生聚和从闽北陆续迁来,人口有了一定程度的增长。中华人民共和国成立后十年,浙江畲族约有十万人,分布在十九个县市,其中以丽水、平阳、遂昌、景宁、永康、泰顺等六县

---

① 1931 年纂修的《遂昌井头坞钟氏宗谱》卷一《行程志》《钟氏创修宗谱志》,光绪十二年重修的《宣平雷氏宗谱》卷一。

② 光绪六年增修的《平阳蓝氏宗谱·源流序》及纲目中称蓝种寿(1591—1651)在明末从罗源大坝头迁居平阳莒溪垟尾,其弟种松迁居青街王神洞,种柏迁居闹村东湾,并说"是为来平肇基之始祖"。《桐庐培头钟氏宗谱》载:清康熙二年(1663),由罗源迁平阳,五十六年(1717)再迁青田。至于由平阳迁瑞安和泰顺,是根据 1959 年 3 月杭州大学历史系部分师生下乡调查来的资料。

③ 光绪三十一年重修的《宣平钟氏宗谱》卷一载:三世祖钟永芳于明景泰四年(1453)由景宁迁龙泉张源。《泰顺钟氏房谱》卷八世系载:"正德元年(1506)罗源县大坪村有五祖移居浙江云和,由景宁县分青田。"1934 年增修的《泰顺蓝氏族谱》第一册《世系图》载:"第一世元忠公世居景宁大马庵,于明季间迁居泰顺六都大范洋。"

④ 《桐庐培头钟氏宗谱》载:"崇祯三年(1630),由景宁移居青田八都;同治年间,再由青田移居桐庐安乐乡。"

为较多①。

（原载《杭州大学学报》1962 年第 1 期。后又被收入施联朱主编《畲族研究论文集》，北京民族出版社 1987 年 4 月版，有删节，未经本人校对，失误颇多）

---

① 全国畲族约有二十三万人，散居在我国东南的福建、浙江、江西、广东、安徽等五省的部分山区，以闽浙地区为最多。

宋代浙江海外贸易探索

我国古代的对外贸易,在唐朝中期以前是以陆路交通为主,特别是西北陆路交通所谓"丝绸之路"最为重要。从洛阳、长安向西,经河西走廊,往西域,一直通到大秦国(即罗马帝国的东部亚洲地区,今叙利亚一带;公元395年,中国东晋时,罗马帝国分裂后,指东罗马帝国)。

从唐朝中期即唐玄宗开元年间,开始在广州设置市舶机构,管理对外贸易,此后海路贸易逐渐发达,终于超过了陆路对外贸易。

两宋时期,由于我国东南地区农业、手工业的发展与海上交通的进步,也由于以前对外贸易的西北陆路交通先后遭受辽、西夏和金国的阻挠,所以宋政府特别重视海路贸易。从此,海外贸易的繁荣远远超过前代。本文试图对宋代浙江的海外贸易情况进行一些探索。

一、海外贸易发达的背景

宋代建国以后,由于浙江农民的精耕细作,农田水利的大批兴修,生产工具的改善,耕作制由单作制向复种多熟制过渡,以及优良稻种的培育和推广,因此农业生产发展较快,单位面积的稻谷产量有很大的提高。北宋徽宗政和八年(1118)以前,明州(今宁波)

城西广德湖周围五十里的七乡民田每亩收谷六、七石①。北宋后期以来,据南宋初薛季宣(1134—1173)所撰《浪语集》卷二八《策问》第四问指出:"淮、浙当承平之世,非惟国用之所仰赖,'苏、湖熟,天下足'则又发于田家之谚。……"上述"承平之世"是南宋人对北宋时的习称。又据南宋后期高斯得(1201—?)《耻堂存稿》卷五《宁国府劝农文》的记载,太湖流域的上等田,稻谷亩产达到五、六石。南宋浙江地区平常年份的亩产,"上田收米三石,次等二石"②,根据"稻子二石折米一石"③的比例,折合稻谷可达四石到六石。唐代关中渭水流域最高亩产稻谷二石,江南地区稻谷亩产约三石到四石④。

封建社会中,农业生产居于主导地位。宋代农业生产的发展,促使独立手工业者的人数增多了,农业与家庭手工业的分离程度有了提高,许多手工业部门发展较为显著,特别是造船业的进步和指南针的使用,对海外贸易影响巨大。

造船业的进步给予宋代海外贸易提供了有利条件。北宋初期,浙江的造船技术就已经非常高超。据北宋杰出科学家、钱塘人沈括说:"国初,两浙献龙船,长二十余丈,上为宫室层楼,设御榻,以备游幸。"⑤南宋高宗绍兴三十一年(1161)六月,温州进士王宪献策,乞用平阳蒲门寨所造巡船为式,每舟阔二丈有八尺,其上转

①　详见《宋会要辑稿》(以下简称《宋会要》)食货七之四五著录的绍兴九年(1139)五月权发遣明州周纲之言,并参阅李心传《旧闻证误》卷三驳王明清《挥麈余话》卷二记事条。

②　陈傅良《止斋文集》卷四四《桂阳军劝农文》。

③　《宋会要》食货六三之二一七。

④　李伯重《唐代江南地区粮食亩产量与农户耕田数》,载《中国社会经济史研究》1982年第2期。

⑤　《梦溪笔谈·补笔谈》卷二《权智》。

板坦平，可以战斗。诏用其言①。据近十几年前在泉州湾出土的宋末海船，已有多隔舱和水密舱的结构。至于造船的数量，北宋真宗时（998—1022），全国官营造船场每年造漕运船（主要用于运粮食）数额为2916艘，分由十一个州打造。其中江西路的虔州（今赣州）为605艘，吉州（今吉安）为525艘，比例最大。到哲宗元祐年间（1086—1093），温州和明州的造船业有了飞速的发展，"岁造船〔各〕以六百只为额"②。徽宗时（1101—1125），仍保持原额③。而虔、吉、潭（今湖南长沙）、衡（今衡阳）四州在北宋后期，每年总的造船额却下降为723艘④。南宋时，因运河漕运额锐减，粮船岁造额亦随之下降。温州这时除承担打造战船外，粮船岁额是340艘；而虔、吉、潭、衡四州总的岁额仍为723艘，还完成不了任务，拖欠甚多。⑤可见从北宋后期直到南宋后期，浙江的造船业始终居于全国的前茅。

宋代出使外国的大海船也多在浙江或福建打造与雇募⑥。神宗元丰元年（1078），为了派使者到高丽去，命令"明州造万斛船二只"⑦。后来这两艘大船"自定海（今浙江镇海，清康熙年间才改名）绝洋而东，既至，国人（指高丽京城人，当时国都是开京，今韩国开城）欢呼出迎"⑧。徽宗宣和五年（1123），派路允迪等出使高丽，

① 李心传《建炎以来系年要录》（以下简称《系年要录》）卷一九一七月癸酉条。

② 李焘《续资治通鉴长编》（以下简称《长编》）卷四三七元祐五年正月庚午条。

③ 《宋会要》食货五十之六。

④ 《宋会要》职官四二之五三。

⑤ 《宋会要》食货五十之九。

⑥ 徐兢《宣和奉使高丽图经》卷三四《客舟》。

⑦ 张师正《倦游录》，见《说郛》（商务印书馆本）卷三七著录。按：万斛为六百吨。

⑧ 《宋史》卷四八七《高丽传》。

事先又在明州造了两艘很大的"神舟"。据当时的记载推算,"神舟"载重约一千吨。到达高丽时,"倾国耸观,欢呼嘉叹"。①

宋代中国的航海技术是当时国际上最先进的。北宋后期,我国海船已经广泛使用指南针来辨别航向。南宋中期曾三聘(1144—1210)的《因话录》②和南宋末年吴自牧的《梦粱录》卷十二《江海船舰》中又提及当时还进一步使用罗盘针。这更有利于浙江海外贸易的发展。

两宋政府为了增加财政收入,并收购进口货物来满足皇室和官僚的生活需要,对海外贸易十分重视,多方予以奖励。早在宋太祖开宝四年(971)平定南汉之后,就设置市舶司于广州。为了招徕外商,宋太宗于雍熙四年(987)又特派内侍八人携带诏书、金帛,分四路往海南诸国,招引他们来华贸易,并收买香料、药材、犀角、象牙、珍珠、龙脑等货物③。南宋时,最高统治者更加留意此事。宋高宗曾说:"市舶之利,颇助国用,宜循旧法,以招徕远人,阜通货贿。"④进口货物在北宋前期不超过五十种,南宋已增至五百余种。为此,两宋又在通商口岸创办外商招待所,如杭州有怀远驿⑤,明州、温州、泉州都有来远驿⑥。外国富商来到时,市舶机构用"妓乐"迎送,准许他们坐轿或乘马;当地的主要官员并亲自接见。⑦

---

① 《宣和奉使高丽图经》卷三四《客舟》。参见陈高华、吴泰《关于泉州湾出土海船的几个问题》,载《文物》1978年第4期。

② 曾三聘,《宋史》卷四二二有传,《宋蜀文辑存》卷七九有神道碑。该书旧题三聘之弟三异撰,杭州大学历史系闻人军同志撰文考定为三聘撰。《因话录》见《说郛》本卷十九。

③ 《宋会要》职官四四之二。

④ 《宋会要》职官四四之二四。

⑤ 周淙《乾道临安志》卷一。

⑥ 罗浚《宝庆四明志》卷三、明代姜准《岐海琐谈》卷十、《宋会要》职官四四之十。

⑦ 《宋会要》职官四四之十。

中外商船出海时,市舶机构照例"支送酒食"①,有时还设宴饯行,大小商人和水手、杂工都可参加②。

对于外国商人和商船又采取一系列保护措施:"番舶为风飘着沿海州界,若损败及舶主不在,官为拯救,录物货,许其亲属召保认还"③;如遇风水不便,舶破柂坏者,即可免税;外商若受到当地官吏敲诈勒索,准许越级上诉④;市舶机构的官吏和中外商人对海外贸易有所贡献的,可得奖励⑤,官吏如果破坏海外贸易,要受到处分⑥。

在社会生产发展和科学技术进步的基础上,加以两宋政府特别奖励海外贸易,因此,当时浙江的海外贸易大大地发展起来了。

二、浙江海外贸易在全国的地位

由于两宋政府大力奖励海外贸易以及海上交通的便利,亚非各国与中国通商的,据南宋周去非(温州人,孝宗隆兴元年即公元1178年进士,淳熙中曾任桂林通判)的《岭外代答》和赵汝适(1170—1231,宋太宗八世孙,寓居明州)理宗宝庆元年即公元1225年任提举福建路市舶兼权知泉州时撰的《诸蕃志》等书记载,就有五十多个国家和地区,宋人的海舶直接到达的有二十多个,其中重要的有日本、高丽以及交阯(越南北部)、占城(越南中南部)、真腊(柬埔寨)、蒲甘(缅甸中部)、麻逸(菲律宾)、勃泥(加里曼丹北部)、阇婆(爪哇)、三佛齐(苏门答腊东南部)、大食(阿拉伯)、层拔

---

① 《宋会要》职官四四之十二。
② 《宋会要》职官四四之二四。
③ 《宋会要》职官四四之八。
④ 《宋史》卷一八六《食货志·互市舶法》,《宋会要》职官四四之三四。
⑤ 《宋会要》职官四四之十、《宋史》卷一八五《食货志·香》。
⑥ 《宋会要》职官四四之六、《宋史》卷一八六《食货志·互市舶法》。

等,大多数是在南洋群岛与亚洲南部、西南部的沿海地区。层拔(Zen-jibar)意为黑人国,远在非洲中部的东海岸。

为了适应日趋繁荣的海外贸易,北宋政府先后在广州(开宝四年)、杭州、明州、泉州①、密州板桥镇(今山东胶县)②设置市舶司,秀州华亭县(今上海市松江一带)设置市舶务③。南宋时,除密州归入金国版图外,其他五处市舶机构仍继续存在。华亭的市舶务在建炎四年曾一度移至通惠镇(又称青龙镇,今上海市青浦县白鹤村),度宗咸淳年间又移到上海镇。④ 南宋并陆续增设温州、江阴军⑤两处市舶务以及嘉兴府海盐县澉浦镇市舶场⑥。北宋的六处市舶机构,浙江占有两处,南宋的八处市舶机构,浙江占有四处,可见当时浙江海外贸易之繁荣。

北宋在对外贸易港口设置市舶司,北宋末和南宋只在路一级设司,州县则设务。澉浦镇是杭州的外港,设场。市舶司的长官级别与提点刑狱等监司长官同,有时由转运司兼管。市舶务的长官级别相当于知州,有时由知州兼管。

广州、明州和杭州,是北宋时中国的主要贸易港。北宋政府在太宗端拱二年(989)规定:"自今商旅出海外蕃国贩易者,须于两浙市舶司陈牒,请官给券以行,违者没入其宝货。"⑦全国各地出海的

① 元祐二年(1087)十月甲辰增置市舶司于泉州,见《长编》卷四〇六。

② 板桥镇市舶司置于元祐三年三月乙丑,并把板桥镇升为胶西县,见《长编》卷四〇九。

③ 华亭县市舶务置于政和三年(1113)七月二十四日,见《宋会要》职官四四之十一。

④ 《弘治上海县志》卷一。

⑤ 江阴军市舶务置于绍兴十五年(1145)十二月十八日,见《宋会要》职官四四之二四。

⑥ 理宗淳祐十年(1250)海盐澉浦镇设置市舶场,见常棠《绍定澉水志》卷三《地理门·风俗》。

⑦ 《宋会要》职官四四之二。

商船都必须向设在杭州的两浙市舶司办理手续,可见该处市舶司在当时所占地位的重要。到了神宗元丰三年(1080),由于海外贸易更加发达,申请出国的地点改为明州和广州两处市舶司,规定开往日本、高丽等东方国家的商船必须向明州市舶司办理手续,开往东南亚和印度洋的商船必须向广州市舶司办理手续。元丰八年,又扩大到杭、明、广三司申请①,并取消了地区的限制,只规定"诸商贾由海道贩诸蕃,惟不得至大辽国及登(治所在今山东蓬莱)、莱州(今山东掖县)"。徽宗政和四年(1114)三月,禁止蕃舶及本国海南州县船舶到密州②,此后所有日本、高丽等东方国家来华的商船多集中到浙江的港口来,我国海南州县船舶往日本、高丽以及它们来我国海南州县做生意的,也都把浙江港口特别是明州作为主要停靠站。由于浙江邻近日本,加上这时海路交通便利,商船由日本九州博多(今福冈)向西横渡我国东海到浙江港口,顺风不过一星期左右,因此日本商人来华的更多。③

神宗熙宁四年(1071),北宋政府重新准许高丽通商(以前因高丽臣服辽国),当时高丽商人要求来北宋首都开封的,大多数先渡海至明州,再由钱塘江或余姚江经浙东运河到杭州沿大运河北上,而不愿取道密州或登州的陆路。北宋政府为了争取高丽,孤立辽国,对高丽人特别优待④。因此高丽人来明州、杭州的也不少⑤。从这里可以看出宋代浙江与日本、高丽通商关系的密切,也可以知道浙江在宋代海外贸易中地位的重要。

---

① 《苏轼文集》卷三一《乞禁商旅过外国状》。

② 《宋会要》刑法二之六二。

③ 参见日本人木宫泰彦著、胡锡年译《日中文化交流史》第 246、298 页,商务印书馆 1980 年版。

④ 朱彧《萍洲可谈》卷二,《宋史》卷十五《神宗纪》、卷四八七《高丽传》,王明清《挥麈录·前录》卷四引录燕肃《海潮论》。

⑤ 《苏轼文集》卷三一《乞禁商旅过外国状》,《宋史·高丽传》。

　　两宋的市舶机构类似近代的海关，而其权力较大。商船出海，必须向它申请、具保，办理手续，取得"公凭"（或称"公据""公验"，即证明文件），才能起航。否则货物被没收，船主受惩罚。外国商船到达我国港口后，必须立即向市舶机构报告，由它派员上船检查。中外商船的货物，一般征收其十分之一作为入口税，叫作"抽解"或"抽分"。① 并规定乳香、象牙、珠宝等贵重物品为"禁榷物"，全部由市舶机构收买；其他货物也收买一部分，叫作"博买"。抽解和博买来的货物一律送交中央政府（除由皇宫享用外，有些货物由中央政府专卖机构出售），剩余部分与一些搬运困难的货物，则由当地市舶机构或外商在本地推销，亦可由外商申请转运其他港口贩卖。

　　海外贸易的发达，增加了宋政府的财政收入，熙宁五年的诏书说："东南之利，舶商居其一。"②北宋九朝，市舶司岁入最高额是徽宗崇宁元年（1102）至大观四年（1110），九年之间，平均岁入一百十一万贯铜钱③。南宋高宗初年，政府总岁入约一千万贯铜钱④，市舶收入达到一百五十万贯左右，占当时财政总收入的 15％。高宗末年，政府财政总岁入约四千五百万贯，市舶收入达二百万贯铜钱⑤，也还占财政总岁入的 4.4％ 左右。这些收入是指户部的收入，由皇宫支配的部分不计在内。

　　宋代的市舶机构多设在浙江地区，可以知道浙江海外贸易对当时国家财政收入是起着比较重要的作用的。

---

① 《宋会要》职官四四之一。
② 杨仲良《长编纪事本末》卷六六、《宋史·食货志·互市舶法》。
③ 马端临《文献通考》卷二十《市籴考·市舶互市》引陈傅良语。
④ 李心传《建炎以来朝野杂记》卷十四《国初至绍熙天下岁入数》。
⑤ 《系年要录》卷一八三绍兴二十九年（1159）九月壬午条引前提举两浙市舶张阐之言。

三、杭州、明州、温州的海外贸易

宋代浙江的海外贸易,以杭州、明州、温州为最繁荣,大约在北宋太宗太平兴国三年(978,是年吴越国向宋廷奉献两浙版图)至端拱二年(989)之间,两浙路的市舶司开始设于杭州(吴越国在杭州原有"博易务"机构)。淳化三年(992),移置于明州定海县①。明年,又迁回杭州。真宗咸平二年(999),在杭州、明州各置市舶司②。南宋高宗绍兴二年(1132),两浙提举市舶司从临安府移往华亭县③,因为那时华亭一带未遭受金兵南侵的破坏④。绍兴年间,两浙路提举市舶司下辖五处市舶务,即杭州、明州、温州、秀州华亭县、江阴军。孝宗乾道二年(1166),提举市舶司撤废,各处市舶机构由转运司兼管⑤。

杭州北宋时已是我国第一流大城市,"地有湖山美,东南第一州"⑥,被称为"富兼华夷""百事繁庶"的"地上天宫"⑦。仁宗嘉祐四年(1059),著名文学家欧阳修在他所写的《有美堂记》中说到杭州,"其俗习工巧,邑屋华丽,盖十余万家,……而闽商海贾、风帆浪舶出入于江涛浩渺、烟云杳霭之间,可谓盛矣"⑧。哲宗元祐五年(1090),知杭州苏轼说:"杭州城内生齿不可胜数,约计四五十万

---

① 王象之《舆地纪胜》卷二、《乾道临安志》卷二《廨舍》。
② 《宋会要》职官四四之一、《长编》卷四五。
③ 《宋会要》职官四四之十四、《系年要录》卷五二绍兴二年三月甲午条。
④ 孙觌《鸿庆居士集》卷三四《朱公墓志铭》。
⑤ 《宋会要》职官四四之二八。
⑥ 《乾道临安志》卷三梅挚条。
⑦ 陶谷《清异录》卷上《地理门》。
⑧ 《欧阳文忠公文集·居士集》卷四十。

人。里外九县主客户口共三十余万。"①

南宋时,杭州升为临安府,建行都于此,是全国政治、经济和文化的中心,"天上天堂,地下苏杭"②。乾道年间(12世纪60年代)杭州城区(包括附郭钱塘、仁和两县)人口十四万口,府属九县五十五万口;淳祐年间(13世纪40年代)城区三十二万口,府属七十六万口;咸淳年间(13世纪60年代)城区增至四十三万口,府属一百二十四万口。③ 丝织业、印刷术、瓷器业和造船业等都十分发达,中外商贾云集,"自大街及诸坊巷,大小铺席,连门俱是"④,盛况空前,是当时世界最繁华的都市之一。杭州的市舶务,起初设在城东南的保安门(候潮门的北面)外诸家桥之南⑤。后来移到城北的梅家桥(今体育场路梅登高桥附近)北面⑥。富家巨室在市舶务附近的白洋湖(今体育馆一带)水边,"起造塌房数十所,为屋数千间",租给都城店铺及客商寄放货物之用。⑦

明州是宋代三大贸易港之一。日本、高丽等东方国家的海舶来华,都集中在这里。中国到日本、高丽经商的海舶,多由此放洋,回国时亦停泊于此。北宋著名诗人梅尧臣在《送王司徒定海监酒税》诗中说:

> 悠悠信风帆,杳杳向沧岛。
> 商通远国多,酿过东夷少。⑧

---

① 《苏轼文集》卷三十《论叶温叟分擘度牒不公状》。

② 范成大《吴郡志》卷五十。

③ 潜说友《咸淳临安志》卷五八《户口》;林正秋《南宋都城人口数考索》,载《杭州大学学报》1979年第1、2合期。

④ 《梦粱录》卷十三《铺席》。

⑤ 《乾道临安志》卷二。

⑥ 《咸淳临安志》卷九。

⑦ 耐得翁《都城纪胜·坊院》,《梦粱录》卷十九《塌房》。

⑧ 《宛陵集》卷二一。

所以明州海外贸易之繁荣居浙江的首位。南宋张津《乾道四明图经》卷一《分野》载:"南则闽、广,东则倭人,北则高句丽(高丽的旧名),商舶往来,物货丰衍。"又南宋末梅应发《开庆四明续志》(理宗开庆元年即公元 1259 年撰)卷八载:"倭人冒鲸波之险,舳舻相衔,以其物来售。"由于明州海外贸易的发达,所以当地颇有通晓日本等国语言的译人。据南宋周辉的记载:"顷在泰州,偶倭国有一舟漂泊在境上,一行凡三二十人,至郡馆谷之。或询其风俗,所答不可解。旁有译者,乃明州人,……后朝旨令津置至明州,趁便风以归。"①

淳化三年,初设明州市舶司的地址是在定海,海口有招宝山,就是因为装运宝货的海船停泊在这里而得名。后来市舶司(务)移到明州城区的东南,它的左面(即东面)靠近罗城(外城),前门(南面大门)与灵桥门相近②,罗城外就是甬江③。宋代外商来明州贸易的除日本和高丽外,还有真里富(为真腊的属国或属邑,在真腊的西南隅,今属马来西亚)、占城、阇婆、大食等国。外商有长期留在明州经商老死的,如真里富一个大商人死后,南宋明州当局派大商人的随从将其棺木护送回国,并发还财产,深得真里富人的好感。④

温州市舶务的创设时间,大约在绍兴元年(1131)或稍前⑤。它的地址在今温州市鹿城区府学巷工人文化宫附近⑥。北宋后

---

① 《清波杂志》卷四。"津置":津,渡口;置,驿传。此处指遣送。《文献通考·四裔考一》系此事于光宗绍熙元年。

② 《宝庆四明志》卷三《城郭》。

③ 见 1977 年 8 月宁波市文管会绘制的《宁波古代海外交通贸易遗址图》。

④ 楼钥《攻媿集》卷八六《皇伯祖太师崇宪靖王行状》。

⑤ 《宋会要》职官四四之十六。

⑥ 《宋史》卷六三《五行志》绍兴十年十一月丁巳条记事;参见周梦江《宋代温州港的开辟及其原因》一文的考订,文载《温州师专学报》1981 年第 1 期。

期,温州造船业已居全国首位。这里又有丰富的可供出口的物资。瓯江上游的龙泉窑,是著名的青瓷产地。瓯江沿岸许多地方也盛产瓷器和陶器。温州的漆器素负盛名,北宋东京开封和南宋京城临安都有好几家专门贩卖温州漆器的店铺,后来并远销海外。^①温州的造纸业也很发达,所制蠲纸特别精美。南宋周辉说:"在唐,凡造此纸户,与免本身力役,故以蠲名,今出于永嘉。士大夫喜其有发越翰墨之功,争捐善价取之。"^②又元代程棨也说:"温州作蠲纸,洁白坚滑,大略类高丽纸。东南出纸处最多,此当为第一。"^③其他如鸡鸣布("夜浣纱而旦成布")、皮革、竹丝灯(是一种用细竹丝编制的名贵灯笼)以及刺绣、制墨等也很出名。绍兴元年,中书舍人程俱在他所撰《席益差知温州制》中讲到温州"其货纤靡,其人多贾"^④。由于当时温州商品经济的繁荣与海外贸易的发达,日本和其他国家的人民不但到这里经商的很多,而且前来游历或长期留住的亦不少。南宋温州著名诗人徐照(?—1211,字灵晖)在他所写《移家雁池》(雁池在温州城内西南隅乘凉桥)诗中就有"夜来游岳梦,重见日东人"之句。所谓日东人,就是指的日本人。在《题江心寺》诗中也有"两寺今为一,僧多外国人"之句^⑤。

四、与日本、高丽的贸易概况

宋代浙江的海外贸易非常昌盛,商品种类繁多。主要贸易国

---

① 孟元老《东京梦华录》卷二宣德楼前省府宫宇条、《梦粱录》卷十三铺席条、元代永嘉人周达观《真腊风土记》卷二一欲得唐货条。

② 《清波别志》卷上。

③ 《三柳轩杂识》。

④ 《北山小集》卷二二。

⑤ 两诗见敬乡楼丛书本《芳兰轩诗集》卷中、卷上。雁池的所在地,见《光绪永嘉县志》卷二一《古迹》。

家是日本与高丽。这里着重谈谈同日本的贸易情况。

宋代中国赴日本的商船年年不绝,宋船赴日本多利用西南季风,返航多利用东北季风。当时从日本输入的货物,主要是木材、硫黄、水银、黄金、砂金和各种工艺品①。木材大量用于建筑房屋与造船,如南宋孝宗时,明州天童山千佛阁、阿育王山舍利殿的楹柱以及孝宗在临安宫内修建的翠寒堂,都是用日本的大木材造成的。② 日本的木材,价廉物美,我国人民喜欢购用,老年人多希望买来作棺木。旧题陆游撰的《放翁家训》说:"四明、临安,倭船到时,用三十千(即三十贯铜钱),可得一佳棺。"③硫黄既可用于制作火药,又是一种常用药物。绍兴十五年十一月,有一艘日本商船随风漂泊到温州平阳县仙口港,所装货物就是硫黄和布匹。④ 宋代黄金的价格比日本高,因此日本的黄金大量输入中国。单在南宋理宗宝祐时(1253—1258),庆元府(明州的改称)一年之间由日本商人输入的黄金总额约有四五千两。而南宋时期,中国黄金年产量也只有数千两⑤。黄金的大量输入,有利于中国商品经济的发

---

① 《宝庆四明志》卷六、《开庆四明续志》卷八。

② 《攻媿集》卷五七《天童山千佛阁记》,《皇宋中兴两朝圣政》卷五七、五八,《朝野杂记》甲集卷一孝宗恭俭条,《玉海》卷一六一淳熙翠寒堂条。

③ 鲍廷博《知不足斋丛书》中辑有此书。按:《放翁家训》前言的末尾云:"乾道四年(1168)五月十三日,太中大夫、宝谟阁待制游谨书。"而书中第七条却说:"吾年已八十。"今考陆游生于宋徽宗宣和七年(1125),年八十应在宁宗嘉泰四年(1204)。又陆游在所上的《辞免转太中大夫状》中说:"今月二十三日,伏准告命,授臣太中大夫,依前充宝谟阁待制、提举江州太平兴国宫者。……臣遭逢颇异,涉历浸深,四朝尝缀于廷绅,八十更持于从橐。"(《渭南文集》卷五)据此,可见陆游年八十时才获得太中大夫的官阶。《家训》前言末尾所谓"乾道四年"当为"嘉泰四年"之误。

④ 《系年要录》卷一五四。

⑤ 《开庆四明续志》卷八蠲免抽博倭金条,参见日本人加藤繁《日本和宋代的金银价格及其贸易》与他的友人写的《后记》(载《中国经济史考证》第二卷)。

展。日本制造的宝刀和纸扇(折扇),最享盛名,深得宋代士大夫的喜爱。司马光在《和钱君倚(名公辅)日本刀歌》中说:

> 昆吾道远不复通,世传切玉谁能穷。
>
> 宝刀近出日本国,越贾得之沧海东。
>
> 鱼皮装贴香木鞘,黄白间杂鍮与铜。
>
> 百金传入好事手,佩服可以襀妖凶。
>
> (下略)①

梅尧臣也有歌咏日本宝刀的诗篇②。日本纸扇上的绘画多出自名家手笔,很受宋人赞赏,叹为"意思深远,笔势精妙,中国之善画者或不能也"③。

输往日本的商品,主要是瓷器、丝绸、香料、药材、书籍、文具以及茶叶、铜钱等。这里先讲铜钱的输出情况。北宋太祖初年和神宗时,准许铜钱出口,其他时间不准出口。日本和东南亚诸国需要铜钱数量很大,特别是日本镰仓时期(1185—1333)商业发达,而其国内币制紊乱,铜钱质量低劣,所以对中国钱币需求十分迫切。④南宋理宗时(1225—1264),日本政府一次就从中国运去铜钱十万贯。日本商船更是经常出入温州、台州一带,偷运铜钱,甚至使台州城内一度铜钱绝迹。据理宗初年包恢《敝帚稿略》卷一《禁铜钱申省状》说:"今年之春,台城一日之间,忽绝无一文小钱在市行用。"又据近时不完全统计,日本全国二十八处出土的中国钱,自唐至明共为五十五万三千余枚,其中北宋钱占 52.4%,这些钱绝大

---

① 《诗渊》第1371页,书目文献出版社影印明抄本。而南宋曾三异等人误收入《欧阳文忠公文集・居士外集》卷四,友人陈光崇教授曾撰文予以纠正。按:□(音偷),又称黄铜,是铜与锌的合金。

② 《宛陵集》卷五五《钱君倚学士日本刀》。按:钱公辅字君倚,仁宗嘉祐中为明州知州。

③ 江少虞《宋朝事实类苑》卷六十《风俗杂志・日本扇》。

④ 《宋史・食货志・互市舶法》。

部分是南宋时输往日本的。① 铜钱的大量外流,对日本的商品经济发展是有帮助的,但造成南宋国内的钱荒,因此南宋政府严禁铜钱出口。但是"法禁虽严,奸巧愈密,商人贪利而贸迁,黠吏受赇而纵释,其弊卒不可禁"②。

瓷器是宋代外销的最主要商品。宋代瓷器的兴盛与制作的精巧胜过前代③,这和当时海外贸易的发达有密切关系。不但两宋政府大力奖励瓷器输出④,而且我国瓷器精美亦深得外国人的喜爱。除我国商人向海外大量运销瓷器外,有些外国商人如南宋后期阿曼(阿拉伯半岛的东南角)人也在爪哇专门收购中国瓷器,然后转售到亚非各国去⑤。所以宋代中国的瓷器遍销日本、高丽以及东南亚、非洲等地。从今天亚非各国宋瓷的出土情况来看,也可证明当时瓷器输出数量之大和地区之广。

再简单谈谈与高丽的贸易概况:宋代同高丽贸易的货物品种很多。由高丽输入的,主要是野生药物,高丽的人参是举世闻名的高档滋补药品,很受我国人民的欢迎。还有纸张,如著名的高丽纸,质坚韧而且透明度很高,糊在窗上,能使室内光线充足。也有用来作画。

随着海外贸易的发展,我国先进的科学技术也陆续传到日本和高丽。北宋时的造船技术已达到当时国际先进水平,桅杆可以灵活起倒。宋仁宗嘉祐年间(1056—1063),有一艘"东夷"商船因桅杆被大风折断,漂流到我国苏州昆山县海边。昆山知县派人"为其治桅,桅旧植船木上,不可动,工人为之造转轴,教其起倒之

---

① 参见日本人小叶田淳《改订增补日本货币流通史》第一章。
② 《宋会要》刑法二之一三八至一四四、《宋史·食货志·互市舶法》。
③ 许之衡《饮流斋说瓷·概说》。
④ 《宋会要》刑法二之一四四、《宋史·食货志·香》。
⑤ 参见阿拉伯人迦瑞尼(1203—1283)著的《人物志》。

法"①。

北宋仁宗庆历年间(1041—1048),布衣毕昇发明胶泥活字印刷术,大约在 13 世纪初期(南宋宁宗时)传入高丽,高丽人民用当时出产丰富的铜铸成铜活字来印书(1234 年前后,理宗端平元年前后),这比欧洲谷腾堡使用的活字印刷早了四百年。

在文化交流方面,北宋太宗时,中国的雕版印本《大藏经》(开宝四年敕版的初印本)等大部头书(五千卷)由日本僧人奝(音凋)然于雍熙三年(986)乘坐中国明州商船带归,藏于京都法成寺。以后宋政府又多次赠送大批书籍给日本和高丽。南宋商人刘文仲于高宗绍兴二十年(1150)也携去《新唐书》《新五代史》,赠送给日本左大臣藤原赖长②。雕版书的大批输出,对日本、高丽的雕版印刷事业也影响颇大③。

总之,宋代浙江海外贸易的发达,使我国和日本、高丽以及其他国家能够互通有无,促进了经济与文化交流,丰富了人民的物质生活和精神生活,加深了彼此间的友谊,对世界文明做出了重要贡献。明清时长期实行闭关和海禁,阻碍了中国对外经济文化的交流以及商品经济的发展,我国社会发展大大地落后了。这个惨痛的教训是值得记取的。

(原载《杭州商学院学报》1982 年第 3 期,同年 9 月收入杭州商学院《浙江商业史研究文选》第一辑。今略加补正。)

---

① 《梦溪笔谈》卷二四。

② 《宋史》卷四九一《日本国传》,《日中文化交流史》第 281、293、300、379—382 页。

③ 张秀民《中国印刷术的发明及其影响》,人民出版社 1958 年版;《日中文化交流史》第 280—284 页。

"杯酒释兵权"说献疑

　　宋太祖"杯酒释兵权"一事,从北宋中期开始,不少书籍都有著录,且在辗转抄引过程中,不断增益渲染,情节愈加复杂,以至广泛流传,历来史家皆深信勿疑。我们考查了有关记载,对照宋初的历史实际,认为此事大有重新探讨的必要。

　　现存"杯酒释兵权"的最早记载,见于北宋丁谓(966—1037)的《丁晋公谈录》(以下简称《谈录》)和王曾(978—1038)的《王文正公笔录》(以下简称《笔录》)。《谈录》说:

> 　　(赵普)在相府,或一日,奏太祖曰:"石守信、王审琦皆不可令主兵。"上曰:"此二人岂肯作罪过。"赵曰:"然。此二人必不肯为过。臣熟观其非才,但虑不能制伏于下;既不能制伏于下,其间军伍忽有作孽者,临时不自由耳。"太祖又谓曰:"此二人受国家如此擢用,岂负得朕?"赵曰:"只如陛下,岂负得世宗?"太祖方悟而从之。

《笔录》说:

> 　　太祖创业,在位历年,石守信、王审琦等犹分典禁兵如故。相国赵普屡以为言,上力保庇之。普又密启请授以他任。于是不得已,召守信等曲宴,道旧相乐。因谕之曰:"朕与公等昔常比肩,义同骨肉,岂有他哉?而言事者进说不已。今莫若自择善地,各守外藩,勿议除替。赋租之入,足以自奉,优游卒岁,不亦乐乎?朕后宫中有诸女,当约婚,以示无间,庶几异日

无累公等。"守信等咸顿首称谢。由是高、石、王、魏之族,俱蒙
选尚。寻各归镇,几二十年,贵盛赫奕,始终如一。前称光武
能保全功臣,不是过也。

后丁谓、王曾半个世纪的司马光(1019—1086)从他的父辈庞籍
(988—1063)那里听到"杯酒释兵权"故事,录入《涑水记闻》(以下
简称《记闻》)卷一中,比前人的记载更为详细,现摘抄如下:

> 太祖既得天下,诛李筠、李重进,召普问曰:"天下自唐季
> 以来,数十年间,帝王凡易(十)〔八〕姓,兵革不息,苍生涂地,
> 其故何也?吾欲息天下之兵,为国家建长久之计,其道何如?"
> 普曰:"陛下之言及此,天地神人之福也。唐季以来,战斗不
> 息,国家不安者,其故非他,节镇太重,君弱臣强而已矣。今所
> 以治之,无他奇巧也,惟(稍)〔削〕夺其权,制其钱谷,收其精
> 兵,则天下自安矣。"语未毕,上曰:"卿勿复言,吾已喻矣。"顷
> 之,上因晚朝,与故人石守信、王审琦等饮酒,酒酣,上屏左右
> 谓曰:"我非尔曹之力,不得至此,念尔之德,无有穷已。然为
> 天子亦大艰难,殊不若为郡节度使之乐,吾今终夕未尝敢安寝
> 而卧也。"守信等皆曰:"何故?"上曰:"是不难知!居此位者,
> 谁不欲为之。"守信等皆顿首曰:"陛下何为出此言?今天命已
> 定,谁敢复有异心。"上曰:"〔不〕然。汝曹无心,其如汝麾下之
> 人欲富贵者何?一旦以黄袍加汝之身,汝虽欲不为,不可得
> 也。"皆顿首涕泣曰:"臣等愚不及此,惟陛下哀怜,指示以可生
> 之途。"上曰:"人生如白驹之过隙,所以好富贵者,不过欲多积
> 金银,厚自娱乐,使子孙无贫乏耳。汝曹何不释去兵权,择便
> 好田宅市之,为子孙立永久之业;多置歌儿舞女,日饮酒相欢,
> 以终其天年。君臣之间,两无猜嫌,上下相安,不亦善乎!"皆
> 再拜谢曰:"陛下念臣及此,所谓生死而肉骨也。"明日,皆称
> 疾,请解军权。上许之,皆以散官就第,所以慰抚赐赉之者甚
> 厚。……("削夺其权"的"削"字,原误为"稍",今据吕中《宋大

事记讲义》卷二处藩镇收兵权条改）

考核上引三种记载，可以看到，在北宋期间，对"杯酒释兵权"的说法就很不一样，且多有抵牾。

第一，《谈录》只讲罢石守信、王审琦二人的兵权，并无曲宴之说。而《笔录》记载罢去兵权的宿将，除石守信、王审琦外，尚有高（怀德）、魏等人，并增添了太祖设宴与诸宿将"道旧相乐"的情况。后世所谓"杯酒释兵权"一说，其源盖出于此。《记闻》则称石守信、王审琦等皆被罢军权，以散官就第，而又大事铺张设宴道旧情节，绘声绘色，恍如身历其境。距离当事人的时代愈远，记载却愈详，此中显有缘饰。

第二，三书对这件事都未确指具体年月。据《谈录》所载，此事发生于赵普"在相府"期间。赵普第一次拜相是在乾德二年（964）正月①，故其事决不会出现于这一年之前。据《记闻》所载，又似出现在紧接"诛李筠、李重进"之后的建隆二年（961）。《笔录》既说发生于太祖"在位历年"，又称赵普为"相国"。像这样的大事，时间记载竟错乱如此。

第三，三书都说此事与赵普有关，但说法亦不一致。据《谈录》，罢石守信、王审琦主兵似为太祖听了赵普一次谈话之后就决定的。据《笔录》则是太祖在赵普多次苦谏之下才"不得已"而罢去他们的兵权。据《记闻》，却是太祖、赵普两人共同谋划的结果。

第四，对诸宿将处置的办法也不相同。《谈录》只说不令石、王主兵。《笔录》则称"寻各归镇"。《记闻》竟谓"皆以散官就第"，不再担任实阙了。

第五，不但三书对此事记载分歧，就是素以行文严谨著称的司马光在《记闻》中的叙述也是前后矛盾的。《记闻》著录赵普分析唐季以来兵革不息、国家不安的主要原因是"节镇太重，君弱

---

① 李焘《续资治通鉴长编》（以下简称《长编》）卷五。

臣强",解决的办法是"惟削夺其权,制其钱谷,收其精兵"。显然,这是针对藩镇而言的。可是,紧接着却记述太祖如何在一次宴会后解除了诸宿将典禁军的问题。这不是互相抵触,难以自圆其说吗?

尤其令人无法索解的是,这样一件大事,在北宋官修的《太祖实录》和《三朝国史》中,不见只字。对此,南宋李焘在《续资治通鉴长编》卷二的附注中已经明确指出。元末,根据《太祖实录》《三朝国史》编成的《宋史·太祖纪》,对此事也不着点墨。如果真有这样值得当代称颂的大事,即王曾所谓"前称光武能保全功臣,不是过也"云云,《实录》《国史》是不会不书的。

到了南宋前期,比司马光晚一百年的李焘(1115—1184)认为"杯酒释兵权"是宋初最大事件之一,深以史书未加记载为憾,因此在《长编》太祖建隆二年七月条中追书了这件事。内容主要是依据司马光《记闻》,并参考《谈录》和《笔录》两书。又把《记闻》末段的"明日,皆称疾,请解军权。上许之,皆以散官就第,所以慰抚赐赉之者甚厚"增改为:

> 明日,皆称疾请罢。上喜,所以慰抚赐赉之者甚厚。庚午(初九),以侍卫都指挥使、归德节度使石守信为天平节度使,殿前副都点检、忠武节度使高怀德为归德节度使,殿前都指挥使、义成节度使王审琦为忠正节度使,侍卫都虞候、镇安节度使张令铎为镇宁节度使,皆罢军职。独守信兼侍卫都指挥使如故,其实兵权不在也。

正文之下,李焘又注云:

> 此事最大,而《正史》《实录》皆略之,甚可惜也,今追书。按司马光《记闻》云守信等皆以散官就第,误矣。王曾《笔录》皆得其实,今从之。文辞则多取《记闻》,稍增益以丁谓《谈录》。太祖与赵普之意,但不欲守信等典禁军耳,岂不令守信

等各居方镇邪？太祖云为天子不若为节度使乐,是欲守信等出为节度使也。及开宝(三)〔二〕年冬十月①,乃罢王彦超等节度使,盖《记闻》误并二事为一耳。邵伯温《见闻录》又云王审琦坐擅入禁中救火故罢。不知同时罢者凡四人,初不缘入禁中救火也,今不取。

李焘认为宋初确有"杯酒释兵权"一事,并把时间定在建隆二年(961)七月初。具体内容是指罢石守信等四人典禁军,任命他们到外地当节度使,而不是罢藩镇。这里,姑且不谈这种解释也是与赵普关于削弱藩镇势力的建议毫不相干,即使如李焘所考定那样仍有很多矛盾。请看下列事实:

一、建隆二年六月甲午(初二),太祖母杜太后病逝,六月初到七月初,乃国丧期间,朝廷上不作乐,不宴饮,而李焘所考"杯酒释兵权"之事恰发生于此时,恐难令人置信。

二、石守信是在李焘所谓"杯酒释兵权"的次年即建隆三年九月才被解除侍卫马步军都指挥使职务的②。对这个纰漏,李焘不能无视,只好在诸宿将"皆罢军职"之后,加上"独守信兼侍卫都指挥使如故,其实兵权不在也"一句话。

三、王审琦虽在建隆二年被罢去殿前都指挥使,但在开宝二年(969)从征太原,还曾担任御营四面都巡检,统率禁军。③

四、宿将韩重赟直到乾德五年(967)二月才罢去殿前都指挥使的军职,出为彰德节度使。④ 开宝二年,又担任北面都部署,带领禁军出征北汉。⑤

---

① 据《长编》卷十开宝二年十月条记事,这里的开宝三年应是"二年"的误刊。
② 《长编》卷三、《宋史·石守信传》。
③ 《宋史·王审琦传》。
④ 《长编》卷八、《宋史·韩重赟传》。
⑤ 《长编》卷十、《宋史·韩重赟传》。

五、宿将刘廷让(原名光义)于建隆二年七月被任命为侍卫马军都指挥使,开宝六年九月罢。① 其间,在乾德二年十一月,曾担任出征西蜀的南路大军主帅,统领禁军由川东(峡路)进发。②

六、宿将李继勋在开宝元、二年间还担任河东行营前军都部署,带领禁军出征北汉。③

七、宿将韩令坤早在建隆二年闰三月,即李焘所记"杯酒释兵权"之前的四个月,罢去侍卫马步军都指挥使,出为成德节度使,但仍充当北面缘边兵马都部署,管辖所部屯泊禁军,直到开宝元年死去为止,"镇常山凡七年,北边以宁"。④

八、宿将慕容延钊也是在建隆二年闰三月罢去殿前都点检,出为山南东道节度使,但在乾德元年还担任湖南道行营前军都部署,率领禁军征讨荆南、湖南。是年冬,延钊卒。⑤

以上七人,都是后周末年和北宋初年掌管禁军的高级将领,也都是拥戴太祖代周的功臣。前五人还是太祖"义社"十兄弟成员。⑥ 他们不是在建隆二年七月初一次酒宴后全被解除军职和统率禁军之权的。事实上,建隆二年七月之后,有的宿将如石守信、韩重赟、刘廷让等仍继续担任军职;还有的如慕容延钊、韩令坤、王审琦、李继勋等虽在"杯酒释兵权"前后陆续被罢去军职,但有时仍被任命带领禁军出征地方割据政权,或管辖所部屯泊禁军防守边境。

通过上述考释,我们认为,千百年来沿袭至今的"杯酒释兵权"

① 周应合《景定建康志》卷二六官守志·侍卫马军司条。

② 《长编》卷五、《宋史·刘廷让传》。

③ 《长编》卷十、《宋史·李继勋传》。

④ 《长编》卷二、卷九、《宋史·韩令坤传》。

⑤ 《长编》卷四、《宋史·慕容延钊传》。而今本《长编》卷二建隆二年闰三月误"山南东道"为"山南西道"。

⑥ 李攸《宋朝事实》卷九。

说,因出处不明,疑点甚多,在未取得确证之前,似不宜引用,否则易使宋初收兵权的措施简单化、戏剧化,背离历史事实。

（原载《文史》第十四辑,1982 年 7 月出版。与方建新同志合撰。）

试析陈亮的乡绅生活

陈亮(1143—1194)是南宋前期著名的思想家、政论家和爱国词人。关于这方面的事迹,向来为人们所乐道。本文仅就他的另一方面,即作为宋代一个乡绅,试加探索,借以窥知宋代乡绅的有关情况。

(一)

乡绅是指旧时代在乡间有一定政治地位和经济势力的士大夫,其中大多是长期离职或退休的官员以及有科举功名的士人。

陈亮是乡贡举人,太学上舍生;同时,又是著名的学者。他未做过官,只是晚年中了状元,被任命为签书建康军节度判官厅公事,但未到任就病死了。他生平除了短期在太学读书外,长期居住婺州(今浙江金华)永康县龙窟乡下,在家著书授徒,组织"保社",结交官员,干预政事,以致在地方派系斗争中两次被人诬告入狱。从这些情况看来,陈亮是个地地道道的乡绅。

作为乡绅,必须在乡里具有一定的权势,才能干预乡里事务。可是乡绅又非现任官员,手中无权,因此乡绅必须结交官府,借以获取政治权力。陈亮虽是一个比较正直的士人,但为了自己的政治活动、经济利益等等的需要,促使他结交了一批上自朝廷下至地方的官员。

南宋高宗绍兴三十一年(1161),陈亮十九岁,写成《酌古论》,

评论历史人物,深受婺州知州周葵的赏识。孝宗隆兴元年(1163),周葵升任参知政事,陈亮一度前往行都临安,在周家充当门客。《宋史·陈亮传》说:"朝士白事,必指令揖亮,因得交一时豪俊,尽其议论。"①陈亮从此崭露头角,在士大夫间享有一定的声望。

陈亮平生最知心的师友是吕祖谦(字伯恭),据他自己说:"四海相知,惟伯恭一人。"②吕氏一家出身中原望族,南渡后,迁居婺州。吕祖谦不仅门第高,而且本人是著作郎兼国史院编修官,与朱熹、张栻同为当代道学大师。南宋时,道学家门徒多,势力大。吕祖谦一向支持陈亮,他曾面对陈亮背诵春秋末期郑国最有势力的贵族子皮(名虎)对子产所说的话:"虎帅(通'率')以听,孰敢违子。"③陈亮通过吕祖谦的关系,结识了朱熹、张栻等人,这当然有助于提高陈亮在学术界和社会上的地位。

著名的道学大师朱熹于淳熙九年(1182)提举浙东路常平茶盐公事任内,曾先后两次和陈亮会晤论学。其中一次是正月,朱熹趁第一次出巡所部婺州、衢州之便,到武义明招山吊祭吕祖谦之墓,和陈亮相会。④ 另一次约在二月下旬,朱熹在出巡的归途中,访陈亮于永康龙窟⑤,以后还常常通信。他们两人学术思想虽有不同,但友谊尚好。每岁逢朱熹诞辰,陈亮都特地派人不远千里致送寿词和寿礼。

身居封疆大吏的著名词人辛弃疾,与陈亮意气极为相投。淳熙十五年冬天,辛弃疾在江西上饶家居赋闲,陈亮曾前往探视。别

① 《宋史》卷四三六《陈亮传》。

② 《陈亮集》卷二一《与吴益恭安抚书》,中华书局 1974 年版。

③ 《陈亮集》卷二四《祭吕东莱文》。

④ 《朱文公文集》卷三六《答陈同甫第一书》、卷八二《题伯恭所抹荆公日录》,《陈亮集》卷二十《壬寅答朱元晦秘书书》,王懋竑《朱子年谱》卷三上。

⑤ 参见栾保群《陈朱"王霸义利"之辩始末》,载《天津师院学报》1979 年第 1 期;赵贯东《陈朱交往始末考辨》,载《浙江师院金华分校学报》1982 年第 1 期。

后,寄词赠辛弃疾说:"只使君,从来与我,话头多合。"①陈亮于光宗绍熙元年(1190)十二月第二次入狱,在狱一年多,情况危急,就是靠辛弃疾的朋友、大理少卿郑汝谐"直其冤"而"得免"的②。绍熙四年春天,辛弃疾在福建路提点刑狱公事任内奉召赴临安,途经浙东,又与陈亮相会晤③。

此外,陈亮和陈傅良、叶适也是密友,并与温州著名人士郑伯熊、薛季宣、郑伯英、徐谊、王自中、薛叔似、蔡幼学、徐元德、陈谦、戴溪等都有一定的友谊。这些人全是当时有名望的官员,陈亮曾三次来过永嘉(今温州市),与他们交往密切。④

总之,陈亮结识的官员很多,上自宰相,下至郎官,多有交情,从他的文集所著录的书信可见一斑。

陈亮和这些达官名流的交往,既提高了自身的名望和地位,又有条件可以向中央高级官员推荐低级官员。隆兴元年(1163),陈亮曾向参知政事周葵推荐叶衡、胡权、王道、孙伯虎四人⑤。淳熙十二年(1185)又向宰相王淮推荐叶适、薛叔似、陈谦、施迈四人⑥。被推荐的人对他当然很感激,如后来官至宰相的叶衡就曾帮助陈亮父亲脱狱。陈亮死后,叶适也曾请求朝廷破例为陈亮一个儿子补官⑦。同时,陈亮也有机会可以向高级官员评论地方官员的政绩。如朱熹任浙东提举时,陈亮就曾去信极力称赞婺州通判赵善

① 《陈亮集》卷十七《贺新郎·寄辛幼安和见怀韵》。
② 叶适《水心文集》卷二四《陈同甫王道甫墓志铭》。
③ 韩淲《涧泉集》卷十二《送陈同甫丈赴省诗》,参看邓广铭《辛稼轩年谱》。
④ 参见徐规与周梦江合写的《陈亮永嘉之行及其与永嘉事功学派的关系》,原载《杭州大学学报》1977年第2期,经修正后收入《仰素集》(杭州大学出版社1999年版);姜书阁《陈亮龙川词笺注》页11。
⑤ 《陈亮集》卷十九《周立义参政书》。
⑥ 《陈亮集》卷十九《与王季海丞相书》。
⑦ 《宋史》卷四三六《陈亮传》。

坚的抗旱救灾功绩①。而上述向周葵推荐的官员中，王道是婺州节度推官，孙伯虎是永康县尉②。因此，婺州及所属各县的一些地方官对陈亮也就青眼看待了。

乾道、淳熙年间，先后担任婺州知州的韩彦古（子师）、韩元吉（无咎）、钱佃（仲耕）、丘崇（宗卿）等人与陈亮都有往来。其中韩彦古是南宋名将韩世忠的幼子，他和陈亮关系非常密切。乾道八年（1172），陈亮听到韩彦古出任婺州知州的消息后，便马上写信要他对当地"老奸少猾"的胥吏"锄其甚者"，对"肆为不法"的县官"亦移易一二，以动其余"。③ 韩彦古被参劾离任，陈亮特为撰文送行④。

陈亮和永康知县林颖秀、县丞刘仲光也非常熟悉。陈亮说："余游二君间，每为曲畅其情。"⑤先后担任永康县尉的谢达（景安）、吴竿（允成）同陈亮交情颇深。特别是吴竿，"相与往来如旧故"，陈亮在淳熙十一年第一次入狱时就曾得到吴竿的"左右扶持"⑥。

这里还需要提出的是陈亮多次上书言事。尤其是淳熙五年的那次上书，孝宗皇帝为之震动，曾打算仿照北宋真宗征召种放的故事，对陈亮加以擢用。后来因左右大臣恶其直言，遂有"都堂审察"之命，即先由执政大臣在政事堂召问，陈亮不愿屈事权贵以猎取官职，便渡江南归。陈亮这次行动，受到朝野注目，他的名望因而更

---

① 《陈亮集》卷二十《又壬寅夏书》，《朱文公文集》卷十七《乞留婺州通判赵善坚措置赈济状》。

② 《(康熙)金华府志》卷十一、卷十四。

③ 《陈亮集》卷十九《与韩子师侍郎书》，年代据《(康熙)金华府志》卷十一考定。

④ 《陈亮集》卷十五《送韩子师侍郎序》。

⑤ 《陈亮集》卷二八《谢教授墓志铭》。

⑥ 《陈亮集》卷十五《送吴允成运干序》。

大,社会地位也就更高了。

(二)

我们再考察陈亮在乡间的生活情况。

陈亮曾长期从事地方教育事业。乾道八年(1172),他因家境困难,"开门授徒","欲托于讲授以为资身之策",永康孙贯和浦江钱廓等人前来跟他学习①。淳熙九年(1182)夏天,陈亮给朱熹信中说到自己因"困于诸生点课",故无法亲往请教。② 淳熙十二年春天,又说自己"聚二三十小秀才,以教书为行户"③。他的学生有时多达一百余人。《宋元学案·龙川学案》中著录的就有三十多人,著名的有厉仲方、喻偘、喻南强等。厉仲方官至中郎将,在开禧北伐中有过贡献。喻偘举进士,与喻南强均有文集行世。

乾道、淳熙间,陈亮在家乡还组织过"保社"。乾道八年秋,吕祖谦给陈亮的信就曾谈起"吾兄保社,今莫已就条理否? 后生可畏,就中收拾得一二人,殊非小补"④。直到淳熙九年夏,朱熹还来信询问"保社"的情况:"社中诸友朋坐夏安稳山间,想见虚凉无城市歊烦之气,比所授之次第亦可使闻一二乎?"⑤这个"保社"的组织情况,由于现存《陈亮集》中没有资料可稽,无法深入了解。但从北宋神宗熙宁九年(1076)陕西蓝田乡绅吕大钧兄弟在家乡实行的"吕氏乡约"(又名蓝田乡约)来考察,似可窥知一二。

---

① 《陈亮集》卷二七《孙贯墓志铭》、卷二八《钱叔因墓碣铭》,吕皓《云溪稿·与陈龙川先生论学书》)。

② 《陈亮集》卷二十《又壬寅夏书》。

③ 《陈亮集》卷二十《又乙巳春书之一》。

④ 《吕东莱文集》卷五《与陈同甫书》(第十书)。

⑤ 《朱文公文集》卷三六《与陈同甫书》(第二书)。按:歊通熇,音贺,火热的意思。

　　"吕氏乡约"这个社团组织,设"约正"一人或二人,由有名望的乡绅担任,主持整个乡约。设"直月"一人,由同约中的人依年龄大小轮流充当,经办杂务。约内规定"德业相劝,过失相规,礼俗相交,患难相恤"四大条款。其中"德业相劝"条有"能治其家,能事父兄,能教子弟,能御僮仆,……能居官举职。凡有一善为众所推者,皆书于籍,以为善行""至于读书、治田……,皆可为之。非此之类,皆为无益"。"过失相规"条还规定犯过失者"每犯皆书于籍,三犯则行罚"。①

　　从这个"乡约"的"能治其家""能御僮仆""读书、治田"等内容来看,吕氏兄弟企图通过这个由乡绅主持的社团来管理家乡事务,巩固封建统治,并培养地主阶级所需要的人才。朱熹对这个"乡约"极为欣赏,曾撰文加以提倡②。陈亮的"保社"可能与吕氏的"乡约"有相似之处,是个地方性的组织,也可能仅是自己学生中的组织。但不管属于何种组织,其性质当是相近,对陈亮巩固乡绅地位、取得地方势力都大有好处。因为跟陈亮读书的学生,都是本县及邻县的地主豪绅的子弟,有的本人就是地主或小乡绅,陈亮用"保社"加以组织,急难相助,在地方上就会形成自己的势力。

　　乾道年间(1165—1173),陈亮家庭多难。他的母亲以盛年去世,未终丧而父亲又因事入狱,祖父母忧虑成疾,相继亡故。"三丧在殡",无力营葬。父亲出狱后,家中已"无寸土可耕"③。父死不能举丧,"从人贷钱以葬",以至"贫不能自食"④,"托于讲授以自衣食"⑤。可是过了十二年后,陈亮成为乡绅,家境便大大好转。他

———————

　　① 吕大钧《吕氏乡约》,关中丛书本,民国陕西通志馆印行。
　　② 《朱文公文集》卷七四《增损吕氏乡约》。
　　③ 《陈亮集》卷二五《祭妹文》、卷二一《与叶丞相第二书》。
　　④ 《陈亮集》卷二三《先考移灵文》、卷二九《徐妇赵氏墓志铭》。
　　⑤ 《陈亮集》卷二九《章夫人田氏墓志铭》。

在淳熙十二年给朱熹的书信中谈到自己家中的生活情况说:"有田二百亩,皆先祖、先人之旧业,尝属他人矣,今尽得之以耕。"①又有园圃四十亩,还建造了许多房屋和亭堂台榭,以为读书、授徒、宴游之所。

陈亮从何处获得财源呢?单靠教书收入是不可能达到如此发家规模的,这就难免招来一些闲议。他于淳熙十一年(1184)五月第一次出狱后给宰相王淮的谢启说:"纵居不择乡,岂为恶人之道地;使行或由径,宁通小吏之金钱。"②又在给朱熹的信中说:狱司"初欲以杀人残其命,后欲以受赂残其躯,推狱百端,搜寻竟不得一毫之罪"③。可见当时就有人怀疑他勾结官吏受贿得钱。

陈亮获取钱财的途径,根据现存资料推测,大约有两条。其一是经商。淳熙五年,陈亮在给石天民的书信中有"亮为士、为农、为商,皆踏地未稳"④的话。就在这一年前后,吕祖谦从临安寄信给陈亮说:"闻欲为陶朱公调度,此固足少舒逸气,……然治生之意太必,则与俗交涉,败人意处亦多,久当自知之,恃契爱之厚,不敢不尽诚也。"⑤这段时间,从吕祖谦给陈亮的信中,我们知道陈亮曾经多次去过温州的永嘉和台州的临海⑥,这两地都是东南沿海商业繁盛的城市,宋代官吏和士人从事商业活动的很多,陈亮受当时社会风气影响,有可能去经商牟利。其二,是利用妻财致富。陈亮的岳父何茂宏是义乌县首富,既拥有广大田地,又善于经营商业,"积累至巨万",因其弟何茂恭赏识陈亮才华出众,极力撮合,所以何茂

---

① 《陈亮集》卷二十《又乙巳春书之一》。
② 《陈亮集》卷十八《谢王丞相启》。
③ 《陈亮集》卷二十《又甲辰秋书》。
④ 《陈亮集》卷二一《与石天民书》。
⑤ 《吕东莱文集》卷五《与陈同甫书》(第二十书)。
⑥ 《吕东莱文集》卷五《与陈同甫书》(第十六、二四、二五书),吴子良《林下偶谈》卷三。

宏将次女嫁给陈亮。① 他的女儿陪奁必然丰富,陈亮有可能利用妻财和自己的乡绅地位,陆续赎回祖业。

乡绅和乡官或乡役有所不同。宋朝的乡官或乡役,有衙前、里正、户长、耆长等。他们是受当地官府差遣的,有一定的职掌,如管理仓库、征收赋税、捕捉盗贼等。乡绅则不同,他们是有过官职或科举功名的士大夫,与地方官员平等往来,是不愿屈就这种职役的。可是地方上的大事,如赈济灾荒、防御"寇盗"以及地方吏治等等,他们是过问的。如南宋著名思想家陆九渊兄弟是江西抚州金溪县乡绅,陆九皋主持过家乡的社仓;陆九龄曾率领家乡民兵防御过茶商赖文政的起义军;陆九渊自己居乡时,亦常常与本地州县官以及江西路长官往来,并通信商讨地方上的社仓救济、赋税征收、胥吏为害等问题。② 刘宰既是学者,也是镇江府金坛县乡绅。他辞官闲居家乡,曾进行三次规模很大的赈济活动,并制止了镇江防军的兵变。他在与本地官员的书信或一些文章中,亦时常斥责当地某些不法胥吏,赞美某些官员革除额外征税陋习。③ 陈亮虽说自己对社仓、义役及赈济等"皆未尝有分毫干涉",但承认"只是口唠噪,见人说得不切事情,便喊一响,一似曾干与耳"④。上文已经讲到陈亮写信给婺州知州韩彦古,要求惩办当地不法胥吏。陈亮这个行动,足够说明他已干预乡里事务了。因为胥吏都是本地人,"吏人者,本乡之人"⑤,有的还是地方小土豪,或者是大乡绅的走

---

① 《陈亮集》卷二八《何茂宏墓志铭》、卷二二《祭妻叔文》。

② 《陆九渊集》卷二八《陆修职墓表》、卷二七《全州教授陆先生行状》、卷五《与辛幼安书》、卷八《与张春卿书》,李心传《建炎以来朝野杂记》甲集卷十四《江茶》,《宋史》卷四三四《陆九渊传》。

③ 《京口耆旧传》卷九《刘宰传》,刘宰《漫塘文集》卷二二《扬州拨还泰兴县酒税记》、卷二三《镇江府减秋苗斛面记》。

④ 《陈亮集》卷二十《又甲辰秋书》。

⑤ 《陆九渊集》卷八《与赵推官书》。

卒。陈亮要求惩办某些胥吏,表明他已介入本地乡绅之间的斗争。后来,陈亮在绍熙元年(1190)给侍郎章森(德茂)的书信中说:"门下独提拂奖与,如世间不可少之人,……世既有望而恶之者,则必有望而喜之者,此乃所谓对待法,而亮遭之特分明。乡间岂可复居!"①陈亮在地方上的活动已为一派乡绅所拥护,而为另一派乡绅所反对,这也是很明显的。所以陈傅良寄诗规劝他"但把鸡豚燕同社,莫将鹅鸭恼比邻"②,不要和乡邻闹意见。

陈亮生平曾经两次被捕入狱,就是由于地方上乡绅之间的矛盾而引起的。第一次入狱是在淳熙十一年春天,因陈亮参加乡人宴会,同席卢某归家后暴死,卢某儿子诬告陈亮和另一乡绅吕师愈(陈亮学生吕约之父)药杀其父,陈、吕等人遂被捕入狱。由于宰相王淮的解救,才得释放。③ 陈亮出狱不久,"一富盗乘其祸患之余,因亮自妻家回,聚众欲棰杀之"④。陈亮要求地方官惩办对方,那时婺州知州丘崇"亦受群儿谤伤之言,半间半界"⑤。丘崇是朱熹、辛弃疾的朋友,与陈亮也有交情,而对方有权势能使他不敢支持陈亮,可见此人身份决非一般平民,当是有政治地位和经济势力的乡绅。陈亮第二次入狱是在绍熙元年冬天,原因是"民吕兴、何廿四殴吕天济,且死,恨曰:'陈上舍(陈亮是太学上舍生)使杀我。'县令

---

① 《陈亮集》卷十九《与章德茂侍郎第四书》,年代据书中"圣上方欲发扬寿皇北向之志"及"君举、象先皆将遭"等句推定。按:陈傅良(字君举)任湖南转运判官在光宗绍熙元年。寿皇指孝宗皇帝。

② 《止斋文集》卷七《寄陈同甫》诗。

③ 《云溪稿·上丘宪宗卿书》,《陈亮集》卷十八《谢王丞相启》。

④ 《陈亮集》卷二十《又甲辰秋书》。

⑤ 《陈亮集》卷二十《又乙巳春书之一》。"半间半界"即"半间不界",就是现代汉语中"半尴不尬"的原型。又按《陈亮集》卷十《谢梁侍郎启》有"重以当涂之切齿,加之群小之凿空"之语(该启写于绍熙三年第二次出狱后),可见"群儿"义同"群小"。

王恬实其事"①,并宣称陈亮是当地"豪强"②。陈亮又遭捕入狱。出狱后,在写给葛邲的谢启中说:"下流而致搢绅之见推,从何自取?穷居而使衣食之粗足,似若无因。……重以当涂之立意,加之众怨之凿空。"③这就明白地说出他的入狱原因是他挤入乡绅行列后引起另一派乡绅的不满,为"衣食粗足"而有龃龉,并进而与地方官发生意见,遂遭他们的诬陷。

（三）

陈亮成为乡绅后,恢复祖业,占有田园二百四十多亩。这些田产以当时一般乡绅占有田地的情况来看,是为数不多的。《宋史》本传也说他"家仅中产",并不是富豪。作为乡绅,他们必须占有田地,既可以使家族丰衣足食,巩固自己乡绅地位;又可以进而在经济上剥削农民,兼并土地,扩大乡绅势力。叶适、陆九渊、刘宰等成为乡绅后,也占有一些土地,不过他们和陈亮一样,本身是有名望的学者,比较清廉自守,占地不多。如叶适诞生于"贫匮三世"的寒儒家庭,晚年辞官退居永嘉附郭的水心村,便买田于瓯江北岸的罗浮地方。从他的《自罗浮行田宿华严寺》诗句"我病不暇耕,行复观我田,……僮客四面集,畦畽相勾连"④可以推知他是占有田产的。陆九渊家中过去"无田业,自先世为药肆以养生"。而他于去官居乡里后,也"稍有田亩"⑤。刘宰将原有田地分给兄弟后,在镇江金

① 叶适《水心文集》卷二四《陈同甫王道甫墓志铭》。
② 《陈亮集》卷十八《谢何正言启》。
③ 《陈亮集》卷十八《谢葛知院启》。按葛邲于绍熙元年十二月至四年三月知枢密院事。
④ 《水心文集》卷七。
⑤ 《陆九渊集》卷二八《宋故陆公墓志》。

坛乡间复"买田百亩,仰以自给"①。可见凡是乡绅必须购置田产,用他们自己的话来说:"人生不可无田,有则仕宦出处自如,可以行志;不仕,则仰事俯育,粗了伏腊,不致丧失气节。"②所以乡绅必然是地主。

陈亮这些乡绅赎回或购置田地后,必须"借佃客耕田纳租,以供赡家计"③。宋代乡村中,佃农一向较多。叶适说:"大抵得以税与役自通于官者不能三之一,有田者不自垦,而能垦者非其田。"④所以雇募佃客耕种并非难事。关于宋代佃客的人身依附关系,目前史学界有两种意见:一种是认为宋代佃客的人身依附关系逐渐减轻,另一种意见则认为佃客的人身束缚在南宋比之北宋有加重的趋势。陈亮、叶适的田园很快有人耕种,特别是《陈亮集》中多次提到善待佃客的事,如陈亮在《何少嘉墓志》中说:"(少嘉)视租户(即佃客)如家人,而恤其轻重有无。"陈亮自己逢到灾荒时,极力设法替佃客借贷粮食⑤。南宋前期曾任乐清知县的袁采也竭力主张必须"存恤佃客"⑥。他们为什么要善待佃客?北宋后期王岩叟曾经回答过这个问题:"富民召客为佃户,每岁未收获间,借贷周给,无所不至,一失抚存,明年必去而之他。"⑦正因为如此,所以陈亮等人都比较优待佃户。这些情况至少可以反映出南宋时期浙江一

———————

① 《漫塘文集》卷八《通知镇江傅侍郎伯成札子》。
② 周辉《清波杂志》卷十一《常产》,知不足斋丛书本。
③ 《朱文公文集》卷一百《劝农文》。
④ 《水心别集》卷二《民事中》。
⑤ 《陈亮集》卷十九《与章德茂侍郎第二书》:"乡间大旱,家间所收不及二分,岁食米四百石,只得二百石。尚欠其半,逐旋补凑,不胜其苦。"又同书卷十八《谢郑侍郎启》有"阖门六十口"之语。按:陈亮家属仅八口,余人当是佃客和僮仆。
⑥ 《袁氏世范》卷三《存恤佃客》。
⑦ 《宋会要辑稿》食货六五之四八、《续资治通鉴长编》卷三九七元祐二年三月条。

带佃户的人身依附关系是相对减轻的。

　　宋代的土地买卖是相当自由的,人们经济地位的升降也是通过土地买卖而有所表现。当时辛弃疾就有"千年田换八百主"的感叹①。袁采在知乐清县任内所著的《袁氏世范》中说"贫富无定势,田宅无定主,有钱则买,无钱则卖","富儿更替做"。② 从陈亮、叶适等人很快恢复田园和购置土地的事例也可以得到证明。

　　土地所有权的频繁转移,必然使大批新兴的庶族地主出现。这些新兴的庶族地主(有的是士人因取得功名而占有土地;有的是手工业主、商人因经营致富而投资土地;有的是极少数自耕农因力作而占有土地)获得经济权力后,就迫切要求政治地位和政治权力,因而促使宋代政府扩大科举录取的名额,并订定太学上舍生通过考试直接释褐出仕以及富豪"入资""纳粟"等办法,来满足他们做官的愿望。单以科举录取名额来说,唐代每年一般录取进士三十人,明经五十人;而宋太宗在位二十一年,通过科举得官的近一万人。③ 这就是造成宋朝官僚机构庞大、官员冗多的重要原因之一。而且这一情况愈演愈烈。北宋中后期,"率一官(指官阙)而三人共之"④,到南宋理宗时,竟是"六七人共守一阙"⑤。科举名额和官员数量的增多,使出身于庶族地主或贫寒士人家庭的子弟有较多机会获取功名和官职,从而也就使一大批士人成为乡绅。陈亮、叶适、陆九渊、刘宰等人都是如此。陈亮的祖父陈益,有田二百多亩,本人"尝入舍选(太学三舍),从事于科举,皆垂得而失"。⑥ 叶

---

① 邓广铭《稼轩词编年笺注》卷三《最高楼》。

② 《袁氏世范》卷三《富家置产当存仁心》《兼并用术非悠久计》。

③ 《宋文鉴》卷四二著录王禹偁《应诏言事疏》。

④ 苏轼《东坡七集·应诏集》卷二《策别七》。

⑤ 刘克庄《后村先生大全集》卷五一《轮对札子二·贴黄》。

⑥ 《陈亮集》卷二七《先祖府君墓志铭》。

适的曾祖公济,"游太学无成,赀衰,去处州龙泉居于温"。① 父亲光祖在乡里教书为业,"聚数童子以自给"。② 陆九渊上代五世以来未做过官,家中开有药肆,父亲陆贺"究心典籍,见于躬行"。③ 刘宰的祖父刘杞是"乡贡士",父亲蒙庆与伯父嗣庆,"皆以文行为乡先生"。④ 从陈亮等人成为乡绅的事例来看,他们既不是前朝的旧族世家,也不是北宋高官名门的后裔,而是普普通通的庶族地主及贫寒士人的子弟。这一情况表明,宋代特别是南宋,掌握地方势力的乡绅已不是再由世家旧族所垄断了。这种现象为前代所少见,值得我们注意。

宋代从庶族地主或贫寒士人家庭产生了大批乡绅,这些乡绅不问其出身如何,都是封建统治的基础和封建制度的维护者。从上述陆九渊的哥哥陆九龄防御茶商赖文政的起义军、刘宰协助平定镇江兵变的事例,即可窥知。但是在这些乡绅中情况亦稍有区别,我们所介绍的陈亮、叶适、陆九渊、刘宰等几个乡绅,都是有名望的学者,他们比较有远见,能够注意封建统治阶级的整体利益和长远利益,有时利用自己的乡绅地位,要求地方官革除额外的税收和惩办不法胥吏来缓和阶级矛盾。但这些乡绅毕竟是极少数的,绝大多数的乡绅则是横行乡里、勾结官吏、鱼肉人民的土豪劣绅。有名的如北宋真宗时隐士种放,"于长安广置良田,岁利甚溥,亦有强市者,遂致争讼,门人、族属依倚恣横","放弟侄无赖,据林麓樵采,周回二百余里,夺编氓厚利"。⑤ 南宋绍兴二十二年(1152),大理正张嵲对高宗说:"寄居士大夫与大姓豪家骚扰村民,小不如意,

① 《水心文集》卷十五《致政朝请郎叶公圹志》。
② 《水心文集》卷二五《母杜氏墓志》。
③ 《陆九渊集》卷二七《全州教授陆先生行状》。
④ 《京口耆旧传》卷九《刘蒙庆传》。
⑤ 《续资治通鉴长编》卷七六大中祥符四年十一月,《宋史》卷四五七《种放传》。

即送都保锁缚捶楚。"①于此可知一斑。

乡绅是地主阶级的当权派,是乡村里的上层人物。宋代政府按照财产多少把乡村中的主户(税户)分为五等,一、二等户称为上户,是地主;三等户称为中户,是小地主或自耕农;四、五等户称为下户,是半自耕农或佃农。乡绅占田有的相当于一、二等户,有的则远远超过,个别也可能只有几亩土地,但他们都是"官户",不同于一般民户。上述的叶适、陆九渊、刘宰中进士,为官作宰,当然是官户;即如陈亮在中状元前也是乡贡举人、太学上舍生,按官户法也享有免户下支移、折变、身丁钱等待遇。② 宋代政府对官户是很优待的,除了一些主要赋税如二税在法律上不得减免外,"凡有科敷,例各减免,悉与编户(民户)不同"。③ 因而乡绅不但可以不服役,而且可以不纳某些赋税。此外,他们有权有势,更可以勾结官吏,利用种种办法逃避国家财税的负担。宋代特别是南宋,赋役十分繁重。以浙江而论,乡村中的下户,固然是"饥寒转徙,朝不保夕"④;即使"中户之家",也"往往一岁之入,不足以支一岁之用"⑤。以陈亮家庭为例,他的祖父陈益有田地二百多亩,亦是"中产之家",只因不得意于科举,又不会经营田产,"浮沉里闬,自放于杯酒间",结果家道中落,"无寸土可耕"⑥。一直到陈亮"首贡于乡",入太学上舍生,成为乡绅后,才能恢复祖业。可见乡绅与一般地主是

① 李心传《建炎以来系年要录》卷一六三。

② 《宋会要辑稿》选举十二之三三。

③ 《宋会要辑稿》食货六之一。

④ 《吕东莱文集》卷一《为张严州作乞免丁钱奏状》。按此状系吕祖谦代张栻起稿奏免严州丁钱。

⑤ 王柏《鲁斋王文宪公文集》卷七《赈济利害书》。按王柏系婺州人,所述是婺州情况。婺、严二州均属今浙江省。

⑥ 《陈亮集》卷二七《先祖府君墓志铭》、卷二五《祭妹文》、卷二一《与叶丞相第二书》。

不能同日而语的。

乡绅有钱有势,便可大事兼并土地,而宋代政府对地主兼并土地采取放任政策,所以北宋时就出现"势官富姓,占田无限,兼并冒伪,习以成俗"。到了南宋,"豪强兼并之患,至今日而极"①。南宋后期的著名文人刘克庄说:"至于吞噬千家之膏腴,连亘数路之阡陌,岁入号百万斛,则自开辟以来未之有也。"②这样一来,大批的自耕农以至中产之家都纷纷破产,失去土地,造成社会上贫富悬殊的局面,使阶级矛盾更加激化,对国计民生是有害的。

乡绅的兼并土地、逃避赋役,和宋代政府也发生矛盾。他们的不法行为过于嚣张,有时亦受到一些代表封建国家利益的正直官员的制裁。对此,《宋史》颇多记载,这里不再赘述。为了限制乡绅过多地侵占国家利益,宋政府也时常作出规定,拟加惩罚。但因乡绅在地方上有权势,与地方官吏又互相勾结,朋比为奸,因此这些规定或禁令往往成为一纸空文。

综上所述,我们知道宋代特别是南宋,由于社会经济发展、土地买卖盛行、科举制发达,造成了一大批出身于庶族地主或士人家庭的乡绅。这些乡绅干涉地方吏治,过问乡里大事,打破了过去豪门巨室独霸的局面,成为后世乡绅的滥觞,是值得注意的。中华人民共和国成立后,随着土地改革的完成,乡绅这一阶层跟着地主阶级的消灭而消灭了。但是,作为一种历史现象,乡绅这一阶层依然值得探索。故草就此文,加以讨论。限于学识和资料,疏误必多,请同志指正!

(原载《宋史论集》,中州书画社 1983 年 8 月版。与周梦江同志合撰。)

---

① 《宋史》卷一七三《食货志》。
② 《后村先生大全集》卷五一《奏议·备对札子三》。

关于李顺之死

北宋淳化年间，在四川爆发一次规模较大的王小波、李顺起义。他们提出了"均贫富"的战斗口号，并在起义进程中具体加以贯彻。对于这次农民起义的背景、经过及其历史意义，先师张荫麟教授曾有详尽而精辟的论述[①]。近时有关王小波、李顺起义的著作，实以此文为嚆矢。

先师文中亦不免有失误之处，如对成都失陷时李顺的下落，即信从北宋著名科学家沈括（1032—1096）《梦溪笔谈》和南宋著名文学家陆游（1125—1210）《老学庵笔记》的记载，断言："据此二证则李顺不死于成都之陷，而死于三十余年后，确无可疑。"近人多沿袭此说，迄未有正之者，故不揣浅陋，略抒管见，以供参考。

关于李顺之死，在宋代就有三种不同的说法。兹分别列举如下：

第一种说法认为李顺是被宋军俘虏后加以杀害的。《宋会要辑稿》兵十四之十一、《续资治通鉴长编》卷三六、《隆平集》卷二十《王小波传附李顺传》以及《宋史》卷五《太宗纪》等书，都是如此记载。据《宋史·太宗纪》六·

> 淳化五年（994）五月丁巳，西川行营破贼十万众，斩首三万级，复成都，获李顺。其党张余复攻陷嘉、戎、泸、渝、涪、忠、

---

① 文载《清华学报》第十二卷第二期，1937 年 4 月。

万、开八州,开州监军秦传序死之。……丙子,磔李顺党八人
于凤翔市。……至道元年(995)二月,嘉州函贼帅张余首送西
川行营,余党悉平。

这一组的史料主要是根据北宋前期官修的史书,而官修史书又来
源于西川行营的奏报。宋西川行营既生获李顺,为什么不照例献
俘阙下,而匆匆加以杀害呢?此事颇启人疑窦。

第二种说法认为李顺在成都失陷时遁去,辗转到了广州,埋名
隐姓数十年才被人告发遭捕杀。据南宋史家王明清(1127—
1202?)《挥麈录·后录》卷五摘引《太宗实录》云:"淳化五年五月,
李顺之平,带御器械张舜卿奏事,言:'臣闻顺已遁去,诸将所获非
也。'"又《梦溪笔谈》卷二五载:

> 蜀中剧贼陷剑南两川(规按:指宋初的剑南西川道及剑南
> 东川道),关右震动,朝廷以为忧。后王师破贼,枭李顺,收复
> 两川,书功行赏,了无间言。至景祐中①,有人告李顺尚在广
> 州,巡检使臣陈文琏捕得之,乃真李顺也,年已七十余,推验明
> 白,囚赴阙,覆按皆实。朝廷以平蜀将士功赏已行,不欲暴其
> 事,但斩顺,赏文琏二官,仍阁门祗候②。文琏,泉州人,康定
> 中③,老归泉州,予尚识之,文琏家有李顺案款,本末甚
> 详。……

又《老学庵笔记》卷九载:

> 蜀父老言:……王师薄城(指成都府城),城且破矣。顺忽
> 饭城中僧数千人以祈福,又度其童子亦数千人,皆就府治削

---

① 景祐(1034—1038)是仁宗的第三个年号。沈括这个纪年有误,应作天
禧元年(1017)。拙作《〈梦溪笔谈〉有关史事记载订误》一文对此已有订正,兹不
赘及。

② 《挥麈录·后录》卷五著录《梦溪笔谈》此条作"仍除阁门祗候"。

③ 康定(1040—1041)是仁宗的第五个年号。

发,衣僧衣。晡后分东西两门出。出尽,顺亦不知所在,盖自
髡而遁矣。明日,王师入城,捕得一髡士,状颇类顺,遂诛之,
而实非也。……及真庙天禧初,顺竟获于岭南。初欲诛之于
市,且令百官贺。吕文靖(夷简谥号)为知杂御史,以为不可,
但即狱中杀之。……

近人记述李顺之死,多以这一组记载,特别是以沈括的记载为依
据。事实真相究竟如何呢?按北宋仁宗庆历年间人所撰的《吕公
(夷简)行状》①云:

> 岭南获贼,意以为蜀盗李顺者,献阙下。王钦若在枢
> 府②,即称庆。上(指真宗)以属台(御史台),公劾之无实,乃
> 守臣利其功锻成之,具以闻。钦若愧其前庆,欲遂致其罪,公
> 执平无所变挠,上亦从之。(引自朱熹《五朝名臣言行录》卷六
> 丞相许国吕文靖公条)

又南宋著名史学家李焘(1115—1184)对此事更有详细的叙述。
《续资治通鉴长编》卷九十载:

> 天禧元年(1017)十一月癸卯,广州民李延志黥面配安州
> 本城。初,咸平(998—1003)中,王均作乱,延志寓益州,常事
> 均禆将崔麻胡,贼平还家。至是,与本州怀勇卒许秀等饮,共
> 道均及王小波逆状。秀疑延志即贼首李顺,因以闻州,又引营
> 卒证其事。知州李应机械送赴阙,下御史狱,劾问得实,故以
> 延志隶军,秀等杖脊而遣之。先是,枢密院以真获李顺称贺,
> 又台劾非是,贺者欲遂以为顺趣具狱。知杂事吕夷简曰:"是

---

① 据张方平《乐全集》卷三六《吕公神道碑》及《续资治通鉴长编》卷一五二载,
吕夷简卒于仁宗庆历四年(1044),享年六十六。推知《行状》当撰于是年或稍后。

② 王钦若(962—1025)为枢密使乃在真宗天禧元年八月以前,见《宋
史·真宗纪》及《宋史·宰辅表》。

　　可欺朝廷乎?"卒以实奏,由是忤大臣意。①
从上列两项材料来看,在广州被捕的人不是真李顺,而是真宗咸平三年(1000)在益州(即成都府的改称)起义的王均部下之李延志。

　　第三种说法认为李顺是淳化五年五月在成都战场上牺牲的。当时担任西川行营随军转运使的刘锡,他审知双方战斗情况,曾在《至道圣德颂》中说:"李顺力屈势穷,藏于群寇,乱兵所害,横尸莫知,既免载于槛车,亦幸逃于枭首。"(引自明人杨慎编纂《全蜀艺文志》卷四五)正是由于李顺在战场上英勇牺牲,"横尸莫知",故西川行营的将帅就捕得一个状类李顺的髯士,加以杀害,并把他的首级送到汴京去请赏了。

　　沈括从办错案人的家里见到李顺案款时,年仅十余岁②,他不知此中底细,遂以假为真。到了晚年,他经受政治上的沉重打击,在五十八岁解除了"安置"(类似近时的管制)处分后,退隐润州(今江苏镇江)梦溪,才在《笔谈》中追记这件事。那时他"深居绝过从"(沈括自序中语),既没法获读御史台档案,又缺乏师友商榷,故记事不免失误了。

　　陆游记录李顺事迹,距成都陷落时已近二百年之久,且内容多得之传闻(所谓"蜀父老言""蜀人又谓"云云),可信程度也是较小的。

　　众所熟知,李顺是中国封建社会里一位杰出的农民起义领袖,战争失败时,突出重围虽有可能,但他在起义军余部仍坚持战斗于四川各地期间(994年5月至995年2月),岂肯为了苟全性命而远走异乡? 这在常理上也是难以讲得通的。今天论述李顺之死,如无新的材料发现,还是根据第三种说法为宜。

　　历来民间对于反抗封建统治者而失败的农民领袖,类多寄予

---

　　① 按:《宋史·吕夷简传》记此事有失误,应据《续资治通鉴长编》此条补正。

　　② 参阅拙作《〈梦溪笔谈〉有关史事记载订误》一文。

同情与怀念。例如黄巢、方腊、李自成等人,旧日民间曾盛传他们在兵败后遁去未死,不少文人学士且笔之于书。考诸事实,皆不足信。关于李顺"脱去三十余年,乃始就戮"(《梦溪笔谈》卷二五)的说法,殆不例外。

(1983 年 5 月定稿,原载《中国古代史论丛》第九辑,福建人民出版社 1985 年 4 月版)

宋太祖誓约辨析

南宋建炎元年（1127）七月，跟随宋徽宗北迁的阁门宣赞舍人曹勋自金国燕山南归，至宋朝南京（今河南商丘），传达徽宗给其子高宗的寄语说："艺祖（太祖）有约，藏于太庙：'誓不诛大臣、言官，违者不祥。'相袭未尝辄易。"[①]

这个藏于太庙的宋太祖誓约是否真有其事，当可作进一步的研究。然宋代实行重文抑武的政策，即以文臣驾驭武将，优待士大夫，不轻率加以诛杀，确为事实。这个不成文的"祖宗家法"，在北宋一些皇帝和大臣的谈话中亦多有涉及。兹列举书证如下：

其一，南宋李焘在其所撰的《续资治通鉴长编》（以下简称《长编》）卷一四五庆历三年（1043）十一月条记及当年有一支农民起义军将过高邮军（今江苏高邮），知军晁仲约"度不能御，谕富民出金帛，具牛酒，使人迎劳，且厚遗之。盗悦，径去不为暴。事闻，朝廷大怒。枢密副使富弼议诛仲约以正法，参知政事范仲淹欲宥之，争于上前"。最后，仁宗听从范仲淹的劝告，晁仲约得以免死。富弼因此发怒，范仲淹便告诉他说："祖宗以来，未尝轻杀臣下，此盛德

① 此处引文据南宋徐梦莘《三朝北盟会编》卷九八著录的曹勋《北狩闻见录》，并参校《皇宋中兴两朝圣政》卷一、王明清《挥麈后录》卷一、李心传《建炎以来系年要录》卷四、《宋史》卷三七九《曹勋传》所载。

之事,奈何欲轻坏之。"①

其二,北宋末侯延庆《退斋笔录》载:"神宗以陕西用兵失利,内批出令斩一漕臣。明日,宰相蔡确……曰:'祖宗以来,未尝杀士人,臣等不欲自陛下始。'上沉吟久之,曰:'可与刺面配远恶处。'门下侍郎章惇曰:'如此,即不若杀之。'上曰:'何故?'曰:'士可杀,不可辱。'上声色俱厉曰:'快意事便做不得一件!'"②

其三,《宋史》卷三四〇《吕大防传》载:"〔元祐八年正月〕哲宗御迩英阁,召宰执、讲读官读《宝训》,……〔左相〕大防因推广祖宗家法以进,曰:'自三代以后,惟本朝百二十年中外无事,盖由祖宗所立家法最善,臣请举其略。……前代多深于用刑,大者诛戮,小者远窜。惟本朝用法最轻,臣下有罪,止于罢黜,此宽仁之法也。至于虚己纳谏,不好畋猎,……此皆祖宗家法,所以致太平者。……'哲宗甚然之。"③

其四,《长编》卷四九五哲宗元符元年(1098)三月辛亥条载:"〔同知枢密院事〕曾布言:'祖宗以来,未尝诛杀大臣,令〔梁〕焘更有罪恶,亦不过徙海外。'上曰:'祖宗未尝诛杀大臣,今岂有此。'"

其五,《宋史》卷四七一《章惇传》载:"〔左相〕章惇……议遣吕升卿、董必察访岭南,将尽杀流人(按:指元祐党人)。哲宗曰:'朕遵祖宗遗训,未尝杀戮大臣,其释勿治。'"

根据上述五条记载,从北宋宰执大臣范仲淹、蔡确、吕大防、曾布等人以及皇帝神宗、哲宗的多次谈话中,均可证明北宋确有一条不轻杀臣下的不成文之祖宗家法在流传。

---

① 参校北宋苏辙《龙川别志》卷下及《范文正公全集》附录《范文正公年谱》。

② 参校南宋高文虎《蓼花洲闲录》引录的侯延庆书。

③ 年月据《宋史》卷十七《哲宗纪一》,又北宋末年人所撰的《道山清话》亦记及此事。

　　然而曹勋的这番寄语,经过后人辗转相传并加以渲染,难免有谬误失实之处。如旧题陆游(1125—1210)撰的《避暑漫抄》记述此事云:"艺祖受命之三年,密镌一碑,立于太庙寝殿之夹室,谓之誓碑,……靖康之变,……门皆洞开,人得纵观。……誓词三行:'一云柴氏子孙有罪不得加刑,纵犯谋逆,止于狱中赐尽,不得市曹刑戮,亦不得连坐支属。一云不得杀士大夫及上书言事人。一云子孙有渝此誓者,天必殛之。'后建炎中,曹勋自虏中回,太上寄语云:'祖宗誓碑在太庙,恐今天子不及知云云。'",这个故事直到明末清初的著名学者王夫之(1619—1692)还在《宋论》卷一载:"太祖勒石,锁置殿中,使嗣君即位,入而跪读。其戒有三:一保全柴氏子孙,二不杀士大夫,三不加农田之赋。"

　　以上两则记事认为宋太祖曾在太庙中立有誓碑及其所称太祖誓约的三条内容,这是他们沿袭曹勋所传徽宗寄语加以繁衍而成的,大部不足凭信。先师张荫麟教授(1905—1942)曾在重庆出版的《文史杂志》第一卷第七期刊布《宋太祖誓碑及政事堂刻石考》一文,对太祖誓碑和政事堂刻石两事都予以否定。他说:"南宋人所传北宋文献有二事焉,本俱伪造,而伪出有因,其作伪所因历史事实甚关重要:此即所谓太祖誓碑及太祖政事堂刻石也。"张先生对于誓碑、誓约事加以考辨后指出:

　　　　宋太祖不杀大臣及言官之密约所造成之家法,于有宋一代历史影响甚巨。由此事可以了解北宋言官之强横,朝议之嚣杂,主势之降杀,国是之摇荡,而王荆公所以致慨于"今人未可非商鞅,商鞅能令法必行"也。神宗变法之不能有大成,此其远因矣。此就恶影响言也。若就善影响言,则宋朝之优礼大臣、言官实养成士大夫之自尊心,实启发其对个人人格尊严之认识。此则北宋理学或道学之精神基础所由奠也。

总之,我们认为有宋一代对于士大夫特别优礼,这是最高统治者接受前代的历史教训,为了巩固政权,采取重文抑武、"与士大夫治天下"(三朝元老文彦博对宋神宗语)的政策之必然结果。诚如张先生所说的,这个政策就其好的影响而言,"实养成士大夫之自尊心,实启发其对个人人格尊严之认识"。这对当时文化、科学的发展是有利的。若就其坏的影响而言,士大夫获得许多特权,势必加重民众负担。这与宋代积贫积弱局面的形成也有一定的关系。

最近杜文玉同志发表了《宋太祖誓碑质疑》一文[①],断言"誓碑之事纯属子虚乌有,是根本不存在的"。这个结论与张荫麟先生的早年见解不谋而合。但杜同志在否定誓碑的同时,还列举宋代皇帝杀戮某些文臣武将以至贪官污吏的事例,作为宋高宗"出于某种政治需要"和曹勋"共同编造"不杀大臣、言官"这套假话"的反证,这同拙文上引北宋皇帝和宰执大臣的谈话显有违戾。我们知道,假如宋代最高统治者感到其自身利益受到严重威胁时,也会不惜把"祖宗家法"置诸脑后,对士大夫开杀戒的。不过,这并非那个时代的主流。所谓"不杀"乃指不轻率诛杀,决非绝对不杀。这是毋庸多论的。对待这样一件宋代政治史上影响深远的大事,应取审慎的态度,不可以偏概全,一概抹杀。

(原载《历史研究》1986 年第 4 期)

---

① 见《河南大学学报》1986 年第 1 期。

略论叶适的学术和事功

——纪念叶适诞生 840 年

叶适(1150—1223)是南宋的进步思想家、爱国政论家和博洽学者。他集永嘉事功学之大成,清人全祖望说:"乾〔道〕、淳〔熙〕诸老既殁,学术之会总为朱、陆二派,而水心断断其间,遂称鼎足。"(《宋元学案》卷五四《水心学案上》序录)这说明以叶适为代表的永嘉事功学派在当时已与朱熹道学、陆九渊心学成为鼎足之势。叶适著作现存的主要有《水心文集》《水心别集》和《习学记言序目》等。

(一)家庭、时代、师友

叶适,字正则,原籍处州龙泉,曾祖时始移家温州瑞安,至其父光祖"定为永嘉人"(《水心文集》卷十五《叶公圹志》、卷二五《母杜氏墓志》),叶适晚年居州城松台山下生姜门(即三角门)外水心村,故学者称为水心先生。

叶家迁到瑞安后,"贫匮三世"。叶适的父亲是一位蒙馆教师,束修所入甚微,其母间亦从事纺织麻纻,以充家人衣著之需(《母杜氏墓志》),家庭经济情况长期处于贫困之中。叶适二十九岁(淳熙五年,公元 1178 年)登进士第。步入仕途后,才稍稍置有房屋和田产。叶适为其妻所撰之墓志中说:"晚岁,三子始育,始有宅居,稍垦田,不市籴,然自处一如其初。"(《水心文集》卷十八《高令人墓志铭》)晚年屏居乡间,常喜与农民往来,他说:"余久居水心村落,农蓑圃笠,共谈陇亩间。"(《水心文集》卷二九《题周子实所录》)这样的家庭出身和处境,对于叶适的学术见解和政治主张自然会产生一定的影响。

叶适生活的这七十多年时间里,长江以南地区已不再遭受金兵的蹂躏,通过劳动人民的辛勤劳动,许多门类的生产事业都有了较大的发展。但封建的生产关系仍阻碍着社会生产力的前进,特别是由于南宋政府对金国采取妥协屈辱的政策,每年奉送大量银两和绢帛,置中原失土于度外,民族矛盾相当突出,士大夫中的抗战派和妥协派的斗争非常尖锐。而且国家统治机构庞大,兵多官冗,财政支出超过北宋熙宁、元丰间。随着统治者剥削和压迫的不断加重,各地人民起义和反抗的事件不断出现。尤其是由于南宋政府厉行茶、盐、酒、矾、香料、金属等的专卖,严重影响一般人民的生活和生计,因而也就不断激起茶商、茶农、盐贩、盐民和矿徒的武装反抗以及商人的罢市。这些事件在《水心文集》中也有记载(卷十八《钱公墓志铭》、卷二三《王公墓志铭》、卷二一《徐文渊墓志铭》、卷二二《舒彦升墓志铭》)。以上民族矛盾、阶级矛盾和时代特点,对于爱国、注重经世致用的叶适,必然会产生巨大的影响。

叶适的家乡温州,在北宋哲宗、徽宗时期(1086—1125)有周行己、许景衡等多人往北方求学,把程颐的"洛学"和张载的"关学"带回家乡来。其后,南宋乾道、淳熙间(1165—1189),又有郑伯熊、薛季宣、陈傅良等著名学者辈出,永嘉学派才正式形成。叶适晚年在所撰《温州新修学记》中说:

> 昔周恭叔(行己)首闻程(颐)、吕氏(大临,系张载和程颐的门生)微言,始放新经(指王安石的《三经新义》),黜旧疏(前代的旧注疏),挈其侪伦,退而自求,……而郑景望(伯熊)出,明见天理,神畅气怡,笃信固守,言与行应,……故永嘉之学,必兢省以御物欲者,周作于前而郑承于后也。

> 薛士隆（季宣，或作士龙）愤发昭旷，独究体统，兴王远大
> 之制，叔末寡陋之术，不随毁誉，必摭故实，……至陈君举（傅
> 良）尤号精密，民病某政，国庆某法，铢称镒数，各到根穴，……
> 故永嘉之学，必弥纶以通世变者，薛经其始而陈纬其终也。
> （《水心文集》卷十）

可见永嘉之学原来包含有两个系统、两种作风：其一，从周行己到
郑伯熊。这一系统的学者基本上继承"洛学"的作风，所谓"必兢省
以御物欲"。其二，从薛季宣到陈傅良。这一系统的学者，就其师
承关系来说，也渊源于伊洛，但就其治学的根本精神所谓"必弥纶
以通世变"（按：意同"经世致用"，即注重事功）而论，已与程门心性
之学判然不同。

众所周知，南宋永嘉之学的根本精神在于"经世致用"，研究
"经义"（《五经》的义理）和"经制"（经书中记载的制度）目的在于
"治事"（办好当前的政治）。这种学风的开创者，就永嘉学派来说，
当推薛季宣。薛的友人金华吕祖谦在《与朱元晦书》中称许他"于
田赋、兵制、地形、水利，甚曾下功夫，眼前殊少见其比"，"所学确实
有用"（《东莱吕太史别集》卷七、卷八）。陈傅良继承并发扬这种精
神，于治经之外兼精史学，尤其重视当代历史的研究。南宋名史家
李心传推崇陈傅良是"最为知今"的学者（《建炎以来朝野杂记》乙
集卷十二昔人著书多或差误条）。薛、陈二人实为永嘉学派的
正宗。

叶适少年时代曾从永嘉楠溪刘愈（字进之）问学。刘愈是一位
隐居不仕、"学佛得空解"的人（《水心文集》卷十七《刘子怡墓志
铭》，参阅薛季宣《浪语集》卷三四《刘进之行状》）。他对叶适学术
思想的影响不大。叶适与前辈郑伯熊的关系，据他自己在《祭郑景
望龙图文》中说："某之于公，长幼分殊，登门晚矣，承教则疏。"（《水
心文集》卷二八）郑伯熊喜阴阳家言，迷信坟地风水。叶适曾对伯
熊这种思想与行为加以讥议（《水心文集》卷十二《阴阳精义序》）。

显然,叶适也不是郑伯熊的学术传人。

至于叶适与陈傅良的关系,他在《陈公墓志铭》中说:"余亦陪公游四十年,教余勤矣。"(《水心文集》卷十六)又在《祭陈君举中书文》中说:"自我获见,四十余冬。"(《水心文集》卷二八)傅良卒于宁宗嘉泰三年(1203),上推四十余年,约在高宗绍兴三十一年(1161)前后。这时,傅良年二十五左右,叶适是十二岁左右的童子,因与傅良任家庭教师的瑞安林家乡里毗邻,遂得相识。(《止斋文集》卷二《送叶正则赴浙西宪幕》诗有"相从自束发"之句)自此至傅良逝世,交谊独厚。

叶适在青年时代也曾往谒薛季宣,并投书求教,惜原书已佚。惟季宣答书尚存,其中有云:

> 执事听于涂说,不以某之不肖,惠然肯顾,投以尺书,望我以急难,扣我以学问。……执事秀发妙龄,多闻多识,通于古,明于文,行不自贤,不耻下问,一日千里,吾知方发轫焉。(《浪语集》卷二五《答叶适书》)

可知叶适与薛季宣的结交也是较早的。从叶适本人的学术见解、政治主张以及对薛、陈师徒的推重情况看来,他接受薛、陈的教益和影响自较得之他人处为多。

(二)学术思想

叶适受到时代的激荡、家庭的影响和师友的熏陶,"志意慷慨,雅以经济(指经世济民)自负"(《宋史》卷四三四《儒林·叶适传》)。他要求自己和门生为学为人的准则是:

> 读书不知接统绪,虽多无益也;为文不能关教事,虽工无益也;笃行而不合于大义,虽高无益也;立志不存于忧世,虽仁无益也。(《水心文集》卷二九《赠薛子长》)

这个主张确能继承和发扬永嘉事功之学的特色。

叶适所谓"读书不知接统绪,虽多无益也",就是要求当代读书人能够继承尧、舜、禹、汤、文、武、周公、孔子的传统。他认为儒家经典的《五经》多记载尧、舜、禹三代为治之道及其"制度器数",要治国平天下,就必须重视《五经》的研究(《水心别集》卷五《进卷·总义》)。永嘉事功学派重"经制之学",就是重视对《五经》中制度器数的探索。他们是把经书当作先王之政典来看待的。朱熹也说:"永嘉之学,理会制度。"(《宋元学案》卷五一《东莱学案》附录)叶适继承并发展了这个见解,影响及于后世。他虽然特别推尊《五经》,但并非要求大家泥古不化,而是主张开动脑筋,结合具体事物,对古代制度加以分析、检验,认真地吸取古人为治的精意,作为治理后世国家的借鉴,即所谓"会之以心,验之以物"(《进卷·总义》),"治后世之天下,而求无失于古人之意"(《习学记言序目》卷八《王制》),"其(指尧、舜、汤、武)所以为治之道,必有相承而不可废者矣"(《水心别集》卷八《进卷·苏绰》),"不深于古,无以见后;不监于后,无以明前"(《习学记言序目》卷十九《史记·表》)。

叶适在研究《五经》这一工作上极力反对两种不正确的学风:一种是所谓"祖习训故,浅陋相承者,〔学而〕不思之类";一种是所谓"穿穴性命,空虚自喜者,〔思而〕不学之类"(《习学记言序目》卷十三《论语·为政》)。后一种学风为程、朱学派和陆九渊学派所共有,在当时学术思想界是占主导地位的。程朱学派的道德性命之学风靡当代,引起了"立志存于忧世"的永嘉学者的反对。绍熙二年(1191),陈傅良的学生瑞安曹叔远(字器远)曾对朱熹说:"乡间诸先生所以要教人就事上理会,教著实,缘是向时诸公多是清谈,终于败事。"(《朱子语类》卷一二三《陈君举》)永嘉学者认为只有较多地接触实际,了解实际,提高思想水平和办事本领,才能达到挽救国家危机、巩固南宋统治的目标。

叶适与朱熹在学术思想上是不同道的。朱熹继承并发展了周敦颐、程颐一派的道学,成为宋代客观唯心论的集大成者,也是程朱学派的泰斗。叶适则是继承并发展了永嘉事功学派的务实作风与经世致用之学,更接受了中国唯物论的优良传统,在和程朱学派的论争过程中,在当时较进步的科学技术水平的影响下,逐步形成了他的朴素唯物主义思想。

叶适对哲学(义理之学)方面的研究一向比较注意,尤其是在晚年罢官退居故乡水心村之后的十六年间(1208—1223),曾经下过苦功,写定《习学记言序目》一书,对古今各家学说和重要著作加以评论,取得杰出的成绩,由此而被后世公认为永嘉事功之学的集大成者。

在进步的哲学思想指导下,从实事求是的原则出发,叶适曾对当时流行的"道学"的某些论点进行批判。他在《答吴明辅(子良)书》中说:

> 垂谕道学名实真伪之说,《书》:"惟学逊志,务时敏,厥修乃来。允怀于兹,道积于厥躬。"言学修而后道积也;《诗》:"日就月将,学有缉熙于光明。佛(按:通弼,辅也)时仔肩,示我显德行。"言学明而后德显也;皆以学致道而不以道致学。道学之名,起于近世儒者,其意曰:"举天下之学皆不足以致其道,独我能致之",故云尔。其本少差,其末大弊矣。足下有志于古人,当以《诗》《书》为正,后之名实伪真,毋致辨焉。(《水心文集》卷二七)

在这里,叶适针对道学家的"学皆不足以致道"的唯心说法,提出"学修而后道积""学明而后德显"的主张,要求他的门生治学应以《五经》为据,不可遵循道学家的说教。

叶适又进而在所撰《习学记言序目》一书中指出程朱学派所重视的《十翼》(除其中《彖》《象》外)非孔子之作,揭露他们所尊奉的曾子、子思决不能代表孔门的真传,从而打击了程朱的道统说(参阅《习学记言序目》卷四九《皇朝文鉴·序》、卷三《周易·上下经总论》,孙之弘《习学记言序目·序》。程朱的道统说,见《朱文公文集》卷七六《中庸章句序》、卷八一《书刘子澄所编曾子后》)。又拆穿他们所宣扬的"道"和"性"是属于"尽遗万事"的佛老庄列之学,"程、张(载)攻斥老、佛至深,然尽用其学而不自知"(《习学记言序目》卷七《周礼·天官冢宰》、卷五〇《皇朝文鉴·书》)。叶适的学术批判火力,尤其集中在朱熹身上。朱熹说:"《论》《孟》《中庸》《大学》,乃学问根本。"(《朱文公文集》卷四七《答吕子约书》)而叶适却以为:"《诗》《书》,义理所聚也;《中庸》《大学》则后矣。"(孙之弘《习学记言序目·序》,参阅《记言》卷八《中庸》《大学》)。朱熹曾把汉儒董仲舒所说的"正其谊(义)不谋其利,明其道不计其功"二语作为白鹿洞书院的学规(《朱文公文集》卷七四《白鹿洞书院揭示》,参见王懋竑《朱子年谱》淳熙六年条)。但叶适则坚决反对这种脱离"事功"(即功利)而空谈"义理"(道义)之无的放矢的学习态度。他说:

> "仁人正谊不谋利,明道不计功。"此语初看极好,细看全疏阔。古人以利与人而不自居其功,故道义光明。后世儒者行仲舒之论,既无功利,则道义者乃无用之虚语尔!(《习学记言序目》卷二三《汉书·董仲舒列传》)

当时,朱熹也在竭力反对永嘉事功之学。他说:"永嘉之学,理会制度,偏考究其小小者。"(《宋元学案》卷五一《东莱学案》附录)对叶适更是多方抨击诋毁。朱熹在《答项平父书》中说:"中间得叶正则书,亦方似此依违笼罩,而自处甚高,不自知其浅陋,殊可怜悯。"(《朱文公文集》卷五四)又对门生说:"叶正则说话,只是杜撰。看他《进卷》,可见大略。"(《朱子语类》卷一二三《陈君举》)

总之,叶适的学术思想既重视实际,又富于批判精神。批判对象非常广泛,古今各家学说和重要著作几乎全都涉及;而批判锋芒又能指向对当时学术思想界影响最大的程朱道学,故格外值得珍视。

(三)政治主张和抗金行动

叶适平生志在"事功"。他的政治活动开始于孝宗淳熙元年(1174,25 岁)。他在南宋行都临安向签书枢密院事叶衡上过一封书信,对时势详加评论,要求改革旧制,变弱为强。他说:

> 治乱无常势,成败无定谋。……弱可强也,怯可勇也。穰苴之胜,战已败之师;勾践之霸,奋垂亡之国。用今之民,求今之治,则亦变今之势矣。(《水心文集》卷二七《上西府书》。西府是枢密院的别称,当年的长官姓名据《宋史·宰辅表》《宋史·孝宗纪》《宋史·叶衡传》考定。)

这反映了他的朴素辩证法思想和重视人的主观能动作用,是针对孝宗隆兴元年(1163)北伐失败后南宋士大夫间流行一种"南北有定势,吴越之脆弱不足以争衡于中原"(邓广铭辑校《辛稼轩诗文钞存·美芹十论·自治第四》)的论点而发的。

淳熙五年(1178),叶适考取进士第二名,此后正式走上仕途。这时,对金国的和战问题仍是南宋政治生活中的重大问题,抗战派与妥协派的斗争相当尖锐。以宋孝宗为首的最高统治集团公然以"乘机待时"为借口,对金国采取妥协政策。叶适针对这种论调,曾多次提出了发愤图强的主张。

为了改变当时国家积弱不振的局面,叶适要求进行政治改革。

首先,他建议更张立国规模。他认为南宋情况与北宋初期绝不相同,极力反对"今日堤防之策乃在内而不在外"(《习学记言序目》卷四三《唐书·宦者列传》)的错误国策。他向南宋最高统治者建议,对中央与地方的职权必须加以调整,提高地方尤其是抗金的前线地区政府的权力,否则,"形势乖阻,诚无展力之地"(《水心别集》卷十五《上殿札子》,淳熙十四年上)。

其次,要求宽民力。叶适认为"今事之最大而当极论之,论之得旨要而当先施行者,一财也,二兵也"(《水心别集》卷一一《兵总论一》)。关于财的问题,叶适指出由于冗兵、冗官、岁币之故(《水心别集》卷二《财计下》),致使"天下之钱,岁入于官者八千万缗,而支费常不足"(《水心别集》卷十五《上殿札子》)。这个岁入总额(实物除外)已超过北宋熙宁、元丰间六千余万缗之数(《建炎以来朝野杂记》甲集卷十四国初至绍熙岁收数条)。南宋版图比北宋将近小一半,户口数亦相对减少,人民负担必然更重。叶适又认为各种赋税之中,以经总制钱、和买、折帛、茶盐四类最为病民。由于官僚、豪绅、富商等的多方逃避赋税和贪官污吏的种种舞弊,全部负担几乎都落在佃农、自耕农、中小地主以及工商业者的身上。因此,叶适要求皇帝"特诏大臣,使国用司详议审度:何名之赋害民最甚,何等横费裁节宜先;减所入之额,定所出之费,不须对补,便可蠲除"(《水心文集》卷一《上宁宗皇帝札子》,开禧二年上,参阅《水心别集》卷十一《财总论》各篇)。他认为只有"能捐横赋而后可以复版图,'俟版图之复而后捐之者'(宋孝宗语),无是道也;能裕民力而后可以议进取,'待进取之定而后裕之者',无是道也"(《水心别集》卷九《廷对》,淳熙五年上)。对最高统治者无补实际的空言,予以严厉的批驳。关于兵的问题,叶适认为,由于南宋实行募兵制,士兵的"家小口累,仰给于官",致使兵费开支过大,人民负担过重;而且由于"群校贵将,廪禄无算",致使士兵食钱不足,"常有饥寒之色"(《上殿札子》),"怨嗟嗷嗷,闻于中外"(《水心别集》卷十二《四屯驻大兵》)。结果,"进不可战,退不可守,百人跳梁则一方震动,而夷狄之侵侮无时而可禁也"(《水心别集》卷十一《兵总论一》)。为了解决兵多而弱的矛盾,减轻财政负担,他建议按照不同的兵种逐步实行改革,办法是:

> 边兵者,因其地,练其民,不待内地之兵食而固徼塞也。宿卫兵者,因都邑所近之民,教成而番上,与募士杂,国廪其半而不全养也。大将屯兵者,悉用募士而教其精锐,全养之而

已。州郡守兵者,以州郡之人守之而不以州郡之力养之也。故兵制各行而兵力不聚,然后有百万之兵而不困于财矣。故进则能战,退则能守,而不受侮于夷狄。(《兵总论一》)

到了晚年,更进而提出"由募还农"的主张,他说:

> 今自守其州县者,兵须地着,给田力耕;千里之内,番上宿卫,已有诸御前兵,不可轻改,因其地分募乐耕者以渐归本;边关捍御,尽须耕作,人自为战;三说参用,由募还农,大费既省,守可以固,战可以克。(《习学记言序目》卷三九《唐书·兵志》)

同时,也曾为士兵耕田事做出具体的规划。他说:

> 为沿江淮、襄汉、川蜀关外未耕之田,或可种之山,使总领取而自耕自种(原注:田,一兵百亩;山,一兵以所种粟计),以养屯驻大兵,则今岁行之而来岁可减总领之赋矣。若行之数年,民不耕之田尽取而自耕,可种之山尽取而自种,则天下之赋皆可减矣。兵养至百万而不饥,税减至三十取一而藏其余以待凶年及国之移用。如此,则天下始有苏息之望矣。(《习学记言序目》卷十七《孔子家语·正论解》)

南宋前期,江淮之间以至陕右屡经兵火,荒闲之田颇多,利用屯驻大兵来垦殖是有条件的。如果能照叶适这个建议实行,不但可以节省兵费,减轻民负,有利于农业的发展;而且兵农可以在一定程度上逐步合一,军队素质提高,战斗力自能增强。

第三,叶适还主张通过扶植工商的政策,来达到缓和阶级矛盾和发展社会生产的目的。他说:

> 按《书》"懋迁有无化居",周"讥而不征",春秋"通商惠工",皆以国家之力扶持商贾,流通货币。……汉高祖始行困辱商人之策,至武帝乃有算船告缗之令,盐铁榷酤之入,极于平准,取天下百货自居之。夫四民交致其用而后治化兴,抑末

厚本,非正论也。(《习学记言序目》卷十九《史记·平准书》)为了发展工商业,他反对政府垄断,建议山泽之利(指盐、铁、铜、铅、金、银、锡、煤等等)应与民共之,茶、酒等业更须归民间经营(《习学记言序目》卷三六《隋书·食货志》、卷四二《唐书·刘晏列传》、卷四七《皇朝文鉴·诏敕》)。又认为政府应适当地给予工商业者以入仕的机会。他说:"四民古今未有不以世,至于恋进髦士,则古人盖曰无类,虽工商不敢绝也。"(《习学记言序目》卷十二《国语·齐语》)叶适主张对工商实行让步,一方面,固然是当时工商业已在整个国民经济中取得重要地位以及工商阶层势力增大和反抗斗争激化的反映;另一方面,也是为了达到"散利薄征,遗孔余润,民得资以衣食,不至于饿穷流徙而无告"(《习学记言序目》卷四八《皇朝文鉴·奏疏》)的稳定南宋统治秩序的目的。在当时能够提出工商业和农业并重的主张,可谓远见卓识。

叶适为了南宋统治阶级的长远利益,提出了一系列的政治主张,涉及方面很广。上面仅举出重要的三项。综合这三项主张来看,他认为,只有更张立国规模,才能扭转内重外轻的局面;只有宽民力,扶植工商,才能发挥各阶层人民的积极性和发展社会生产。三者既行,国力必强,然后可以议进取、复版图了。但是,这些建议都没有也不可能受到腐朽无能、畏敌如虎的南宋统治者的重视和采纳。

叶适不仅提出政治改革主张,而且曾一度在建康府(今南京一带)以北地区胜利地抗击了金兵,并制定了一套切实可行的边防计划。

叶适早在淳熙年间就已上疏指斥对金妥协政策,力主发愤图强,恢复失地;后来也曾多次申述这个主张,但都没有得到反响。宁宗即位后,韩侂胄专权,大肆排斥异己,叶适被罢官回乡。开禧二年(1206)春,叶适又被召回朝廷。他立即针对韩侂胄冒险伐金的轻率举动,向宁宗上了三封札子,要求必须"备成而后动,守定而后战",并提出"修实政""行实德"的具体建议(《水心文集》卷一《上宁宗皇帝札子》),但都没有受到重视。这年五月,南宋朝廷下诏大举北伐。不久,各路宋军全都溃败,金兵闯入淮南,"江南震动","中外恐悚",当此国难临头、生灵涂炭的时刻,叶适不辞衰病,挺身而出,接受建康知府兼沿江制置使的重任。到建康后,就"捐重赏,募勇士",配合官军渡江劫金营前后十数次。生俘的金兵和斩得的首级不断送来江南,才使士气稍振,人心稍安。冬间,由于宋方军民坚守江北城壁,"虏求战不许,卤掠无所获。既而大雪数尺,冻饥太半死,皆引去,独留数千人于濠州以缀和"(《水心文集》卷二〇《故吏部侍郎刘公墓志铭》)。叶适在建康地区较好地组织军民抗敌,对这次金兵北撤无疑起了一定的作用。

开禧三年二月金兵北去之后,叶适又兼任江淮制置使,负责措置淮南的屯田工作。当初金兵南下时,淮南、江北人民尝依山傍水,相聚立堡坞以自卫。叶适总结了历史上防江必先守淮的经验,并顺应当时淮民守土自卫的要求,力图改变南宋妥协派不敢得罪金国以致边备废弛的现状,向南宋政府建议在江淮之间大修堡坞,团结军民,一面耕种,一面战守。他自己又发动军民在建康府长江对面的瓜步、定山、石跋三地筑成三个大堡,并在江北地区"团结山水为寨者四十七处"。(以上两段参见《水心文集》卷二《安集两淮申省状》《定山瓜步石跋三堡坞状》,《宋史》卷四二四《儒林·叶适传》)

在这次抗金斗争的实践过程中,叶适认识到不惧敌始能胜敌的真理,这也是对南宋妥协派"恐金病"的切实的抨击:

……始悟建炎以来,虏轻渡江,敢斗明、越之远者,非真劲悍不可敌也。……当是时(指开禧二年守卫建康时),子重(蔡任之字)专治军事,昼夜不得休息,而余听讼断狱,从容如平常,不然则建康之人,未见敌先遁,堕建(炎)、绍(兴)覆辙矣。盖有智者不待素习,然必无惧而后智行焉。(《水心文集》卷十

《叶岭书房记》)

开禧三年冬,南宋妥协派史弥远等利用北伐失败的机会,掌握了中央政权,诬蔑叶适附和韩侂胄挑起兵戎,把他摈逐下台。虽然叶适要求恢复中原的志向和计划最终无法实现,但是他的爱国抗金的主张和行动永远值得纪念!

(1963 年 6 月初稿,1989 年春修定,原载《东南文化》1989 年第 6 期)

《梦溪笔谈》有关史事记载订误

　　北宋著名学者、大科学家沈括(1032—1096)所撰《梦溪笔谈》一书,流行国内外,受到人们珍视,被誉为"中国科学史上的里程碑"。长期以来,经过许多专家的整理、研究,使得该书内容益臻完善,更加灿烂。近人胡道静先生对此用力甚勤,收获颇大,先后写定《梦溪笔谈校证》《新校正梦溪笔谈》两部著作以及有关沈括的研究论文多篇。至于沈括在历史学上的贡献,杭州大学杨渭生同志也有专文予以阐述。笔者不揣浅陋,在阅读宋人书籍的过程里曾对沈括生平事迹略加考证,今又草成《梦溪笔谈》有关史事记载订误十八条作为补充,请同志们指教!

　　(1)《梦溪笔谈》卷一,条4:"唐制,自宰相而下,初命皆无宣召之礼,惟学士宣召。盖学士院在禁中,非内臣宣召,无因得入,故院门别设复门,亦以其通禁庭也。又学士院北扉者,为其在浴堂之南,便于应召。"(引文及条数均据1957年11月中华书局出版的《新校正梦溪笔谈》,以下简称《笔谈》)

　　按:司马光《资治通鉴》卷二三七唐宪宗元和二年十一月条载:"他日,上召李绛对于浴堂。"胡三省注云:"唐禁中有浴堂殿,德宗以来常居之。……程大昌曰:沈氏谓学士院北扉,为在浴堂之南,便于应召。此误也。学士院在紫宸、蓬莱殿之西。浴堂殿自在紫宸之东,不在学士院南('南'当为'北'之误)也。……石林叶氏(梦得)曰:学士院北扉者,浴堂之南,便于应召,此恐未审也。学士院之北为翰林院,翰林院之北为少阳院。设或浴堂在此,亦为寝殿、三殿之所间隔,不容有北门可以与之相属也。"

(2)卷二,条39:"国朝未改官制以前,异姓未有兼中书令者,唯赠官方有之。元丰中,曹郡王以元舅特除兼中书令,下度支给俸。有司言:'自来未有活中书令请受则例。'"

按:洪迈《容斋三笔》卷十二兼中书令条载:"国朝创业之初,尚仍旧贯,于是吴越国王钱俶、天雄节度符彦卿、雄武王景、武宁郭从义、保大武行德、成德郭崇、昭义李筠、淮南李重进、永兴李洪义、凤翔王彦超、定难李彝兴、荆南高保融、武平周行逢、武宁王晏、武胜侯章、归义曹元忠十五('五'当作'六')人同时兼中书令。太宗朝,唯除石守信,而赵普以故相拜。真宗但以处亲王。〔仁宗〕嘉祐末,除宗室东平〔郡〕王允弼、襄阳〔郡〕王允良;〔神宗〕元丰中,除曹佾,与允弼、允良相去十七八年,爵秩固存。沈括《笔谈》谓有司以佾新命,言自来不曾有活中书令请俸则例,盖妄也。"

又李焘《续资治通鉴长编》(以下简称《长编》)卷六太祖乾德三年六月甲辰条载:"以孟昶为开府仪同三司、检校太师、兼中书令、秦国公。"《宋史·神宗纪》亦载:"治平四年正月戊辰,以……文彦博行尚书左仆射、检校司徒、兼中书令。"据此,可见元丰改官制以前异姓多有兼中书令者,不是"唯赠官方有之"。又除文彦博兼中书令乃在治平四年(1067)正月,与元丰三年(1080)三月除曹佾新命相去仅十三年;且允弼卒于熙宁二年(1069)七月,距曹佾新命不到十一年;文彦博直到元丰六年十一月才以太师致仕(以上均见《宋史·神宗纪》)。爵秩固存,不是没有俸例可依的。沈括所记显然失实,洪迈所述亦不免遗漏。

(3)卷七,条139:"熙宁元年七月,日辰蚀东方,不效。……苟欲求熙宁日蚀,……"

按:《宋会要辑稿》运历一之八载:"熙宁元年七月望夜将旦,月食东方,与历(指明天历)不协。"《长编》卷二六三熙宁八年闰四月壬寅条及杨仲良《续通鉴长编纪事本末》卷五三记及此事亦同,其材料均来源于沈括所撰《奉元历序》。又《宋史》卷五二天文志·月食条也载:"熙宁元年七月乙酉(十五日),月食。"而且《宋史》卷五二天文志·日食条亦无熙宁元年七月日食之记事。据此,则上引《笔谈》所记熙宁元年七月的"日辰蚀""日蚀"当为"月辰蚀""月蚀"之误刊。

(4)卷九,条157:"李景使大将胡则守江州,江南国下,曹翰以兵围之三年,城坚不可破。一日,则怒一饔人鲙鱼不精,欲杀之,其妻遽止之曰:'士卒守城累年矣,暴骨满地,奈何以一食杀士卒邪?'则乃舍之。……"

卷二五,条470:"曹翰围江州三年,城将陷,太宗嘉其尽节于所事,遣使谕翰,'城下日,拒命之人尽赦之'。使人至独木渡,大风数日,不可济。及风定而济,则翰已屠江州无遗类,适一日矣。"

按:据《长编》卷十七太祖开宝九年四月条及《宋史》卷二六〇《曹翰传》的记事,曹翰围江州凡五月而陷,未尝相持至三年。又当时江南国主乃是李煜,而非李景。遣使谕曹翰乃是宋太祖,而非宋太宗。《笔谈》第157条记事之误,清人毕沅《续资治通鉴》卷八开宝九年四月丁巳条《考异》已有驳正。

"独木渡",《长编》卷十七作"独树浦"。又《白氏长庆集》(四部丛刊影宋本)卷十五记述白居易谪官江州,将抵达时,撰有《独树浦雨夜寄李六郎中》诗。可见唐五代期间,从长江北岸通往江州的渡口应作"独树浦",而非"独木渡"。

(5)卷九,条161:"元丰五年,文潞公守洛,又为耆年会,人为一诗,命画工郑奂图于妙觉佛寺,凡十三人:守司徒致仕韩国公富弼,年七十九;守太尉判河南府潞国公文彦博,年七十七;……朝议大夫致仕王慎言,年七十二;宣徽南院使检校太尉判大名府王拱辰,年七十一;……端明殿学士兼翰林侍读学士太中大夫司马光,年六十四。"

按:胡仔《苕溪渔隐丛话后集》卷二二迂叟条载:"苕溪渔隐曰:

温公集有《洛阳耆英会序》，正纪此事。《笔谈》以为耆年会，非是。"

又《司马文正公传家集》卷六八《洛阳耆英会序》（万有文库本）云："宾主凡十有一人，既而图形妙觉僧舍，时人谓之洛阳耆英会。……宣徽王公（指王拱辰）方留守北都，闻之，以书请于潞公曰：'某亦家洛，位与年亦不居数客之后，顾以官守不得执卮酒在坐席，良以为恨！愿寓名其间，幸无我遗。'其为诸公嘉羡如此。光未及七十，……亦预于会。"（四部丛刊影宋本《温国文正司马公文集》卷六五所载亦同）文彦博《耆英会诗》有"十二人中第二人"之句，王拱辰《耆英会诗》亦有"二京相望阻河广，三径不克陪游嬉。忽闻干步踵门至，投我十二耆英诗。整冠肃貌讽章句，若坐宝肆罗珠玑"之句（引自清胡聘之《山右石刻丛编》卷十四）。据此，可见预会者仅十二人，王拱辰并未亲临。司马光序末题名录亦未把王拱辰列入。

又王慎言的官衔，据《山右石刻丛编》卷十四应作"司农少卿致仕"。参见《范忠宣公集》卷十四《中散大夫王公墓志铭》。

据上述所考，《笔谈》这条记事是有缺陷的。

（6）卷九，条175："真宗皇帝时，向文简拜右仆射，麻下日，李昌武为翰林学士，当对，上谓之曰：'朕自即位以来，未尝除仆射，今日以命敏中（谥文简），此殊命也，敏中应甚喜。……卿往观之，明日却对来，勿言朕意也。'……"

按：李心传《旧闻证误·补遗》云："按：《国史》天禧元年，向文简以集贤相转右仆射。前此，吕正惠（端）、吕文穆（蒙正）、李文靖（沆）、王文正（旦）、王文穆（钦若）皆先拜仆射，在文简前，真宗不应云'朕即位以来，未尝除仆射'也。是岁，学士乃晁文元（迥）、李文定（迪）、李观察维三人，时李昌武（宗谔）之卒久矣。"原注云："据张文定（齐贤）、陈文忠（尧叟）亦先拜仆射，然皆在罢政后。今但记宰相为右仆射者，凡五人耳。"

又洪迈《容斋随笔》卷四野史不可信条对《笔谈》此条记事亦有

驳议。

(7)卷九,条177:"宝元中,忠穆王吏部为枢密使,河西首领赵元昊叛,上问边备,辅臣皆不能对,明日,枢密四人皆罢,忠穆谪虢州。……"原注云:"四人:夏守赟、〔王〕鬷、陈执中、张观。……"

按:《长编》卷一二六仁宗康定元年三月戊寅条附注云:"三枢密同日罢,用张士逊议。此据《张方平传》。沈存中记三人罢枢密,并及夏守赟。按守赟先以南宣徽使经略安抚陕西,不与三人俱责,存中误也。"又据《宋史·宰辅表》载:"〔康定元年〕二月丁亥,夏守赟自知枢密院事除宣徽南院使、陕西都部署兼经略安抚等使。三月戊寅,知枢密院事王鬷,同知枢密院事陈执中、张观,并以西兵不利,又议乡兵不决,鬷知河南府,执中知青州,观知相州。"今考仁宗宝元三年(1040)二月丙午已改元"康定",而三枢密之罢乃在康定元年三月戊寅,而非宝元中。其误一。王鬷(谥忠穆)当时官职为工部侍郎、知枢密院事,而非吏部侍郎、枢密使。其误二。又枢密四人于同日皆罢云云,四人为三人之误,盖夏守赟之罢枢密乃在王鬷等三人罢枢密之前一个月。其误三。王鬷罢知河南府,不是"谪虢州"。其误四。(参见南宋徐自明《宋宰辅编年录》卷四)

(8)卷九,条182:"柳开少好任气,……应举时以文章投主司于帘前,凡千轴,载以独轮车,引试日,……自拥车以入,欲以此骇众取名。时张景能文,有名,唯袖一书,帘前献之,主司大称赏,擢景优等。时人为之语曰:'柳开千轴,不如张景一书。'"

按:张景(970—1018),字晦之,是柳开(947—1000)的学生。柳开考取太祖开宝六年(973)宋准榜进士第(柳开《河东集》卷十六著录张景撰《行状》),这时张景年方四龄。张景中进士年代,据宋祁撰《张公墓志铭》载:"真宗谅暗,未即听政,责有司精覆计谐,预者十一二。晦之名在第四,调主大名馆陶簿。"(《景文集》卷五九,参阅《长编》卷四三真宗咸平元年记事)太宗死于至道三年(997)三月,是年未行贡举。咸平元年(998),真宗尚守父表在谅暗中。由此推知张景盖咸平元年孙仅榜进士,是时柳开早已累任京朝官与州郡长官,柳、张两人绝无可能同年应举。沈括所云,显有错谬。

(9)卷十二,条 216:"明年(指至道三年),真宗即位,首擢冀公为右正言。"

按:冀公乃冀国公的简称,是王钦若的封号。据《长编》卷四二至道三年十一月丙寅条载:"以太常丞王钦若判三司都催欠凭由司。"李焘考异:"沈括《笔谈》云:'首擢钦若为右正言。'为右正言乃〔咸平〕二年二月事,其初但为太常丞、判催欠凭由司耳,括误也。"

又《笔谈》该条记事有"其余抗言放税过多,追收所税物"云云。据上下文意及《长编》卷四二的记载,应作"其余抗言放税过多,追收所放税物"。

(10)卷十四,条 257:"往岁士人,多尚对偶为文。穆修、张景始为平文,当时谓之古文。"

按:《宋史》卷四三九《梁周翰传》载:"五代以来,文体卑弱,周翰与高锡、柳开、范杲习尚淳古,齐名友善,当时有高、梁、柳、范之称。"范仲淹亦推宋朝古文自柳开始(《范文正公集》卷六《尹师鲁河南集序》)。高锡(?—983)、梁周翰(929—1009)、柳开等人年辈均早于张景、穆修(979—1032),在宋太祖、太宗之际即以撰写古文著名,沈括谓穆修、张景始为古文是不符事实的。

(11)卷十六,条 276:"蜀人魏野,隐居不仕宦,善为诗,以诗著名。卜居陕州东门之外。"

按:王称《东都事略·魏野传》亦同《笔谈》。司马光《温公续诗话》、吴处厚《青箱杂记》卷六及王辟之《渑水燕谈录》卷四记魏野籍贯,皆作"陕州人"。陆游《渭南文集》卷二八《跋魏先生草堂集》云:"按《国史》,野,陕人,沈存中《笔谈》以为蜀人,居陕州,不知何所据也。予在蜀十年,亦不闻野为蜀人,《笔谈》盖误也。"又《宋史·魏野传》亦云:"魏野字仲先,陕州陕人也。……居州之东郊。"

(12)卷二十,条 253:"大中祥符七年,岁乙卯,……忠定以其年七月二十六日捐馆。"

按：忠定乃张咏的谥号，据钱易《张公墓志铭》载："出知陈州，至大中祥符八年八月一日弃馆于理所。"韩琦《张公神道碑》所载亦同。（均见《乖崖文集》附录）又《长编》卷八五大中祥符八年八月癸未条载："陈州言知州张咏卒。"大中祥符七年，岁甲寅；若乙卯，则是大中祥符八年。《笔谈》所记张咏去世时间，应改正为"大中祥符八年，岁乙卯，……忠定以其年八月一日捐馆"。又僧文莹《湘山野录》卷上亦误书张咏卒于"祥符七年甲寅五月二十一日"。

（13）卷二一，条377："至和中，交趾献麟，如牛而大，通身皆大鳞，首有一角。"

按：范镇《东斋记事》卷一载："嘉祐中，交趾贡麒麟二。予尝于殿庭中与观，状如水牛，身披肉甲，鼻端一角。"又司马光《司马文正公传家集》卷十七《进交趾献奇兽赋表》（万有文库本）载："臣光言，今月二十五日，有诏诣崇政殿观交州所献异兽曰麒麟者。"题下原注云："嘉祐三年九月初三日上。"《长编》卷一八七嘉祐三年六月丁卯条也载："交阯贡异兽二。初，本国称贡麟，状如水牛，身被肉甲，鼻端有角。"（《宋会要辑稿》蕃夷七之二九至三十嘉祐三年六月二十八日条同。是月庚子朔，二十八日恰是丁卯。）《宋史·仁宗纪》亦系"交阯贡异兽"于嘉祐三年六月丁卯条。而《笔谈》所谓"至和中，交趾献麟"一事，未见于《长编》《宋会要辑稿》蕃夷四之三三及七之二九、《宋史·仁宗纪》《宋史·交阯传》的记载。据此，"至和"（1054—1055）当是"嘉祐"（1056—1063）之误。

又四部丛刊影宋本《温国文正司马公文集》卷一《进交趾献奇兽赋表》题下原注"嘉祐八年九月初三日上"（四部备要本《司马温公文集》卷一亦同），应是"嘉祐三年九月初三日上"之误刊。

又万有文库本《司马文正公传家集》卷一《交趾献奇兽赋》题下原注："嘉祐三年八月二十七日上。"今考司马光《进交趾献奇兽赋表》云："谨述《交趾献奇兽赋》一篇，奉表投进以闻。"可知《赋》与

《表》是同时投进的。又四部丛刊影宋本《温国文正司马公文集》卷一著录的《交趾献奇兽赋》题下也没有注明投进时间。我认为，"八月二十七日上"恐是"九月初三日上"之误。

（14）卷二二，条392："丁晋公从车驾巡幸，礼成，有诏赐辅臣玉带。时辅臣八人，行在祗候库止有七带。尚衣有带，谓之'比玉'，价直数百万，上欲以赐辅臣，以足其数。晋公心欲之，而位在七人之下，度必不及己。乃谕有司，不须发尚衣带，自有小私带，且可服之以谢，候还京别赐可也。……"

按：晋公乃丁谓的封号。洪迈《容斋随笔》卷四野史不可信条驳正《笔谈》这条记事云："予按景德元年，真宗巡幸西京，大中祥符元年，巡幸泰山，四年，幸河中，丁谓皆为行在三司使，未登政府。七年，幸亳州，谓始以参知政事从。时辅臣六人，王旦、向敏中为宰相，王钦若、陈尧叟为枢密使，皆在谓上，谓之下尚有枢密副使马知节，即不与此说合。且既为玉带，而又名'比玉'，尤可笑。"（参阅《宋史·宰辅表一》）

（15）卷二四，条433："温州雁荡山，天下奇秀，然自古图牒未尝有言者。祥符中，因造玉清宫，伐山取材（据薛季宣《雁荡山赋》注文引录作'伐木取材'），方有人见之。"

按：南宋薛季宣《浪语集》卷三《雁荡山赋》注云："《乐清县图经》，雁荡山三京湾。按《隋图经》云：'溪清如镜，无所不容，黩之不浊。'唐刺史张又新有诗，今名照胆溪云。"

清末孙诒让在《温州经籍志·外编》卷上乐清县图经条说："三京湾，《太平御览》卷七十五引《永嘉郡记》作三原湾。古字，京、原通用。据薛赋注，则三京湾即今雁山照胆溪。郑〔缉之〕《〔永嘉郡〕记》作于刘宋时，已载其名，则沈括《梦溪笔谈》谓雁荡山自古图牒未言，祥符中，造玉清宫，伐木取材，方有人见之。乃无稽之妄说矣。"

（16）卷二五，条460："潘阆，字逍遥，咸平间有诗名，……后坐卢多逊党亡命,捕迹甚急,阆乃变姓名,僧服入中条山。"

按:彭乘《墨客挥犀》卷一亦有同样记载。考王禹偁于宋太宗雍熙三、四年(986—987)之间在所撰《潘阆咏潮图赞并序》中说:"处士潘阆(? —1009)……弱冠之年,世有诗名,故贤英服其才焉。今内翰广平宋公白赠诗云:'宋朝归圣主,潘阆是诗人。'其见许也如是。"(《小畜外集》卷十)可见潘阆在宋太宗雍熙年间及其以前早有诗名,沈括说他在咸平间(998—1003)"有诗名"是不确切的。又据《长编》卷四一太宗至道三年(997)五月条载:潘阆尝说王继恩劝太宗不立真宗(赵恒)为太子,"继恩入其说,颇惑太宗,太宗迄立上,阆寻坐狂妄黜"。李焘考异云:"潘阆纳说继恩,此据《倦游杂录》稍删润之。《湘山野录》(卷下)及《笔谈》载阆与卢多逊同谋立秦王,盖误以继恩为多逊,楚王为秦王,传闻不审也。"晁公武《郡斋读书志》卷四中潘逍遥诗条亦谓潘阆坐王继恩事遭捕,并驳正旧说云:"小说中谓阆坐卢多逊党尝追捕,非也。"可见《笔谈》所谓"卢多逊党"乃"王继恩党"之误。

(17)卷二五,条473:"蜀中剧贼李顺,陷剑南两川,关右震动,朝廷以为忧。后王师破贼,枭李顺,收复两川,书功行赏,了无间言。至景祐中,有人告李顺尚在广州,巡检使臣陈文琏捕得之,乃真李顺也,年已七十余,推验明白,因赴阙,覆按皆实。朝廷以平蜀将士功赏已行,不欲暴其事,但斩顺,赏文琏二官,仍阁门祗候。文琏,泉州人,康定中老归泉州,予尚识之。文琏家有《李顺案款》,本末甚详。……顺得脱去三十余年,乃始就戮。"

按:陆游《老学庵笔记》卷九:"真庙天禧初,〔李〕顺竟获于岭南。初欲诛之于市,且令百官贺。吕文靖(夷简谥)为知杂御史,以为不可,但即狱中杀之。"朱熹《五朝名臣言行录》卷六之一丞相许国吕文靖公条也载:"岭南获贼,意以为蜀盗李顺者,献阙下。王钦若在枢府,即称庆。上(指真宗)以属台(指御史台),公劾之无实,乃守臣利其功锻成之,具以闻。钦若愧其前庆,欲遂致其罪,公执平无所变挠,上亦从之。"(原注:引《行状》①)今考《宋史·真宗纪》与《宋史·宰辅表》,王钦若为枢密使乃在真宗天禧元年(1017)八月以前。据此,足证《笔谈》把"天禧初"的事误为"景祐中"(1034—1037)。从淳化五年(994)成都陷落到天禧元年"李顺"被捕仅二十余年,不是三十余年。

又近人张家驹先生撰《沈括》一书(上海人民出版社1962年版),其中附录《沈括事迹年表》曾据《笔谈》这条记事在仁宗康定元年(1040)条下载"父知泉州,括随侍,居福建。阅读《李顺案款》,得知起义经过"云云。依照胡道静先生有关沈括生卒年的考证②,康定元年,沈括仅十岁。根据拙作《沈括事迹编年》一文的考订,这一年,沈括仅九岁。沈括在十岁以前就特地去阅读《李顺案款》,其事似难令人置信。我认为,这里沈括说的"康定中老归泉州,予尚识之。文珫家有《李顺案款》,本末甚详"等语,似应作如下理解:陈文珫告老回泉州是在康定年间(1040—1041),而不能断定沈括结识陈文珫和到陈家阅读《李顺案款》就在这两年。另一种可能的解释是:沈括晚年撰写《笔谈》时追忆少年事,误书了年号。今考《笔谈》卷十七,条288载:"唐韩偓为诗极清丽,有手写诗百余篇,在其四世孙奕处。偓天复中避地泉州之南安县,子孙遂家焉。庆历中,予过南安,见奕出其手集,字极淳劲可爱。"又《乾隆泉州府志》卷二六文职官上·知州事条载,沈括之父沈周任泉州知州乃在康定元年到庆历三年。离任当在三年或稍后。可证沈括于庆历中(康定二

① 朱熹说吕夷简行状的作者是李宗谔,今考李宗谔卒于真宗大中祥符六年(1013)五月,见《长编》卷八十。吕夷简卒于仁宗庆历四年(1044)九月,见《隆平集》卷五《吕夷简传》及《长编》卷一五二。李宗谔比吕夷简早死三十一年,且仁宗时或稍后的名流显宦中亦未见另有李宗谔其人,朱熹所记行状作者恐有失误。
② 胡先生考定沈括生于天圣九年(1031),卒于绍圣二年(1095),见所著《梦溪笔谈校证》第992—999页。参看《新校正梦溪笔谈》附录《沈括事略》。张家驹采取胡说。

309

年十一月改元庆历,1041—1048)仍随父居泉州,从而推断沈括以当地长官的公子身份去阅读《李顺案款》也可能是在庆历中,而不在康定元年或庆历初、庆历末。如果这个推断无误,那么沈括阅读《李顺案款》约在庆历三年或稍后,此时他的年纪已是十二三岁了。

关于在广州被捕之"李顺",据吕夷简行状所载,亦非真李顺。此事在李焘《长编》卷九十载:"天禧元年十一月癸卯,广州民李延志黥面配安州本城。初,咸平(998—1003)中,王均作乱,延志寓益州,常事裨将崔麻胡,贼平还家。至是与本州怀勇卒许秀等饮,共道均及王小波逆状。秀疑延志即贼首李顺,因以闻州,又引营卒证其事。知州李应机械送赴阙,下御史狱,劾问得实,故以延志隶军,秀等杖脊而遣之。先是,枢密院以真获李顺称贺,及台劾非是,贺者欲遂以为顺趣具狱。知杂事吕夷简曰:'是可欺朝廷乎?'卒以实奏,由是忤大臣意。"可知这个被捕的是咸平三年(1000)在益州(即成都府的改称)起义的王均部下之李延志。

成都失陷时,李顺的下落据当年担任西川行营随军转运使的刘锡在《至道圣德颂》中说:"李顺力屈势穷,藏于群寇,乱兵所害,横尸莫知,既免载于槛车,亦幸逃于枭首。"(引自明人杨慎编纂《全蜀艺文志》卷四五)正是由于李顺在战场上英勇牺牲,"横尸莫知",故西川行营的将帅就捕得一个状类李顺的髯士,加以杀害,并把他的首级送到汴京去请赏了。

沈括从办错案人的家里见到《李顺案款》,年仅十余岁,他不知此中底细,遂以假为真。到了晚年才在《笔谈》中追记这件事,他没法获读御史台档案,故有失误。陆游记录李顺事迹,距成都陷落时已近二百年之久,且内容多得之传闻(所谓"蜀父老言""蜀人又谓"云云),可信程度也是较小的。

众所熟知,李顺是中国封建社会里一位杰出的农民起义领袖,战争失败时,突出重围虽有可能,但他在起义军余部仍坚持战斗于四川各地期间(994年5月至995年2月),岂肯为了苟全性命而远走异乡？这在常理上也是难以讲得通的。今天论述李顺之死，如无新的材料发现，还是根据刘锡的记载为宜。

（18）《续笔谈》，条 606："王元之知黄州日，有两虎入郡城夜斗，一虎死，食其半。……元之果卒，年四十八，遗表曰：'岂知游岱之魂，遂协生桑之梦。'"

按：王禹偁，字元之，真宗咸平二年到四年初任黄州知州。他于咸平三年（1000）十月上疏曰："臣本州去年十一月，城南长圻村两虎夜斗，一虎死，食之殆半。"（赵汝愚《国朝诸臣奏议》卷三七）又《涑水记闻》卷三引宋敏求（字次道）所撰《王禹偁神道碑》说："王禹偁……落职出知黄州，州境有二虎斗，食其一。"释文莹《玉壶清话》卷四所载亦同。足证《笔谈》所记的"郡城"应是"郡境"之误刊。

又近人卢弼《三国志集解·蜀书》卷十一《杨洪传》注引《益部耆旧传杂记》："何祗尝梦井中生菜（宋本作桑，沈家本曰：作菜方与四'十'下'八'之语合），以问占梦赵直，直曰：'菜非井中之物，会当移植；然菜字四十下八，君寿恐不过此。'"据此，则王禹偁遗表中的"桑"字亦应作"菜"。

关于《续笔谈》这条记事的订误，可参看拙作《王禹偁事迹著作编年》一书。

《梦溪笔谈》记事致误的原因，大体说来，有的由于事隔多年，追忆未审；"亦有得于传闻者，其间不能无缺谬"；特别是由于沈括经受政治上的打击之后，"退处林下，深居绝过从"（《梦溪笔谈·自序》），既乏图书参证，又鲜师友商榷，故记事不免多有失误了。

至于《笔谈》中涉及北宋政府的某些政治措施，亦有溢美失实之处，如卷十一，条 194"五代方镇割据，多于旧赋之外，重取于民。国初悉皆蠲正，税额一定"就是一例。昔日史家评述其本朝史事往往类此，本文不拟赘举了。

　　(1980年夏完成初稿,原载中国宋史研究会编的《宋史研究论文集》,1982年1月出版。后略有补充,收入《沈括研究》论文集,浙江人民出版社1985年版。今又稍加补正,收入本文集)

张荫麟先生的科技史著作述略

——纪念张先生逝世四十周年

张荫麟先生(1905 年 11 月至 1942 年 10 月),自号素痴,广东东莞石龙镇人。1923 年秋,考入北京清华学校中等科三年级,曾在该校国学导师梁启超的中国文化史演讲班上听课。是年九月,本着"吾爱吾师,吾尤爱真理"的精神,在《学衡》杂志上刊登了《老子生后孔子百余年之说质疑》一文,批评梁先生对于老子的考证。那时张先生还是年仅十八岁的中学生,《学衡》编者便以为他是清华的国学教员。

1929 年,张先生毕业于国立清华大学,以官费赴美留学,专攻哲学与社会学。他在与友人张其昀先生书中说:"国史为弟志业,年来治哲学,治社会学,无非为此种工作之预备。从哲学冀得超放之博观与方法之自觉,从社会学冀明人事之理法。"1933 年冬季回国,执教于清华大学历史、哲学两系,同时在国立北京大学讲历史哲学课。

卢沟桥事变后,张先生只身脱险南下,应国立浙江大学之聘,在西天目山禅源寺为新生讲国史。杭州沦陷,张先生辗转返回故里。翌年,赴昆明任国立西南联合大学教授。1940 年夏,又来遵义山城,再度担任浙江大学国史教授,兼史地研究所史学组主任导师,宏开讲坛,青年学子如坐春风。1942 年 10 月 24 日,因患肾脏炎病,不幸逝世,墓地在遵义老城南门外碧云山上。1960 年前后,先生之高足弟子李埏教授曾道出遵义,往访墓地,已不见遗存矣。

张先生兼通文史哲,才学识为当代第一流,其生平贡献以史学为最大。所著《中国史纲》(上古篇)一书,被推为当代"历史教科书中最好的一本创作"(陈梦家教授语)。竺可桢校长也说:"今日阅张荫麟《中国史纲》关于春秋战国部分第五章与第六章,极为精彩。"①其他学术论著,散见于报章杂志者都百余万言,多自辟蹊径,开风气之作。台湾出版的《张荫麟文集》,收载未全。

张先生对史学的贡献是多方面的。从青年时代开始,即重视中国科学技术史的研究。盖自近代以来,我国科技落后,为西洋人所轻侮,先生有感于此,故特别留意发掘中国古代科技人物及其成就之资料,予以表彰,企图激起国人爱祖国、爱科学的热情,从而有助于我国科技研究事业的振兴。先生有关这方面的某些论文,因发表时间较早,以今天的学术水平来看,似尚不够详备深入,但其筚路蓝缕之功诚不可没。

张荫麟先生的科技史论(译)著已发表的有:

(1)《明清之际耶稣会教士在中国者及其著述——中国近三百年学术史》(附表一校补)

《清华周刊》第 300 期,1923 年 12 月。

(2)《明清之际西学输入中国考略》

《清华学报》第 1 卷第 1 期(创刊号),1924 年 6 月。

(3)《纪元后二世纪间我国第一位大科学家——张衡》

《东方杂志》第 21 卷第 23 号,1924 年 12 月 10 日。

(4)《张衡别传》

《学衡》第 40 期,1925 年 4 月。

(5)《宋燕肃吴德仁指南车造法考》(原著英国 A. C. Moule,译)

《清华学报》第 2 卷第 1 期,1925 年 6 月。

(6)《宋卢道隆吴德仁记里鼓车之造法》

---

① 《竺可桢日记》1949 年 4 月 11 日。

《清华学报》第 2 卷第 2 期,1925 年 12 月。

(7)《中国印刷术发明述略》(原著 J. J. L. Duyvendak,译)

《学衡》第 58 期,1926 年 10 月。

(8)《九章及两汉之数学》

《燕京学报》第 2 期,1927 年 12 月。

(9)《中国历史上之"奇器"及其作者》

《燕京学报》第 3 期,1928 年 6 月。

(10)《驳朱希祖〈中国古代铁制兵器先行于南方考〉》

天津《大公报·文学副刊》第 30 期,1928 年 7 月 30 日。

(11)《沈括编年事辑》

《清华学报》第 11 卷第 2 期,1936 年 4 月。

(12)《中国古铜镜杂记》(译)

《考古社刊》第 4 期,1936 年 6 月。

(13)《燕肃著作事迹考》

《国立浙江大学文学院集刊》第 1 集,1941 年 6 月。

他的这些著作,可归纳为下列四类:

第一类　(广义)机械(奇器)

(5)、(6)、(7)、(9)、(10)、(12)。

第二类　数学

(8)。

第三类　科学家

(3)、(4)、(11)、(13)。

第四类　西学东渐

(1)、(2)。

从上列著作目录来看,张先生在科技史方面的研究不仅范围较广,时间较早,而且门类较为集中。再加他的文笔清新流畅,故对后来科技史界影响很大。兹择其要者论述如下:

《中国历史上之"奇器"及其作者》　此文上起远古,下迄清代中叶,对中国古代一些主要"奇器"及其作者加以介绍,确是一篇十分精炼的中国古代机械史略。刘仙洲先生的《中国机械工程史料》(1935 年)、《中国机械工程发明史(第一编)》(1962 年)两部书,都在张文之后出版。王锦光《我国 17 世纪青年科技家黄履庄》(《杭州大学学报(自然科学版)》,总第 6 期《物理专号》,1960 年 1 月)就是受到此文启发而写成的。袁翰青先生称许张先生此文"虽涉及化学工艺的地方很少,内容却很精彩,值得研究化学史的人们的重视"①。

《沈括编年事辑》 是近人全面研究沈括的生平及其贡献的最早著作。张家驹先生曾推崇此文说:"张荫麟先生的《沈括编年事辑》倡导了全面探讨这位科学家的先河","张文对沈括生平考订精详,有不少地方,纠正史传的缺失"②。胡道静先生亦称赞此文"搜集事实远过旧史所载,编年也多精确"③。胡先生就以此文为基础,经营补苴,撰成《沈括年谱》,并将年谱摘要,作《沈括事略》,附在所纂《新校正梦溪笔谈》之末,广为流传。徐规受到《事辑》的启发,曾先后撰有《〈沈括编年事辑〉校后记》(《申报·文史》第 13 期,1948 年 3 月 6 日)、《沈括生卒年问题的再探索》(《杭州大学学报(哲学社会科学版)》1977 年第 3 期)、《沈括"官于宛丘"献疑》(《杭州大学学报(哲学社会科学版)》1979 年第 1、2 期合刊)以及《梦溪笔谈有关史事记载订误》(《宋史研究论文集》,《中华文史论丛》增刊,上海古籍出版社,1982 年 1 月)等文。

《燕肃著作事迹考》 燕肃是宋代卓越的科学家,在科学上的贡献是多方面的,前人未尝注目及此。张先生这篇文章是首创

① 袁翰青:《中国化学史论文集》,生活·读书·新知三联书店 1956 年版,第 25 页。
② 张家驹:《沈括》,上海人民出版社 1978 年版,第 2 页。
③ 沈括撰、胡道静校注:《新校正梦溪笔谈》,中华书局 1957 年版,第 343 页。

之作,日人寺地遵教授认为此文"对燕肃的研究有卓越成绩的"①。徐规曾对此文加以校补,王锦光在这些基础上写出了《宋代科学家燕肃》(《杭州大学学报(哲学社会科学版)》1979 年第 3 期)一文。

《纪元后二世纪间我国第一位大科学家——张衡》和《张衡别传》 此两文全面介绍了张衡的生平及其科学贡献,约八年后,孙文青发表《张衡著述年表》(《师大月刊》1933 年 1 月)和《张衡年谱》(《金陵学报》第 3 卷第 2 期,1933 年 11 月)。王振铎有关"奇器"的论文与复制工作,也是受到张先生的启发的。

《明清之际西学输入中国考略》 这是张先生在清华学校求学时所写的。它较详细地介绍了明万历中叶至清乾隆中叶西学东渐的概况,文末附录《明清之际来华西士之西学输入之有关者及输入西学之著作表》是张先生根据日人的表格加以增改而成,参考价值较高。周寿昌的《译刊科学书籍考略》(见《张菊生先生七十生日纪念论文集》,1937 年)及方豪先生的《明季西书七千部流入中国考》(1937 年初稿)、《明清间译著底本的发现和研究》(1947 年初稿,以上两文均收入《方豪文录》,1948 年 5 月北平版),皆在其后问世。最近中国科学院自然科学史研究所王冰的硕士论文《明清时期西方近代物理学传入中国概况》也参考了张文。

张先生的科技著作,国外科技史界也很重视,例如英国李约瑟博士的巨著《中国科学技术史》就参考了下列诸文:《明清之际西学输入中国考略》《中国历史上之"奇器"及其作者》《九章及两汉之数学》《纪元后二世纪间我国第一位大科学家——张衡》《宋燕肃吴德仁指南车造法考》《宋卢道隆吴德仁记里鼓车之造法》等。

今秋,适逢张先生逝世四十周年,我们是老浙江大学文、理学院的学生,故特草此文,以资纪念。

(原载《杭州大学学报》1982 年第 4 期)

---

① 《唐宋时代潮汐论的特征》,《科学史译丛》1982 年第 3 期,第 79 页。

忆陈乐素师在遵义

　　1941年冬,太平洋战争爆发,香港为日本军队所占领。次年秋,乐素师携眷属自香港脱险进入内地。时西迁在遵义的国立浙江大学史学教授张荫麟师因病逝世,史地系主任张其昀师以系里骤失著名学者,即与校长竺可桢师商定,函聘滞留桂林的史学大师陈寅恪先生来校讲学。寅恪先生因病未果行,遂推荐乐素师为浙大史学教授。乐素师于是年12月抵达遵义,寓居新城凤朝门马路旁山坡上一座三间两层楼房的二楼上,一家七口人分住中央一间的前后两室,面积30多平方米,其局促情状可想而知。

　　1943年春开学,乐素师担史地系本科"唐宋史"和"日本史"两门课程教学任务,并指导四年级历史组学生毕业论文多篇。秋天,兼任史地研究所导师,指导攻读硕士学位研究生两名,一名是毕业于上海光华大学的袁希文君,另一名即笔者。1944年秋又招收研究生倪士毅、程光裕两君,1945年秋招收研究生宋晞君一名,均为浙大本科毕业生。乐素师还先后为研究生开设"中国目录学史""宋史专题研究""避讳学""校勘学"等多门课程。

　　乐素师教课极为认真负责,课前写有详细讲稿,引文必仔细核对,标明出处,内容充实,富有新意,板书清晰有力。他讲课不仅给予学生以历史知识,而且更重要的是传授如何收集、鉴别、考订史料以至组织材料写成文章的一系列治学方法。他对学生的论文和作业总是细心阅读斟酌,并与学生商讨,从选题到写成初稿和最后定稿要经过多次研讨和修改,真是呕心沥血。后来他的学生中不少人在学术上有所建树,这与先生的辛勤栽培是分不开的。

在生活非常困难的条件下,在繁重的教学任务和培养研究生工作之余,于短短的三年半时间里,乐素师先后写成了《第七世纪中叶的中日战争》(载《思想与时代》月刊第 22 期,1943 年 5 月)、《〈直斋书录解题〉作者陈振孙》《〈宋史·艺文志〉序文之正误》《〈四库提要〉与〈宋史·艺文志〉之关系》(以上三篇均发表于 1946 年,现已收入《求是集》第二集中)等论文以及《中国目录学史》专书初稿,并继续从事《〈宋史·艺文志〉考证》一书的撰著。

乐素师对学生不仅在修业、进德方面十分关心,而且在生活上也尽力予以帮助。有位同学患严重肺结核病,无力医治,他获悉后立即帮助这位同学住院疗养,并经常去慰问。另有一位同学因生活困难影响学习,他经过了解,便不时给予援助,鼓励他努力完成学业。当时我们这些家在战区的学生都把乐素师的家当作自己的家,到他那里如同见到亲人一样温暖。

乐素师,广东新会人,生于 1902 年,现年 86 岁高龄,耳聪目明,身体壮健,仍担任暨南大学古籍研究所教授兼名誉所长,继续为祖国历史科学研究和培养研究生事业做出贡献!

(1988 年完稿,原载《浙江大学在遵义》,浙江大学出版社 1990 年 2 月版)

图书在版编目(CIP)数据

徐规学案 / 徐规著;吴铮强编. —杭州:浙江大
学出版社,2018.6(2019.12 重印)
ISBN 978-7-308-18130-3

Ⅰ.①徐… Ⅱ.①徐…②吴… Ⅲ.①中国历史－古
代史－文集 Ⅳ.①K220.7-53

中国版本图书馆 CIP 数据核字(2018)第 066184 号

徐规学案

徐规　著　吴铮强　编

责任编辑	胡　畔(llpp_lp@163.com)
责任校对	宋旭华
封面设计	周　灵
出版发行	浙江大学出版社
	(杭州市天目山路 148 号　邮政编码 310007)
	(网址:http://www.zjupress.com)
排　版	浙江时代出版服务有限公司
印　刷	浙江新华数码印务有限公司
开　本	880mm×1230mm　1/32
印　张	10.375
字　数	260 千
版 印 次	2018 年 6 月第 1 版　2019 年 12 月第 2 次印刷
书　号	ISBN 978-7-308-18130-3
定　价	58.00 元